I0704016

越过群山与海

海外华语女作家小说选

解芳　主编

壹嘉出版 1 Plus Books

San Francisco, 2025

壹嘉出版
1 Plus Books
https://1plusbooks.com

编辑/Editor：解芳/Fang Xie
书名/Title：越过群山与海——海外华语女作家小说选/ Chinese Women
Writers in the Diaspora: An Anthology of Short Stories
Copyright © 2025 by 解芳/Fang Xie as a collective work
Individual contributions © by their respective authors

2025 1 Plus Books® 壹嘉出版®
Paperback Edition 平装版
Published and Printed in the United States of America

ISBN: 978-1-966814-01-6

出版人：刘雁
定价：US$21.99
San Francisco, USA , 2025
https://1plusbooks.com
email: 1plus@1plusbooks.com

目　录

序言：她们的绮丽世界

解芳

近几年来，国内各类报刊上刊载的海外华文文学作品，已经有了相当的数量。不少出版社、文学杂志也开始出版海外作家的个人专集，开辟海外专栏。关心中国现代文学史的人，对于北美、欧洲，以及东南亚华文文学的前期发展，一般都有个大致的了解。它们缘起于二十世纪初。在五四前后，国内一些文化人和作家都曾负笈海外。比如，老舍在英国写出了《赵子曰》《老张的哲学》《二马》。留日的郁达夫写了《沉沦》《风铃》。女作家陈衡哲在《留美学生季报》发表了《一日》。在抗战期间，郁达夫、夏衍、胡愈之等人流亡南洋，在新加坡、马来西亚办报纸、写作，对新马华文文学发展，有过极大的影响力与贡献。

二十世纪中期以后，大批的台湾学生留学欧美，学成后原地成家就业，其中不少人从事文艺有关的工作。于是，有了六十年代的留学生文学，代表作有於梨华的《又见棕榈，又见棕榈》、白先勇的《纽约客》、张系国的《游子》。五四与三四十年代海外华文的创作，充满着异乡游子对国家爱恨交织的情感，以及对故乡难以排遣的执念。而反映在六十年代留学生文学里的题材，比较典型的是留学生个人的切身问题，比如学业、工作、恋爱、生活的压力，因为种族、肤色、长相而遭受排斥与歧视，进而产生精神的苦闷等。

到了九十年代以后，从大陆迁至海外的人数增多。文艺界又出现了一群新的创作成员，把来自海外的文学作品的质和量明显提高了。从这时开始，海外华文文学在题材、精神上，有了深度和广度的扩展。就广度来说，九十年代以后的海外华文作品，已不再限于客居异乡的苦乐，而是跳出失落、彷徨的叙事，将视野推及历史、未来，异乡社会的发展、变迁，以及那块土地上人情、人性的纠葛与冲突。就深度来说，不少作品从对身处新环境的体认开始，在新的时局和社会里，作一种自我的重新发现与追寻，并且以一个局外人、旁观者的姿态，审视、思考、探究异邦、家国两个世界。

早期华文文学与文化传统中，女性基本上是被排除在外的。女性无法像男性那样提笔创作。即使有心为之，也受到社会、经济等诸多条件的限制而不易发展。一直到二十世纪初，女性创作才蔚为风潮，在市场上占有一片天地。海外华文女作家人数众多，由于国家不同、地区不同，其作品各有各的风格和内涵。这本小说选集收录了当代海外重要华文女作家的小说共十二篇，题材范围、人物类型，以及笔法风格，都迥然相异，各有特色。这些女作家业虽生活在海外，却仍以中文写作，且作品常在国内重要文学期刊上发表，受到评论家的重视。

在这十二篇作品中，以国外为背景、海外华人为题材的占了一半。这些作品大部分写的是中国知识分子在国外的生活方式、价值观念、追求目标等等。他们的生活与国内有着遥远的距离，但是他们的感情是中国式的，并且用一种中国人的眼光来观察、感受异国的生活。

《楼下》和《黑鸟》，这两篇小说处理爱情、婚姻问题。前者表现夫妻相互积存已久的恩怨爱憎，后者则呈现了华人妇女与美国男人在恋爱观和生活方式上的差异。《楼下》是顾艳2022年发表于《长城》杂志上的作品。顾艳在赴美前，已颇具知名度。她文笔流利，所关怀的题材以女性在情爱、生活及职业上的事件为主，是九十年代最重要的女性主义写作者之一。她也写过农村的人世沧桑，晚清民初的历史记忆。新世纪初，顾艳曾一度停笔。近几年在客居地美国又开始写作。停笔后再出发，顾艳的风格愈趋凝重朴素，题材上也做了开拓，将书写焦点集中在海外的中国人，尤其是中国改革开放以后留学移民美国的一群人，以及他们在美国安身立命、融入社会的种种经验。

《楼下》写的是知识女性出国留学，丈夫做了陪读先生。陪读先生体弱、不擅英文，只能待业在家。妻子照顾着软弱无能的丈夫，赡养一家的生活。但她又是个不甘寂寞、追求理想的女人。这就使得她在思想感情上交织着不可解脱的矛盾和苦恼。她虽然对丈夫有感情，却经不起考验。当一个充满青春活力的男子出现在她的生活里，她便对婚姻愈发失望，想要挣脱出来。另一方面，丈夫畏缩、退却，在婚姻和事业上都只有一个逃走的办法。他对于生活失去信心，只有在对女邻居的幻觉中，享受到温暖的人情，得到心理慰藉。

小说对于夫妻的"出轨"行为，没有流露出同情和谴责的倾向。作者无意进行道德评判。她在这里提出的是，夫妻全部的生活，大半为了家庭奔忙，为了家庭不惜牺牲一切。然而不论是男人还是女人，个体精神的自由与独立性应当受到尊重，哪怕是在谋生不易、成功更难的异乡，追求精神与身体独立自主的希望，也并没有完全灭绝。在这篇小说中，作者运用了各种细节暗示，在异乡他国，人们的生活方式和观念在不知不觉中，已经发生了一些变化。女性对于不愿意的事，不再听其自然就算了。她不再认为有了家庭，女性就要陷入作妻子、作母亲的牢笼，把从前追求的自我都要消灭。相反，她可以坚强地从烦忧而失却自我的日子中挣脱出来。

张惠雯属于年轻一代作家。她曾经留学新加坡，最终定居美国。二十五岁时，她发表了第一篇小说《徭役场》，获得"新加坡国家金笔奖"。以后，又获得"人民文学新人奖""上海文学奖""曹雪芹华语文学奖"等奖项。她的作品不算很多，结集出版的小说集只有六个，但由于她年轻而又连续得奖，在文坛颇引人瞩目。《黑鸟》是张惠雯2022年发表在《上海文学》上的短篇小说，刻画了一个要求自立又需要男性温情的妇女，在处理爱情与金钱之间的关系时，所产生的复杂心情。

新时代的妇女争得了恋爱、结婚的自由，也有了经济上作主的能力。她们走出了传统，不再作男性的附庸，也不囿于婚姻制度、生男育女的困局。五四时期，她们抱持独身主义，是因为她们对社会、对自身的命运有了清楚的认识。恋爱最后不外乎是结婚，而结了婚，女人便算完了。然而迢迢渡海而来的"娜拉"，抱持独身主义，只为追求西方精神的爱情，企图改造自己以符合西方的价值观和生活方式，不免遇到更多实际的困境。当抽象的男女平等的概念走向实际的行动，诸如恋人明算账、平摊开支，出资装修居所，却分不到一半的产权，与志同道合的情人携手畅谈人生的美丽梦境便破灭了。渡海赴美的女性，受到西方文化的教育启蒙，性别意识特别强烈。对传统家庭结构在个人自由上所造成的钳制、约束有深刻的体悟。但也正是从离家之后，她才开始把"家"看作一种辩证的概念，在文化的移位中，重新审视婚姻与家庭的意义。"家"并不一定是女性的禁锢场。传统的婚姻体制也未必在爱情与人生中扮演牵制与困束的角色。相反，它可以是一种维护与保障，避免爱情随着外在因素而弱化、变质。小说的题目是《黑鸟》。黑鸟的窝被吹掉了，却总会很快再盖一个，再找到一个家。这似乎对应了女性徘徊于梦境与清醒之间，总能为自己在家庭、社会中寻找到新的定位。

唐颖的写作偏爱城市的题材。这类题材的小说，往往以形形色色的情爱纠葛为主线。但唐颖的故事总是不落俗套。她写女性的成长过程，及其与现实搏斗而挣扎的故事。作品中每个人物都在走自己的路，成为特定时代的反映、种种心境与生活的投射。她从八十年代开始发表小说。1998年她出版了第一个小说集《丽人公寓》，很快就蜚声文坛。多年来她创作不懈，一直不断有作品问世，质与量并重，尤其是短篇创作上，常出现令人惊喜的新颖风格。唐颖也是一位剧作家，活跃于话剧及电影两个领域。关锦鹏监制的电影《做头》，就是根据她的小说而改编。另外，她也曾与实验戏剧的剧作家张献策划过"上海越界艺术节"。《树在树中老去》是唐颖2021年发表在《作家》上的短篇小说，写了一个女人的两段婚姻。它不以倾诉生存的艰难作为主旋律，也没有着力描写为绿卡而千疮百孔的人生。它表现的是一位女画家，想要挣脱生活的负累和束缚，却遭遇更多窘境的悲哀。在小说中，作者对女人越洋到美国的内心矛盾、心理活动没有作很多正面揭示，一切尽在不言中，反而具有更大的张力。

《那么多的日子》所选取的题材是海外游子返大陆探亲。这曾是海外作家笔下的时髦题材，但作者黑孩处理得与他们不同。她表现的不是亲人会面时的相见欢，而是与亲人的疏远陌生，与家庭逐步疏离的一种边缘人的悲哀。黑孩在日本生活了三十多年。她离开大陆前，已经开始写作。1989年，她出版了第一本小说集。大概由于后来从事其他工作的缘故，相隔三十年，她才回归到文学的创作，在《收获》《上海文学》等杂志上发表作品。由于她个人经历的影响，她的小说往往描绘日本城市生活的图景，展现现代日本的环境和人情世态。

《那么多的日子》发表于2023年的《江南》，以一种既带有温馨又充满惆怅的情思追怀往事，通过一个返乡探亲的女儿的眼光，来看待家庭、周围环境，以及她印象中的一些人和事。在这篇小说中，我们看到的是一个母亲对子女的无条件的爱。父亲去世后，母亲与三兄妹相互依存。然而成长的过程中，每个人都有各自的想望与希求，每个人都被一些飘忽的东西所迷惑、所阻碍。原本牢不可破的兄妹情谊，也因各自的利益而生出嫌隙。故乡亲情好像是一地碎琉璃，只剩下对母亲的依恋。人的成长与离散总是密不可分的，但每一段行程，无论走到哪儿，都仍有一条温情之线，不绝如缕地联系于其间。这似乎是作者想表达的。她用朴实无华的笔触，写出了生活中的苦涩和甜蜜、烦恼和欢乐。

赵彦的《风继续吹》与《那么多的日子》题材相近，写女人在弟弟返乡探亲时所产生的感受、联想，以及由此引起的种种复杂的感情活动。《风继续吹》发表于2023年的《香港文学》。在这篇小说里，我们看到的是一个现代化大城市，和黑孩所写的小城生活琐事，不论是时空地域，还是叙事者的思想情感及对人对事的看法都完全不同。赵彦目前就读于西班牙马德里康普顿斯大学，读的是拉丁美洲文学博士班。她在国内刊物上发表过小说，出版过长篇小说，还写散文随笔。她的创作受到西方文学的影响，热爱探讨人的普遍处境、生命价值与文化心理。《风继续吹》全篇也是由一些日常琐事组成。但是，小说对于香港这座城市从殖民时期沿袭下来的优越感，以及这种优越感对于女人造就的一种敏感骄傲的性格，都写得很鲜明。特别是女人对弟弟移民国外，和一个外国女人结婚不屑一顾的心理，处理得细腻而不琐碎。如果细细品味，就可感到充溢在小说里那种对他人的偏见及刻板印象，其实在中国社会中是带有普遍性的。

收入集子的另外两篇小说，《是时候了》与《山中宫阙》，都是侧写衰老与疾病，把生活中苦苦挣扎的不同人物，写得深刻、动情，让人难忘。《是时候了》以父亲和女儿为题材，写一个始终不肯从历史苦难中走出来的女儿，在父亲临终之际，终于决心从七十年代母亲自杀的记忆中走出来，拥抱新的生活。作者陈谦于上世纪九十年代开始写作。她并非文学科班出身，但对写作技巧有相当的把握，内容上、艺术处理上也颇有特点。陈谦在美国攻读的是电机工程，获得学位后任职于硅谷的芯片设计公司。她进入文坛可以说是闯进来的。第一个长篇《爱在无爱的硅谷》就获得了不错的反响。几年后写出的《特蕾莎的流氓犯》《望断南飞雁》又先后在 "郁达夫文学奖" "人民文学奖"中夺魁。

《是时候了》是陈谦的近作，发表于2023年的《花城》。这篇小说略去了对于事件过程的平铺直叙的介绍与交代，突破了时空顺序的限制，随着女儿思绪所至，撷取了若干细节加以渲染与刻画。尽管小说不注重情节，但是环境气氛、人物心理状态并不晦涩难懂。此外，在小说中，我们看到的是一个由大陆迁至美国的、中等生活水平的家庭。尽管那些有关母亲的苦难记忆，时常涌上心头，折磨着女儿脆弱而敏感的神经，但她与家庭、与姐妹之间有着温情脉脉的感情；把父亲接到美国后，也尽其所能地将父亲照顾到了最后。

《山中宫阙》的笔调是略带伤感的。危机护理中心里的人们，忧郁、狂躁，"像蛆虫那样跳着舞挣扎"，过着过了今天不知还有没有明天的日子，让人感到伤感。护工小妹想探求新的生活道路，想寻找新的生活意义，却找不到任何出路。她从周遭人们的经历中，思考生命是仅止于此吗？从对父母的记忆中，发出"我如此年轻，什么都没来得及做"的感慨，最后决定留在深山，与中心的人们为伴。这篇小说是作家倪湛舸提供给我们的，发表于2022年的《特区文学》。倪湛舸毕业于芝加哥大学的神学院，然后去弗吉尼亚理工大学宗教文化系任教。大家都习惯于将她看作学者。其实，她的诗歌、散文都写得极其漂亮。她的小说不算很多，除了长篇小说《异旅人》之外，还有收入《莫须有》这本集子里的一些短篇历史小说。就在这数量不多的篇什中，她不拘一格地描写各色人等，采取比较魔幻的方式来表现过去、今天和未来的历史。

黎紫书是一位出生于马来西亚的作家。她自九十年代末开始发表小说，得过台湾两大报《联合报》和《中国时报》的文学首奖。对大陆读者来说，黎紫书这个名字，也不陌生。其成名作之一，是她2020年的长篇小说《流俗地》。在这篇小说里，黎紫书敷衍了马来西亚锡都的一位盲女，以及她楼上楼下的住户的故事。小说以写实为基础，铺陈了小镇生活中柴米油盐的日常，并融合了现代主义的成分，用隐喻、虚实相生的笔法，勾勒出大叙事背景中，市井小民的困顿与挣扎。

收在这本选集里的《一个陌生女人的来信》，是黎紫书的近作，发表于2023年的《收获》。这是一篇书信小说，写的是女作家收到一封英文长信，给她写信的是一位陌生的犹太老妇。在信里，老妇细细讨论了女作家从裘帕·拉希莉那里抄窜来的一篇小说。信就像引起涟漪的一块石头，击中了女作家心中的隐忧，使她震惊得几乎不能自持。小说用的是第二人称，小说的"你"即是女作家。女作家从大陆移居美国，"科班出身，一直保持阅读习惯"，"英语底子好，中英文书都涉猎不少"，有志写作，却干起了剽窃的勾当。

黎紫书写作这篇小说前，文坛上恰有一桩"抄袭案"。也许直觉到这风气恶劣，于是决定写小说，透过大众传播之力，使作家们正视此一问题。文艺创作，可贵的是独创。但作家因袭、模仿他人作品的并不少见。二十年代，凌叔华的一篇《花之寺》，抄窜了契诃夫的《在别墅里》，成为被攻击的焦点。再早以前，周作人"半偷半做"地写过一篇 《孤儿记》，大抵是按雨果小说摘译改写的。然而当时，作家们才因翻译知道有外国小说，引起一点对于外国文学的兴味，并不讳言模仿，也不否认受影响。但"抄袭"与"模仿"并非一事，文艺终究以独创为贵。黎紫书的着眼点正在于此。她用笔收敛，没有正面的批判、责难，但也没有竭力隐藏自己的观点。读者仍能清楚地感受到作者对写作本质的追问，以及对文坛上各种丑陋现象的慨叹与不满。

孙未的《在哥特兰岛》也与作家有关，写的是世界各地作家来到哥特兰岛上的一个文学中心进行创作。读这篇小说，让人不由得联想起保罗·安格尔与聂华苓在爱荷华创办的"国际写作计划"。作家们在一个超越国族的新天地里，讲述身边的人、事，以及他们曾经走过的社会的变动、兴衰与人世沧桑。孙未是当前十分活跃的旅德女作家。

她在大学读的是工商管理，曾任职于电视台，也在文化传播公司工作过，目前在萨尔大学读比较文学的博士班。她擅长于描绘现代城市的图景，表现人物精神上的迷惘与人性的流失。但她属于不断进行探索的作家。《在哥特兰岛》这篇小说，并未以在海外的华文作家为主，而是透过"我"对周遭环境、人物细腻的观察，打开了一扇新的窗，让读者进入一个华人作家和世界其他地区的文学人共同生活、彼此习染的天地，藉故事认识人生和历史进程。

选集里还有三篇小说，写的都是国内的生活，视野推及上一代的历史、下一代的未来。《断裂》是日本华侨作家陈永和的小说，发表于2022年的《芙蓉》。陈永和是位很有特色的作家，很少投稿，认为"写作的目的不是冲着发表"。她的小说从一开始就显示出对乡土、对人的关怀。在艺术表现方面，她也不断寻求让现代人了解过往时代和社会风貌的方法。比如，她2015年发表于《收获》的长篇小说《一九七九年纪事》，以文革的记忆作为依凭，刻画出许多人物来细想这十几年间的前尘，反思这一代人身经目睹了一场大悲剧后，又该如何勇敢大步地向前进。她也善于营造特殊的氛围，用以指涉人性。对于艰巨的时代背景，淡淡抹上几笔，便令人感受到离乱的阴影。

陈永和在《断裂》中，充分发挥了她随意点染、"轻描淡写"的特点，写一个乡下少女无法与身处的社会认同，寻找不到出路，以至最后采取了极端的办法，用结束自己的生命来摆脱这种难堪的境地。这篇小说线索单纯、用笔简朴，通过"我"的"袖手旁观"和少女个人生命的起伏不定来作对比，给予读者的启示是多方面的。世间平凡的人，被时代洪流裹挟着前进，显得无能和无助，也注定是要被遗忘的。

《路》写的是少年的生活和心理状态。作者李凤群从乡村到城市里求学、谋生，最后旅居美国。她的作品带有浓重的泥土气息。比如，她2011年出版的长篇小说《大江边》，取材于农村的凡人琐事，表现了中国农民的生存状态。他们走过战争、饥荒、改革、转型等历史阶段，在大时代的激流里，充满着悲伤与恐惧、热忱与决心。

在《路》这篇小说中，李凤群选择了一个新的题材，换用了一种写作方式。她用三条线索相互衬托的写法，来加强题旨的表现。一条线索写的是少年在雨夜被托付给司机，送到乡下的奶奶家。一路上，疾风暴雨，惊险重重，少年的言谈举止也毫无掩饰地露出剑拔弩张的样子。另一条线索揭开了少年精神上的伤口。他的双亲仳离，父亲再娶。少年饱含着怨怼与嫉恨，到处惹事生非，父亲只好把他塞到乡下。还有一条线索则是司机的儿子，与人起了龃龉，动起手来，结果丢了性命。这是个十分悲剧性的题材，涉及了父母不和，在精神上以至肉体上带给孩子的影响。小说中充满了找不到解决办法的压抑感，也在读者心中撩起酸楚的怜惜之情。

虹影是海外女作家中很有代表性，同时艺术特色又十分鲜明的一位。她成名于九十年代，经历过忧患，所以她的作品多与历史有着密切的联系。《饥饿的女儿》是她的成名作，曾获台湾《联合报》1997年度读书人最佳书奖。这篇小说充满着浓厚的自传色彩，透过感怀身世，来反映一个时代的残酷与黑暗，文中也饱含了反抗社会的率直情绪。和前面介绍过的唐颖一样，虹影还是一位两栖于文学、电影的作家。蜚声国内外的电影《兰心大剧院》就是根据她的小说改编的。2000年代，虹影出版过三本小说 《上海王》《上海之死》《上海魔术师》，合称为"上海三部曲"，据说是以《海上花列传》为底本的重写之作。后来她又出版了一个集子叫《鹤止步》，里面有八个从志怪传奇故事改写而成的短篇小说。

我们这本选集收录的《我们相互消失》，就是《鹤止步》中的一篇。这篇小说用了冯梦龙《情史》里一个叫吕子敬的秀才的故事。吕秀才的故事香艳狎邪，讲的是一段同性的三角恋爱。秀才与一个叫国秀的男子互有爱慕之情，国秀死后，秀才恸哭，也因多情吸引了已成鬼魂的汪度。在汪度的指点下，秀才又与国秀相见。最后秀才"挟二男游江南，数载不归"。虹影在《我们相互消失》中，把秀才改成了偏远的北方省份的一名女教师。虽然三角感情、"失而复得"的情节不变，可是立意却有很大不同。女教师将爱情视为一种美丽的情愫。一旦情思随着外在因素而弱化或变质，爱情便不存在了。即使等待也徒然，因为所追求的东西已经消逝。当女教师最后离开学校时，她已不再追随男性、憧憬爱情，而是成了一名作家，做到了独立而审慎地抉择，并充分地实现自我。虹影的这篇小说从技巧到文字都很见功力。同时，这篇小说继承了现代文学史上故事新编的传统，对历史题材、典故传说以新的、现代的形式进行再叙述，也让人兴味盎然。

当代海外有很多有思想、有才华的女作家。她们的作品无论在题材内容方面，还是在技巧方面，都力求突破、不断朝前发展。从海外的风土人情、社会变化，到对亲人、故土、童年、往事的隔海相望；从亲身经历、所见所闻，到奇思异想、怪梦幻象；从中国传统的表现方式，到当代西方文学的影响；她们的篇章，读来都让人感到一种惊喜之情。

2024年4月28日于美国莱克星顿

解芳（美国），上世纪八十年代出生，北京大学文艺学硕士，美国斯坦福大学东亚系博士，先后赴日本、意大利、英国、台湾、香港、中国大陆、美国本土等地区，从事研究与参加学术会议，已在《文学评论》《戏剧艺术》等中英文核心期刊发表论文数十篇，曾获多种论文奖。著作有：《早安，写作》，江苏文艺出版社（2018年）；译著《竹书纪年解谜》，上海古籍出版社（2018年）等，主编《穿越群山与海——海外华语女作家小说选》等。主要研究传统戏剧、现当代文学、海外华语文学，以及多媒体与当代剧场互动。2021年5月，获美国弗吉尼亚军事学院杰出教授奖。现任弗吉尼亚军事学院现代语言文化系副教授。

是时候了

陈谦

柳琼刚在"金柏长者之家"窄长的停车场里停稳车，一抬眼，就看到妹妹桂琼迎到车边。桂琼穿着裁剪妥帖的lululemon（露露乐蒙）灰黑健身装，配一只黑色布质大口罩，身手敏捷地闪近，拉车门，脑后那把高高扎起的马尾一甩一甩的。

柳琼的眉头拧得更紧了。她赶忙从车门的小边箱里扯出淡蓝的医用口罩戴上，车门就给桂琼拉开了。柳琼一脚跨出去，刚站直，迎面看到桂琼那双大圆眼下两个黑蓝的眼圈，被烟熏过一般，还有那些密集在桂琼眼角的细纹，似乎都是新冒出来的。她心疼地抬手去撩妹妹垂在额前的碎乱短发，急切地问："爸还好吗？"

"没变化。"桂琼轻声答应着，低下头来，接过柳琼的手袋，未等柳琼回话，又说，"姐，你要有准备。Anytime（随时）了。"话音未落，两姐妹同时伸开双臂，将对方抱住。

柳琼立刻感到自己被妹妹热血突奔的气息紧密包围。身为两个高中生的母亲、加州大学圣塔克鲁斯分校的化学教授，桂琼是经年无休的长跑发烧友。隔着口罩，柳琼都能感到桂琼吹到自己耳朵上那一股股热腾腾的呼吸。她原先发凉的手心在回暖。桂琼带着湿热的手掌在她的背后很快地滑下，松开前停了一下。"好像又瘦了啊！"——柳琼接到了她的心声。

　　"我一直在努力地吃啊，胖了的。"柳琼说着，口气急切起来。桂琼揽过她的肩："这话要爸说才管用啊。唉，现在这些都不重要了。"说着声音就变了。柳琼赶忙打断她："当然很重要。"——她这样紧赶慢赶，就是为了要给父亲送来这个最重要的告别礼物。就算对父亲已经不重要，对她仍是特别重要。她要完成父女一场的最后功课，画圆那个闭环。是时候了。

　　桂琼侧过头来，盯着柳琼的眼睛："姐，我以前还真不知道，人要咽下这口气有这么难啊。特别难，看着太难受了。"柳琼看到妹妹的眼睛一下红了。她咬着嘴唇，没说话。桂琼昨晚在电话里已说过了："所有的人都知道，爸就是在等你了。好在我们有欢欢啊，要不真不敢想象。"

　　疫情自春天大流行开来，作为重灾区的全美老人院和护理中心，已全面停止亲友对老人的探视。若不是到了最要紧的生死别离关头，"金柏"作为疫情防护第一线的老人护理中心，早已谢绝访客。好在"金柏"是柳琼姐妹的发小韦欢博士经营的，这就让在疫情中进入临终关怀护理的柳琼父亲获得了小小的特权。近半年来，桂琼一周里能因欢欢的特许前来探视父亲一次，更重要的是在眼下加州已经规定外州人员至少要在自行隔离满一周后才能出入公共场所的时刻，欢欢又为柳琼办了特许，让从西雅图赶来的她一下飞机就能直接来见父亲。美国人如今在各种媒体上讲到疫情中最深的痛，排在前三之一的就有"因为疫情而不能与去世的亲人道别"。在今天之前，柳琼每次听到电台里谈论这样的话题，都会立刻掐断。六月中的时候，组里的科学家大卫在实验室里接到远在纽约上州小镇的父亲因新冠病毒感染去世的消息时，那男人压抑不住的痛哭声，轰隆隆地在她的耳膜里冲撞。她隔着六英尺的距离，安静地陪他流下泪水。公司里的人们都知道，柳琼病重的父亲也住在老人护理院里，大家远远地围出稀松的一圈，以无声的关注安慰着他们。现在，是她的双脚穿进了大卫哭诉着喊疼的那双鞋子里。她努力安慰自己，真是感谢上苍眷顾，因为拥有发小欢欢，她们获得了这样的特权，能让她赶来为父亲送别。

柳琼远在西雅图。疫情爆发不久，九十一岁高龄的父亲就因拒绝查治胃部肿瘤而进入临终关怀阶段，住进了欢欢的"金柏长者之家"，果然应了父亲这些年一直讲的，"我最后还有个欢欢，我没有后顾之忧"。柳琼在疫情中已不能像往年那样利用年节假来加州妹妹这里探望父亲。从夏天开始，她就一直是通过护工的帮助，与父亲视频联络。开始还可以一天一次，慢慢地，父亲就已经说不了多少话，视频探视就基本断了。她每天只能从妹妹桂琼那里听些消息，跟进父亲病况的发展。如果要说心理准备，柳琼觉得自己很早就已经做好了。她已接受那只是时间的问题。心里的那根弦一直绷到昨天，当她同时收到妹妹和欢欢非常简短的微信，让她尽快赶来。柳琼还是马上约了她长期的心理顾问南希。这些年来，南希对柳琼而言，心理支持已经远超过心理辅导，在她离开前，南希给她念了"世间万物皆有定时：生有时，死有时；悲恸有时，跳舞有时；花开有时，凋零有时"。——南希真是有复印机般的记忆力，那是她跟南希说过的，父亲住进"金柏"前的半年里，在电话里最喜欢重复的就是"花开有时，凋零有时"。昨天欢欢在微信里的最后一句也是这个意思：it is about the time（是时候了）——熟悉的欢欢以一个专家的口气在提醒，而且用英文讲出这句来，冲击力好像一下减弱了。

"Be strong.（要坚强。）"柳琼向妹妹轻声说，听上去像自语。姐妹俩的目光一对，看到彼此的眼神都是凝结的。桂琼点点头。她们姐妹俩相差不到四岁，两人又都是1.60米出头的个儿，人们却总将她俩谁是姐姐搞错。运动上瘾的桂琼看着个高腿长，走路生风，一眼望去身上没一点多余的脂肪，浑身健美的肌肉让她整个人看上去特别饱满，要说体重是柳琼的两倍大概也有人信。这当然不是桂琼显胖，而是柳琼实在瘦得令人忧心，以致这成了晚年父亲最大的心病。

　　微微起风了，前天过的秋分。停车场里有几片卷着的深褐色落叶在滚动。正在落山的夕阳，将停车场边几棵红杉在灰白的水泥地面上打出斜长的树影。柳琼轻叹出一口长气——她不仅赶到了，而且是在日落前赶到的。

　　柳琼从小就知道，父亲对"黄昏前的赶路"有着莫名的恐慌。晚年到了美国，只要天色一转暗，哪怕是坐在车里在繁忙的高速公路上赶路，父亲也会不停叹息，有时干脆紧紧抓牢车窗上的把手，挺直了腰，屏住呼吸，好像担心随时会被甩出车外，跌入那暗合的暮色。柳琼问起来，父亲告诉她，他年轻时生活在浙江山区，乡里的土匪们大多在夜里出门打劫，山民代代相传的古训，就是告诫人们在日落之前要关门闭户，赶路的人也要赶在日落之前住定，更不要说作为遗腹子的父亲，一直跟着寡母住在祖父大家庭的外围，母子都没安全感。跟父亲在一起，这样的叹息听多了，柳琼也对每天要在黄昏到来之前了结手头的事情有着下意识的紧迫感。柳琼从来不敢问父亲的是，他对黄昏来临的恐惧，是不是跟母亲的死讯是在傍晚时分传来有更直接的相关。在柳琼来自五岁那个傍晚的记忆里，印象最深刻的气息是父亲所在的师大化学楼前桉树林里那无边湿气的腥涩味，那怪异的气息让幼小的她第一次有了反胃的感觉；她一直无法抹掉的记忆残片，还有父亲随一群灰蓝色的年轻男女从高高的台阶上疾步而下，看到她时猛别过去的头，和他那张灰黄的脸。

　　柳琼所在的西雅图"博雅"药物公司直接参与了对新型冠状病毒疫苗的测试实验，公司上下在疫情中都不曾停止过到实验室上班。今天一大早，作为第一试验室主任的柳琼就跟室里的各位开完早会，确认了下周外接疫苗代测试项目的具体事项，忽然就说出来了："我马上要离开一些天。我父亲到了最后时刻。"她看到了散坐在会议室里的人们一双双露在口罩上的眼睛里的凝重。西雅图老人院大批老人染上新冠病毒死亡的消息，曾一度震惊全美，人们对柳琼传递的这个消息当然非常敏感。一段短暂的沉寂之后，会议室里响起一片被口罩捂住的怪异的叹息和安慰声。柳琼转身离去，以最快的方式从西雅图飞了过来—— 先到硅谷中心城市圣荷塞下机，再租车开了近一小时，赶到这里。终于完成了黄昏前的赶路。她算是父亲的好女儿吧，柳琼想，吐出一口气，却被口罩拦住，憋了下去。

1

"金柏长者之家"坐落在圣塔克鲁斯城里僻静的小街上，主体是个一层长方形的低矮建筑。乍眼看去，跟四周民居的风格很像，都是二十世纪七十年代末卡特时期能源危机背景下的产物。"金柏"主体的外墙灰白相间，总是打理得干干净净。父亲在六月入住时，加州疫情稍有缓解，柳琼专门飞来探视过。因为知道它是老人护理院，柳琼觉得它看上去总是染着一股日暮的悲情，连带欢欢让人在庭院四周用心种植的应季的艳丽花草，好像都有点用力过度，反衬出一股淡淡的哀伤。这里在疫情之前就非常安静，实在很配"长者之家"的名字，而且入住的老人平均年龄是八十七岁，这让"金柏"成了名副其实的人生最后驿站—— 这里的老人们最爱的"永远的甜心"欢欢，是从来都不愿提"终点"二字的。

父亲在年过九十之前，一直跟桂琼全家生活在一起。大家都觉得那是父亲最好的养老方案。桂琼和丈夫杰克都在加大圣塔克鲁斯教书，在拼终身教授的那些年里，两个孩子小，父亲一下就成了桂琼家的主心骨。"就像我们小时候家里的奶奶啊。"桂琼那时每每感叹，还总要加上这么一句。柳琼姐妹的母亲去世后，从老家跟来桂林的奶奶撑起那个没有了女主人的破碎门户。一直没再婚的父亲，跟在柳琼的奶奶身后，成了一个会缝衣、做饭、洗涮的男人，一路将柳琼姐妹拉扯大。如今两个女儿都到美国念下博士，定居下来，父亲退休后就跟了过来。作为当年上海圣约翰大学的毕业生，父亲懂英文，能帮桂琼处理家中很多杂事，看孩子做饭。六次路考失败后，父亲在年近七十的时候，居然还拿到了加州的驾驶执照。妹夫杰克是意大利移民后裔，从小在纽约长岛的大家庭里长大。杰克说，早年他们家里总是走马灯似的过往着一家家拖儿带女从意大利来落脚的亲戚，让他对男女老少欢聚一堂的生活有一种源自童年的迷恋。杰克甚至说得出"家中有老是个宝"那样的话。"多少亲生的儿子怕也做不到杰克这么好啊！"父亲只要谈到女婿的体贴，总会由衷感叹。每到这种时候，柳琼就会想到儿时总是沉默着在家中忙碌的奶奶，不再接父亲的话。

孩子们到了上学年龄后，父亲除了洗衣做饭，还忙进忙出接送孩子们上下学。他将家里孩子们每周的作业表、课外活动表列得清清楚楚，贴到冰箱的门上。正在忙着做科研跑实习还授课的桂琼夫妇，将两个小孩子都丢给了父亲带着。各种课后活动——学琴、游泳、打球、练跆拳道一样不少，父亲夜里还帮盯着他们的功课。按桂琼说的，就算她和杰克能做，都绝对做不了那么好。

也就在那个时期，原来在新泽西的强生制药公司做药理研发的欢欢，随从东部过来加盟硅谷软件开发创业公司的丈夫来到了圣弗朗西斯科湾区。

欢欢和桂琼同年出生，父母也在师大工作，跟桂琼一路从幼儿园到师大附中都是同学。柳琼父亲见到欢欢特别高兴："我可是看着你长大的啊，以前你一放学就来我们家找桂琼去玩，看着你就跟见到女儿一样。真没想到能在美国碰到，都这么有出息了！"

欢欢本科到广州念了中山医科大学，来美国之前在广州做过几年高干保健医生，后来跟着华南理工大学毕业的丈夫来美留学，读下生物药学博士，进了强生药厂做研发，却发现自己还是对跟人打交道的工作更有兴趣。这下到了加州，就有了转换职业跑道的念头，正好"中山医"时代的学长当时正在圣塔克鲁斯经营"金柏长者之家"。

圣塔克鲁斯离硅谷五十分钟车程，欢欢便决定加盟"金柏"——按她说的是当学徒来了。她凭着自己当年在广州当过老年保健医生和美国读生物药学的经历，上手很快。一年之后，学长拿到了国内合资办医院的邀请，要将"金柏"出售，回国发展。这时的欢欢，已经对"金柏"有了感情，工作又做得顺手，就集资盘下了"金柏"。漂亮能干的"金柏"女主人韦欢博士一时成了社区名人，上了市里的电视和各种媒体。让欢欢意外的是，老人护理院女主人的工作量远远超出了想象，而在硅谷创业的先生也忙得脚不沾地，照顾女儿非常吃力。桂琼和父亲就让欢欢将跟桂琼的儿子小明一般大的女儿梦梦转学过来。在欢欢接手"金柏"后最忙乱的第一年，梦梦就寄住在桂琼家里，和桂琼的孩子们一起生活，直到欢欢将"金柏"里里外外都理顺了，才将梦梦接走。欢欢反复说着道谢的话，柳琼父亲笑眯眯地摆手，说："你客气什么呢？好吧，将来等我需要的时候，你记得给我留个床位就好了呗。"大家听了哈哈一笑。谁想到那个"将来"真的会来呢？

桂琼和杰克也在那前后双双成了加大圣塔克鲁斯的终身教授，生活算是稳定下来了。为了方便父亲的晚年生活，他们将原来的两层楼房换到半山上的一座占地开阔的西班牙式海景平房里，方便父亲在屋内行走，在后院看书喝茶，打太极拳健身。

早年孩子们还小时，柳琼每次给父亲打电话，总能听到背景里小孩子互相追逐打闹的尖厉喊叫声，她就有些为父亲担心。父亲却总在电话里反复问："你听到了吗？听到了吗？"声音会越来越高，带着兴奋，好像怕柳琼会错过。柳琼作为儿时在家里从不敢随便打扰父亲的女儿，听得很是诧异。母亲去世后，留在年幼的柳琼脑子里最深的印象就是父亲在他们那间拥挤又灰暗的小屋里伏案的身影。那时妹妹桂琼才刚学走路，就被外婆带回杭州去了，一直到了上学年龄才给送回桂林。跟在桂林照顾柳琼的奶奶总是示意她要安静："安静，再安静一点啊——你爸爸受不了这些声音啊。可怜见的。乖乖听话。"——

这些是她儿时最熟悉的语句。

柳琼忍不住小心地问渐入晚境的父亲："爸，你是不是嫌太热闹了？那你来我这儿吧。"父亲听了她的话竟笑出声来，在电话那头大声说："柳琼啊，爸爸真是老了，你不得不信。我现在听到孩子的声音特别欢喜，我还在跟你妹说呢，要能住到中小学校旁边更好，多热闹啊！孩子们上下学也方便。小明最爱吃烧鸭，我能给他做热的送去啊。小菲很喜欢吃煎饺的。这些比汉堡什么的健康多了吧！"——小明是桂琼家的老二，小菲是桂琼的大女儿。听到柳琼哧哧地笑，父亲叹口长气，说："唉，这些要等你老了才会懂的，所以不是我说你——"父亲这些年来，除了总是挂念柳琼的胃口之外，还添了新的担忧，怕无儿无女的柳琼将来老无所依。柳琼每到这时，就沉默着。她和妹妹都知道，父亲已经将桂琼的家当成了自己人生的归宿。他最后一次回桂林处理了自己的房子后，在电话里跟柳琼说："美国人说，能死在自己的家里是最圆满的人生。你妹妹这里就是我的家了。"

父亲能轻松走动的时候，柳琼每年夏天都会接父亲到西雅图，在她湖边的林间小屋里住上一阵。最早是从夏天住到初秋，那是西雅图最好的季节，待中小学一开学他就回加州去管桂琼的孩子。柳琼休假带父亲在美国西北部和加拿大到处走走看看。而美国东部和欧洲，父亲是跟着桂琼一家去的。后来想去的地方都去过了，父亲每年再到西雅图来，就有些待不住了。柳琼知道他是想念桂琼家里的人气，心下就有些感伤。她开始带父亲到处参加自己过去不太去的华人社区的各种活动，又在家里也办起派对，专门邀请家里有父母来探亲的的华人朋友来玩。父亲对柳琼在家里办派对兴致很高，有时为了周末的一个派对，早早就出门，转很多趟公交车去城里各处的华商超市采买购物，有时一周里还会跑几趟。到了派对上更是忙前忙后招呼大家，像变了一个人。一来二去，父亲跟那些中国老人交上了朋友，平日里还走动起来，柳琼连带着也繁忙地陪着父亲到处出席派对。

　　中国老人来美国多半是随孩子移居。各家的儿女们在美国走的多是相似路径——留学，然后移民。像柳琼姐妹这样一家两个博士，当教授和科学家的并不特别，大家可聊的不多。一来二去，让老人们更有兴趣的是柳琼为什么不嫁人。这话题一打开，他们就说柳琼不太像个做科学家的样子，那脸相，特别是身板，看着更像个舞蹈演员。父亲回来将这话说了好几次，柳琼就意识到父亲很焦虑。见柳琼不接这个话头，他就一遍遍地说："我想其实人家是不好意思说你不健康。也对，你确实太瘦了，如果不是你的精力还不错，真是要让人很担心的。"

　　柳琼总会在这种时候谈起桂琼家里的小明和小菲，很快就将话题岔过去。到了一个夏末的夜里，送走了派对上的客人们，父亲不像往日那样立刻忙着到厨房里打扫洗涮，却径直拿了杯茶走到凉台坐下，好久都不说话。柳琼放下手里的盘盏，跟出去给父亲加水。没等她开口，父亲将下巴抬了抬，示意她在对面的椅子上坐下。

　　"爸，你怎么好像有点——"柳琼一边落座，一边有点犹豫说。"我觉得你确实应该考虑找个对象。"柳琼一愣，随即笑了说："这台换得快了点哟，爸！"

　　"你不要打岔。我在讲正经事。"父亲打断她。

　　"这个话题不是早就已经放下了吗？我这些年过得很好啊，我也很习惯了一个人生活。"柳琼的脸冷下来。

　　在大三的暑假，她跟大学里的班长摊牌的那一刻起，她就放下了。

　　柳琼在大学里是班上的学习委员，大学前三年一直跟来自桂西小镇的班长配合班务，在不允许大学生谈恋爱的二十世纪八十年代，他们有了私定的感情。在大三那年暑假，她答应了随班长回一趟他的桂西老家，想的就是定终身了。班长家在那四面环山的小镇上是大家族，柳琼的到来引来了族里几乎所有的长辈。他们都肯定了她的聪慧："这都不用讲的，你只看她的那双眼睛就懂得了，那么亮，那么活，以后你们家的孙孙们那聪明是肯定的。"男女长辈啧啧赞同，柳琼听得脸发红，心下却是欢喜的。她也喜欢这样的大家庭，为自己能被大家接受而兴奋。特别是班长的母亲，忙里忙外时那眉眼里的笑，暖得让她想哭。直到那个午后，她听到堂屋里传来了班长母亲的高声："她的饭量跟猫食一样。你们看她的脸还是可以的，老话讲，年少无丑女嘛。但是她的两条腿跟竹竿一样细，就不讲好不好看了，这样的身板很难生养的……"在一片女眷的惊叹声中，躺在隔壁小房间里的柳琼走了出来。她只在过道里站着，望向那乌压压的堂屋一眼。他们一下全静下来。"哦，你们不是去河里游泳了吗？"班长的母亲起身，拍着衣角，装着无事般地问。柳琼摇摇头，说："我肚子痛，没去。""我'大姨妈'来了。"她提声又补了一句，就转回房里开始收拾行李。游泳回来的班长见劝不住，只好答应连夜将她送到镇上的车站。两人一路没有说很多的话。他听了族里长辈的劝告，不挣扎。柳琼也是没有怨的。她总是接受。

柳琼喜欢奶奶爱说的"要信命"。"你是拗不过命的，那你又不想活得可怜的话，你就要顺着它。不要像你妈——"奶奶有一次叹出这么一句。柳琼抱住奶奶："我妈很可怜吗？"奶奶擦了把眼角，说："她没有我们可怜啊。你和桂琼才最可怜——"如今的班长成了位高权重的环保口领导，两任太太给他生下了三个儿女。柳琼为他高兴，觉得他的选择是对的。

柳琼在那个傍晚坐上了回桂林的慢车，一路慢慢地揩着泪水。回到家里，父亲竟没有问她怎么提前回来了。她跟父亲说的是跟一帮同学去的，大家改了计划，她就先回来。那时桂琼刚考完高考，父亲的心思大概都在桂琼的高考志愿上，没有多问。

柳琼的初潮在大二的时候到来。那时她快二十岁了。初潮来得那么晚，她都不敢跟班里的女生们讲。奶奶已在她快高中毕业的时候离世。走前那一年，看着大孙女在抽条儿蹿个儿，她就惦记着给没妈的孙女用花布缝了一条卫生带。柳琼看着奶奶关上家门，带着庄重的神情给她示范卫生带怎么用，接着她就看到家里存下了两包卫生纸，是奶奶凭票去商店里买来的。那两卷纸质粗糙的卫生纸一直堆在墙角的杂物边，到奶奶走了，柳琼也没有等来奶奶说的那个"女娃崽最要紧的时刻"——到那时，奶奶已经说起了带江浙口音的桂林话。

柳琼的初潮晚也算了，更特别的是人家来的是"月经"，她的是"季经"，甚至还有过半年一次的状况。她看过中医西医，后来到美国也没放弃再看。她知道自己是为了"正常"。令柳琼意外的是，无论是中国医生还是美国医生，都没有对她混乱的排卵周期有特别的担心。他们更在意的是她的体形，都说如果女性身体太缺脂肪的话，对排卵是会有影响的，这是"本"。柳琼一听就放下了，就是奶奶说的，不要"拗"。她后来跟南希讲过这一节。南希说，有些女人经过这个坎，生育可能就成了执念，一定要去证明，又会引出另一种人生。南希说得很委婉。柳琼摇摇头："那可不是我。"柳琼早就不要证明什么，在大三那样的年纪上，她哭了一路回桂林。那个时候，和班长共度一生是她最想要的，她都没有争一下。

那个西雅图夏末的夜晚，父亲将茶杯"啪"地放到小台子上："那好，我们先不讲找对象结婚。你总要健康吧？"柳琼握住父亲的手臂摇了摇，忍住没笑出声来，说："今天的世界不是胖就是健康啊，爸，你是大教授，肯定懂的。"父亲摇头："你是药学博士，我也看到你对科学饮食这些东西特别讲究，我跟你学了很多有意思的新知识，这个我很喜欢的。但你确实瘦得超过了正常的范围，人家都要怀疑你是不是有厌食症。"父亲在这儿停了一下，又说："这可是要命的事啊。"柳琼心里一个"咯噔"，愣在那里。后来柳琼总是想，在那一刻，他们已经非常接近那个核心问题了，但她还是偏开了身子，错过了和父亲一起打开那把锁的机会。

"我以前从来没往这方面想过。现在想起来，好像是你妈走后，你就开始不肯吃东西了。有一阵，你奶奶背着我，跟邻居的老人家到处带你去郊区找草医、看中医，直到你脸上被艾叶熏得出水化脓，被我发现了，赶紧叫停。"父亲说着，盯着她的脸看，好像在找疤痕。柳琼下意识地摸了摸自己的鼻子，奶奶说过的，是在右边鼻翼。现在那疤痕早看不到了。

"都是我的错，我那时想的只是自己，以为只有自己难——"父亲的声音变了，"那时大家都瘦，你看上去只是偏瘦一点，毕竟年轻，不太显。现在你在美国，这就瘦得太过了。我一直也在看书，想了解怎么解决。桂琼什么都好，就是总哄我高兴。你看，大家这不都看出问题了，他们是好心啊，在提醒我。"父亲又说，眉头皱起来。

"这年头喝水都会胖的人太多了，大家都很羡慕我呢——"柳琼努力笑了笑。她想告诉父亲，她那总是挽在脑后的蓬松发髻，一身柔软面料的宽松衣裳，配着她瘦削却总是来去匆匆的步态，惹得大家总会开玩笑说，噢，我们那个芭蕾舞明星——在这个问题上，中美好像有共识呢。话到嘴边，被父亲那罕见的凝重脸色压下了。

柳琼也没有告诉父亲，为了不让自己的身板因为太瘦而塌下来，她这些年一直在努力地吃，可就是吃不下。"饭量跟猫食一样"，她也早接受了这样的说法。如果有实在躲不开的社交活动，必须吃点什么，她总是显出兴致很高的样子，也跟着大家去吃，可转身就会到卫生间里吐出来。"这跟厌食症患者的典型症状很像了。"她从来不为没胃口吃饭求医，这是医生们对她体重太轻表示关注，听到她的讲述后做出的判断。她总是拼命摆手，她的意思是，她不是像厌食症患者那样，进食后又故意去吐出来。她是没法多食，一吃多了就有身体上的反应，想吐，只能少吃。医生就说："那就是非典型厌食症了。"她不喜欢听到"厌食症"这三个字，就不争了，按时吃各种医生建议的食品营养补充剂，甚至会让自己硬着头皮吞蛋白粉。这让她看上去虽很瘦，却因为刻意锻炼，又按时吃营养补充剂，体态和精神都还不错。加上那眉眼和神态，人们要说她像一个活跃的芭蕾舞演员，听上去也不太勉强。

　　看着柳琼那样单薄的身板，人们都觉得自己知道了她一直单身的答案。柳琼觉得自己确实也很适应和享受单身生活，一个人就这么过了下来。反正这在美国也不会让人特别在意。每个人的面前都有那么多需要关注的人和事，就算想到时有点好奇，也就点点头，由她去了。

　　"你我都没见到你妈变老的样子。那天见你下班回来，正在刮风，我远远看你走过来，那么瘦，很吓人的。这儿总是太阳一下山就冷的，你穿得又少，身子缩得很紧，没脂肪的人都这样。我从这里看出去，你猜我看到什么？"柳琼正低着头给父亲的杯子添水，耳里就听到了他干涩的轻声，"就是我梦里见到的你妈妈变老后的样子啊。可你还年轻啊！我那个晚上一夜都没睡好。"父亲说着用手撑到额头上，没再说话。

　　柳琼看不到他的眼睛。她安静地握着父亲搁在台上的另一只手，说："爸，我会好好吃饭。我答应你了，啊？"好久，父亲才抬起头来，说："这样就好。"柳琼看着父亲一头银发下削瘦的脸庞，轻声说："爸，其实你一直也很瘦的，我们可能就这基因。"父亲一摆手，说："不扯这些。我们一起好好吃饭。"

　　在那个夏天剩下的尾巴里，他们再不请客，也不参加派对了。柳琼下班一回到家里，看到的就是寂寞的父亲和满满一桌的饭菜。她总是快快换好衣服，看上去兴高采烈地坐下就吃，还陪父亲喝起红酒。父亲自己吃得很少，陪在旁边喝几口红酒，只看她吃。他总是问，哪样喜欢，哪样不喜欢。菜谱就随着她的回答变。她硬着头皮为父亲吃下那些饭菜。让她意外的是，这下倒真是不怎么会吃过就老想吐了，心下有点吃惊。她到西雅图后，就为吃不下饭这事找到了心理医生南希。她知道这不是身体的问题。跟了南希这么多年，她知道自己为的不过是寻求安慰。现在看来南希是对的，是意念的问题。到了夏天结束，父亲要回桂琼家的时候，公司里的人都看到了她的改变，父亲也淡笑着点头："你的脸上终于有些肉了！"父亲将他认为容易做的菜写下菜谱，放在厨房的台上。那小本子的封面上，父亲一笔一画写下一行字："世上无难事！"

去机场的路上，父亲看着窗外，很慢地说："我这些天总是想到你刚出生的样子，那时三年严重困难刚过。按说你妈妈怀你的时候也一直吃不饱的，可你一出来，就很饱满的样子。医院里很久没见过生出来皮肤都不皱的娃娃了，大家都来看啊，羡慕得很。真没想到，倒是到了美国反倒越来越瘦了。"柳琼想起奶奶说起她出生时，可是完全不同的故事，可她只笑笑，没回父亲的话。父亲的表情一下就黯了，摇头："我是在认真说话呢。你妈妈走的时候，你还不到五岁，真是胖乎乎的，正在换牙，如果你妈知道你后来会变成这样，不知道会怎么怪我。你妈总是跟我说，你特别像她小时候，唉……"柳琼轻声说："我从来没怪过妈，真的。"她突然说了这么一句，没头没脑的，父亲的表情严肃起来，身子好像打了个激灵，沉默了。

柳琼想，父亲应该不记得她在十岁时也大声地讲过这句话的。那次是学校里要举办一年一度的六一国际儿童节的表演，一向都在边缘的柳琼好不容易被选上了参加表演群舞《我爱北京天安门》。老师让她们准备红裙子、白衬衫。柳琼没有红裙子。奶奶和她一样着急，一直反复念叨着："那怎么办？那怎么办呢？"要专门花钱去买布做裙子，奶奶舍不得；可没有裙子，柳琼就要失去这个难得的机会。她急得哭起来："我是个没有妈的娃崽，你让我怎么办？"她叫出声来。话一出口，就被父亲厉声吼住。"我不是怪妈妈，我不是——"柳琼第一次敢顶撞父亲。在她十岁的夏夜里，口气里全是怨，猫都听得出来。奶奶后来轻轻地给她讲道理。

"你再讲！"父亲又吼出一声，还将桌子拍得"啪"一声响。柳琼的眼泪被吓停了。她掉过头去，看到父亲眼里那两道从未见过的冷光。

她又哭起来，这下哭得更响了，引得邻居们都出来了。邻家的阿姨拉开了柳琼和奶奶，问明缘由，说她去想想办法。第二天，邻家阿姨帮她借来了一条成人尺寸的红裙子。奶奶连夜将那裙子用针缝短，收了腰，让柳琼在"六一"的夜晚高高兴兴地穿上了台，和同学们满台蹦着边跳边唱："我爱北京天安门，天安门上太阳升。伟大领袖毛主席，指引我们向前进！"出透了一身的汗。父亲和奶奶都没有去看她们在露天电影场的演出。柳琼跟同学们一路唱着歌回来，到家的时候，她一下就放轻了脚步。从那个"六一"开始，她知道这个家里，妈妈是要回避的话题。

那天在跟父亲在机场道别时，柳琼说了："爸，我一直想要翻过这一篇。我们不讲妈妈了，好吗？"父亲扶着拉杆箱站定，盯着她，好像在等她下面的话。"我晓得我这样讲不合适，很小的时候就晓得的。我也想像桂琼那样，像大家那样，过那种大家都认可的正常生活，我真的一直很努力。这么多年，我特别努力——"柳琼没想到，自己说到这儿忽然就说不下去了。她直视着前方。她觉得她应该会哭的，却怎么也没有眼泪。她不敢去看父亲。直到他拍拍她的肩，很轻地说："好的，我们不讲你妈妈了。"

柳琼后来跟南希讲过她和父亲的这段交谈。南希微微蹙了眉，说："嗯，但愿你甩掉的，不会变成他的负担。"柳琼一愣，却没有追问。南希是她在这个世界上唯一能倾诉的人了。她从来不敢告诉南希，其实她并不需要南希做什么，除了倾听。

2

七年前，父亲过完八十四岁生日之后，跌断了股骨。手术康复后，父亲的话一下就少了很多。到了这时，姐妹俩就不敢再让他自己出远门，便不再送他去西雅图柳琼那儿，而是由柳琼在春夏间飞来加州，陪父亲十天半月；到了圣诞节和新年期间，她再过来跟父亲和妹妹一家过节。

　　到了这时，父亲最爱说的就是"可惜我再不能去帮你做饭了"，那语气和表情里，都带着很深的忧伤。桂琼的儿女也大了，不再需要外公太多的照看，父亲也再没了烧饭做菜的意趣。每到这种时候，柳琼就打断他，说："爸，你这是有成见呢，我已经胖啦。"父亲左右打量她，表情很不肯定，让柳琼说不出是该高兴还是伤感。她的体重仍徘徊不定，努力进食的结果，让她不仅看南希的次数多了，还要出入专科医生诊所。她就决定不再挣扎。好在父亲好像也不太能看得出变化了，只要她说胖了，父亲就会高兴些。在一起的时候，除了重复"你要多吃"，父亲的话越来越少。柳琼每到吃午饭的时候，总是端了碗，坐在他边上，吃得兴致很高的样子。父亲看着，最后总要说一句："是比以前能吃了，怎么还是那么瘦？"柳琼就笑了说："如果一定要找根子，那应该就是基因了。"父亲一愣，停了好一会儿，忽然说："那你妈妈可一直都是丰满的。"

　　柳琼给噎在那儿，好一阵没接父亲的话。父亲已经很久不提 "你妈妈"了。柳琼这是第一次听父亲说母亲"丰满"，在母亲的形象在她的记忆里已经模糊的时候。父亲盯着柳琼的眼睛，用力地点点头，表示肯定。柳琼起身，去桂琼的书房里取来家庭相册。这是她过去来看父亲时，父女俩喜欢一起做的事情。

　　桂琼也跟了出来。父亲一见柳琼端在手里的灰蓝封皮的相册，就抓起台上的老花镜戴上。

　　母亲果然是圆润的。柳琼好像才意识到。她抬起头去看父亲，父亲的目光锁在相册上，完全没注意她。她怎么从来没有觉得母亲是丰满的？她现在想起来了，照片中母亲身上那件掐腰的薄短袖衫应该是铁锈红的底色。母亲在那个夜里哭诉着她想用毒药拌饭，将孩子们一起带走的时候，穿的就是这件衣裳。桂林夏天闷热得令人窒息，柳琼在蚊帐里蜷缩着，她听懂了"拿点药水来，一起吃下，要走一起走"。

每次感冒发烧的时候，她最怕的就是吃药水了！隔着蚊帐，柳琼能看到桂琼正在母亲的臂弯里熟睡。她没有完全听懂母亲的话，但为了那药水和那"毒药拌饭"带来的母亲的凄凉啜泣，小小的柳琼抖了很久，身子蜷缩起来。

父亲安静地随着柳琼翻看相册，没再说话。待柳琼将相册合上，他取下眼镜，从表情上看不出他的心情。他只是半闭上眼，靠到椅背上养起神来。柳琼看着日渐沉默的父亲，想，也许父亲到了这年纪，也只能跟她说说早逝的亡妻了。再跟父亲聊天时，柳琼有时便主动说起母亲，父亲却不大接她的话。直到有一天，柳琼和父亲坐在桂琼家后院的大木台上，望到远处的太平洋在阳光下呈出的一条长长金线。父亲忽然说："中国在那边。"柳琼点头，握住他瘦削的手，发现很凉。父亲又说："我最后是要回去的，和你妈妈在一起。我跟桂琼也讲了，你们姐妹都要记得。"

柳琼看过桂琼带父亲去签下的遗嘱：重病时不要抢救，不要切气管，不要上呼吸机。父亲将桂林的那套清空的房子留给柳琼桂琼姐妹处理。"你们最好保留着，将来回国旅游度假，有个落脚点。"父亲又对桂琼说："世事难料的，你们的孩子可能会需要呢，将来美国和世界发生战事、灾荒、动乱，不是不可能的。"后来桂琼在和柳琼一起看那遗嘱时，专门点了点这条，凄凉地笑笑，说："他们这一代人真的很可怜，永远在做最坏的打算。"

遗嘱里很重要的一条，是姐妹俩都很意外的——身后骨灰要撒到漓江里。那是她们母亲的去处。柳琼想起有一年，妹妹看到圣弗朗西斯科湾区半月湾山间墓园发的中文广告，来问是不是要帮父亲买一个墓位，或者多买几个，将来一家人都在一起。柳琼就说，爸总是说，他将来要回去跟妈在一起的，现在他就是这个意思了吧。这要随父亲的心愿。

父亲当年跟着妈妈从上海去广西支边。按他跟柳琼讲的，如果让他选，他更愿意留在上海。"但是你们的妈妈要响应号召，在上海医学院是第一批报名支边的。你们的妈妈凡事都特别有主见，这是我一直最佩服的。这就没话说了。所以你们都成了广西人。"

按父亲讲的，母亲家里早年在杭州开丝绸庄，还有两家缫丝厂。柳琼的舅舅们远去欧美游学，带回了开化的家风。柳琼母亲抗战胜利后就去了上海，因为迷上居里夫人，进了圣约翰大学修化学，在那儿遇到刚由族里选拔资助到圣约翰修读化学的柳琼父亲。母亲那个民族资本家的大小姐很快就认同了那是一个安不下一张书桌的时代，上课之余，将所有精力都投入学运，在各种组织中流连，成了十里洋场学运中小有名气的人物，走到哪儿都有人呼应。这让柳琼那来自浙江山区的遗腹子出身的父亲很是佩服，一直跟在她身边。

父亲后来才慢慢告诉柳琼，上海解放前几年，通货膨胀严重，物价飞涨，老蒋派出长公子蒋经国进驻上海，主导财政改革。蒋经国一到上海，就建立了直接向他本人负责的"戡乱建国总队"，铁腕整肃那些贪污盗窃的渎职官员。蒋公子将抗战时"一寸山河一寸血，十万青年十万军"动员青年上前线的做法移植到上海，声称"打老虎"是全社会性质的革命运动，号召大学生参加"大上海青年服务总队"，投身打击奸商和贪官的新战场。一向走在时代洪流前列的柳琼母亲，成了过万名获准加入"大上海青年服务总队"的一员，冲在"打老虎"运动第一线，同时火线加入了三青团，直到"打老虎"运动因国民党内阻力太大而黯然收场。母亲一直希望自己也能将那一页忘记。

柳琼记得父亲说过，妈妈走后，他也想一了百了。"那是最容易的。但是你们的妈妈会走这样一条捷径，真是我没想到的。"他叹着气摇头，"你和桂琼那时真是嗷嗷待哺啊，那么小，我怎么能走啊？"父亲又说。

父亲没再娶，也是为了她们吗？她问过一次，父亲叹了一口很长的气，沉默着，最后说："唉，这些今天讲来都没意义了。不讲了。"

柳琼看过了父亲的遗嘱，去跟父亲说，她和妹妹都在这儿，大家可以在一起的。父亲摇头："我已经很老了，包袱要扔的。"见柳琼揩起泪来，父亲又说："日子过得太快。你们姐妹如今都要年过半百啦，如果你们有什么包袱，也要尽早扔掉，人生很短的。"柳琼点点头，想起小时看到学校的围墙上用石灰刷出的"2000年实现四个现代化"时，还心算了一下，父亲到那时就该过七十了，自己也要快四十了呢，惊诧得很，觉得那是在永远那一边的事情，可是一眨眼，那"永远"就到了眼前。

父亲做了股关节手术后，记忆力开始明显衰退，话就更少了。柳琼觉得妹妹说的"断篇"这个词特别形象。大家都庆幸父亲的忘事症状发展得慢。桂琼觉得就算真是有阿尔茨海默病，也还是住在家里好，她不舍得将父亲送到老人院去。柳琼记得父亲总是说桂琼这儿是他最后的家，就没再多话。姐妹俩合计了，经朋友介绍，请来一个在加大圣塔克鲁斯陪读的留学生家属当看护。那位东北大嫂在白天大家上学上班时过来，帮父亲做顿午饭。最要紧的是盯着要他吃饭。父亲的吃饭忽然成了件大事。如果没人盯着提醒，他就经常会不吃午饭。哪怕桂琼将提醒他吃午饭的字条贴在冰箱门上也没用。开始桂琼以为他是忘了，提醒多了，父亲说是没有胃口。"这和你倒有点像了。"桂琼在电话里叹气。

到了前年秋天，八十九岁的父亲在一个大白天里，趁看护大嫂在厨房帮他做午饭时没注意，自己打开车库的门，离家而去。到看护大嫂发现时，他已经走下了社区里那个长长的坡，站在进入市区的一个繁忙的十字路口中央，引得路人打电话叫来警察。当看护阿姨追到时，五辆警车已将路口牢牢堵住，引发长达几英里的大塞车。

桂琼在电话里呜咽："姐，是终于到时候了吗？我怎么都不可能想象，那会是爸啊！"柳琼安静地听着，没有说话，第二天就飞到加州。

父亲见柳琼到来，脸上的表情很平静，只淡淡地点头，说"你来了"，好像柳琼是来赴约的。没等柳琼坐下，他就向桂琼摆摆手："我有话要跟你姐说。"直接便将柳琼领到他自己的屋里。

柳琼一进门，父亲在身后就将房门轻掩上，轻声说："你不要着急。我是老了，但没有痴呆。"柳琼去扶了他一把，点点头说："爸，这我知道，你坐下说。"父亲不接她的话，只站在屋子中央，想了想，说："你既然来了，那我就说吧。我这几个月，夜里总是做很多梦，最常梦到的就是你妈。"

柳琼一惊，不知该怎么反应。"可我不想见你妈啊，我已经是个黄昏前的赶路人了，最怕的就是路遇劫匪，这可怎么了得。"父亲又说，口气急得带上了哭腔，双手还甩起来。柳琼还没反应过来，又听到父亲低下声来，说："我只跟你说啊，那天我也不是迷路，就是一下糊涂了。那天午休时，我做了个很奇怪的梦，看到你妈在找你……她，她说要带你走。这是我最怕的事情啊。我一下就蒙了，就出门去追你——"

这是柳琼完全没想到的。她愣在那儿，微微张开了口，想不出该从哪里说起。那么，父亲也记得那个夜晚？那也是他最深的恐惧，是吗？"她说得好清楚，她要带走你——我是被这句话吓着了。"父亲说着，双手捂住脸，退到床边坐下。她听到了自己急速的心跳，父亲在那个夜晚也将母亲的话听下去了，一直记到垂暮之年？柳琼走过去，抓住父亲的手腕，父亲并没有松开的意思。她转身出去，到厨房里喝了两口水。桂琼和杰克无声地坐在餐桌前，目光紧张地随着她移动。柳琼朝他们摆了摆手，接了杯热水，又走回父亲的房里。

"来，爸你喝口热水。不要急，你好好的，没事就好。"柳琼轻拍着父亲的背，将热水递上，轻声说。

父亲抿了一口，看着她，很慢地说："我已经很老了，这一生没什么太多的遗憾，妹妹一家、你，都很好。"柳琼搂住父亲的肩膀，说："爸——"

　　"你让我讲完。"父亲打断她，"柳琼啊，如果爸爸妈妈有什么对不住你的地方，到了今天，看在你老父亲的分上，你就原谅我们吧，嗯？"父亲盯着她的眼睛说。

　　柳琼的泪水涌上来了。她单腿跪到父亲面前，双手搭到父亲膝上，看到父亲嗫嚅着，喉结上下滑动，好像在努力把到了口边的话吞回去。她抬头看着父亲的眼睛，点头说："爸，我从来没有什么要怪妈妈的，更没怪过你啊。你才开始享女儿们的福，你要好好的啊，我和桂琼才能安心，我们一家人，好不容易有今天。"父亲的眼神忽然就黯淡了，他很轻地点了点头，没再说话。

　　柳琼从父亲的房里出来，只有桂琼等在饭厅。"爸？"桂琼一边问着，一边起身迎过来。柳琼摇摇头，轻声说："他就是想说自己没事，唉，还是带他去检查一下才能放心。"桂琼站近了，揽过柳琼的肩膀："爸到底说了什么呀。你都哭了，还说没事？""我就是有点难过，爸真的老了。"柳琼说着声音就变了。姐妹俩拥抱在一起。

　　接下来的一个多星期里，柳琼带父亲跑了一大圈医生诊所。检查下来，医生也同意父亲自己的坚持：确实不能说是阿尔茨海默病。按父亲的情况，就是大脑有些钙化点，若发展得慢，成为阿尔茨海默病还得很多年。这个结论让大家松了口气，柳琼却有些喜忧参半。如果父亲果然不是阿尔茨海默病，这里面的水就很深了。她打住自己的这个念头，努力不再想它。

　　桂琼给父亲换了个看护阿姨。父亲的情况看着也控制住了。到了这时，桂琼家里的两个上了高中的孩子都能自己开车了。孩子们课后的社会活动多起来，桂琼家里经常空空荡荡。就算孩子们在家，也都各自在自己的房间里忙，一边做作业一边上网，难得见到人影。父亲在电话里说："我真的觉得自己成了一个溜边的老猫了。"

　　接下去的春天到来的时候，父亲的胃口突然更差了，一天都吃不了什么东西。他在电话里跟柳琼说："你以前老说没胃口，唉，现在我也明白吃不下饭是什么感觉了。"

到查出了胃里有个瘤的时候，父亲已经很虚弱了。他直接拒绝了活检。柳琼从西雅图赶来劝说，现在医学这么发达，就算是最不好的结果，都会有办法治的。父亲靠在床头，摆着手说："你们不要再说了。我都活到这把年纪了，够本了。你们也大了，事业有成，连第三代也这么好，我还有什么不放心的呢？这些话你们要我说多少遍才够呢？"

柳琼知道，她们和父亲之间的桥已经开始断裂。

"你——"父亲忽然抬起眼睛，看向柳琼，"你只要按你答应我的，好好地过下去。你妈妈答应我了，她不会带你走的，她说话确实算话。你要过不好，就是自己的问题了。"父亲突然冒出这么一句，让柳琼停在那儿。她没听明白他话里的时态。父亲的眼神变得有些哀怨，盯着她，说："真的，我和你妈妈那天说定了。"

那天？哪一天？柳琼甩了甩脑袋，说："我答应你，我会认真做好的。爸，你看我这大半生，一直都在做你的好女儿啊。但爸你的身体有问题，还是要看的呀。"父亲提了声："就算有问题，我自己做主了。桂琼和杰克绝不会赶我走的。"

话说到这个分上，柳琼和妹妹一家只能安静下来，由着父亲的意思，不再去寻求医治方案。这样一来，父亲的情况起初倒稳定了一阵。在电话里，父亲说："我在很努力地吃东西啊，你不会不如爸爸吧？"柳琼听了，连声应着，第一次开始认真地做起自己日常的饮食方案。连她常去购物的超市里的店员们，都注意到她购物袋里的东西的品种和数量都多了。他们说，看到她这样，才敢跟她开玩笑，都说："你丰满起来会更好看。"

"这是心志。"柳琼再去南希那儿时，自己就先总结了。柳琼跟南希说的是，她自己真按营养师的建议，吃得不少了，体重仍很难上去。南希说："你有这样的意愿，就是最大的转机。"

父亲首先打破了父女间维持不久的饮食竞赛的动态平衡。他很快地消瘦下去，后来干脆不能吃饭了。再一查，肿瘤已堵到贲门。在很短的时间里，父亲连行走都已经非常困难，按规定已具备进入临终关怀的条件。初始时，临终关怀机构的护士定时到家中为父亲打营养针，做物理治疗。到疼痛开始时，需要随时护理的时间长了，柳琼姐妹俩再不情愿，也只能按看护机构的专业建议，为父亲寻找可入住的专业护理中心。

那正是疫情在全美全面大爆发的时刻，各地老人护理中心都在关闭中。父亲吃力地说出了："那你们帮我去问问欢欢，看她能不能让我到她那儿去？"

3

"是时候了——"柳琼在"金柏"的大厅门前站下时，对着玻璃上的自己点点头。

桂琼一拉开门，只见穿着蓝白相间防护服的一男一女迎了上来，走在前面的女子揭开面罩，向她点点头，柳琼认出是欢欢。两人交换了眼神，轻轻地碰了碰胳膊肘。柳琼很清楚，在这傍晚时分，欢欢肯定是专门在等她的。

疫情爆发以来，全美的老人院沦为重灾区，病亡率高得惊人。欢欢为了"金柏"的防疫，按桂琼说的，已经熬得路都走不直了，换来的是"金柏"的近四十位高龄老人没有一个被传染上，成绩傲人。北加州多个媒体对"金柏"做了系列报道。欢欢作为"金柏"的女掌门人，再次成为社区名人，还被选到了市政府抗疫委员会当顾问。

待欢欢一退开，等在边上的那个全副武装的男子马上过来用体温枪对着她的额头一摁，随即示意她去感应机下取洗手液洗手，接着递上了一个崭新的防护面罩。

柳琼犹豫地望向欢欢。欢欢向她点头，很轻地用中文说："我明白。你先戴着吧。现在都特别小心。谢谢上帝保佑，'金柏'还安全，但真的不敢有一丝大意啊。老人家是最脆弱的。城里海边那家设施最好的'棕榈滩'养老院，就是因为放进了几个探视的客人，防护措施没做到位，一下就弄到有老人染上了，居然十天内就走了八个老人家，现在还有五六个住在ICU（重症加强护理病房）。"隔着口罩，柳琼听到欢欢的声音带着很重的鼻音。

柳琼侧过头去，朝欢欢轻声说："当然，当然明白的。我只是怕戴上这个，我爸会认不出我。"她说着举起那透明的大面罩看着。欢欢点点头，说："没关系了，你先戴上吧。"柳琼就将面罩戴上了。欢欢退出一步看着她，点点头，犹豫了一下，声音更低了，说："柳琼姐，你要坚强点啊。""谢谢你，晓得的。"柳琼努力笑笑。"It's about the time.（是时候了。）"亲耳听到这话由欢欢说出来，柳琼的眼睛就红了。在欢欢面前，她是可以做自己的。

欢欢轻声说："往好的方面想，伯父已是高寿。"停了一下，又说："我们都知道，他是在等你。"

柳琼低头去戴橡胶手套，没作声。这个意思，桂琼昨晚说得再直白不过了："爸只要一清醒，看着抬眼皮的力气恐怕都没，还是很吃力地要四下张望，他是在找你啊。"柳琼没回桂琼的话。她想，如果是这样，是不是她晚一点来看他，父亲远离的那一刻就会晚点到来？她是舍不得父亲走的。这样的想法她只能留给自己，直到桂琼昨晚上说，爸实在熬得让人看不下去了。

桂琼在前台的电脑边帮着填好表。过去总是布置得花红草绿的前台，现在看上去如急救室一般冰冷肃静。前台护士过来交代了几句，就示意他们跟着绕出侧门。柳琼迟疑着。她在父亲搬来后的初期，获欢欢的特许来看过一次父亲。那时她总是从这里往走廊深处走去。父亲的房间，就在最安静的走廊尽头的拐角处。有时父亲睡过去了，她就从那儿拐出后门在院里散一下步。

　　柳琼望向已经暗下的走廊。所有的房间好像都关上了门，整个建筑仿佛被腾空了一般，听不到人声。过去在活动区，总是有老人们在聊天，唱歌，玩游戏。她那时每次走去看父亲，都会好奇地探视走廊两侧那一间间敞着门的老人房间。她知道这就是人生最真实的底板了。

　　"金柏"属于人生最后一程路边的最后一个驿站。那些最后在这里停留的老人，无论过去有过什么样的人生，拥有过什么样的庄园豪宅，都只能退到这驿站里一个小小的房间里，甚至是一张单人床上。老人们房里的东西都少得令人难以置信。他们最看重的，显然就是满墙的子孙和家人的照片了。

　　柳琼每次看到那些照片，总会有些凄伤地想，到自己老了，要贴些什么呢？再去看到父亲那空空的房间，桂琼给他在床头矮柜上也放了孩子们的照片，还有柳琼和父亲跟妹妹一家人的合影。边上还有一张，是父亲刚来美国那年，柳琼挽着他在圣弗朗西斯科金门大桥上的照片，父女俩的笑容跟加州的阳光一样明亮。"这是爸专门要我拿来的。"桂琼告诉她。想到父亲是坐着轮椅被推进来的，他还记得要带上这些照片，柳琼安静地点头。可为什么没有母亲的照片？柳琼又想，心里有些难过，却没有对桂琼提起。

　　桂琼这时走进来，轻声告诉她，父亲隔壁那个终日依傍着英俊的丈夫照片的白人老太太两个月前已经去世了。父亲和其他几位进入临终关怀程序的老人一样，被移到走廊尽头新搭出的有侧门出入的房间去了，以方便医护人员出入，避免交叉感染。

　　柳琼点点头，跟着欢欢和桂琼绕到加建的临时露天通道上，向父亲的房间走去。通道对着的另一侧停车场空空荡荡。阳光更斜了。柳琼停了一步，侧头去看停车场靠着的马路那边。她记得那里有一个"金柏"仿建的汽车站，像模像样地立着一块回收来的旧公车站的站牌，上面标着好几条公交车的路线。远远望去，那个仿建的车站在夕阳下显得空寂而凄凉。

"现在没人来了。"桂琼跟着停下来，轻声说。

"金柏"里的老人里罹患阿尔茨海默病的比例很高。过去可以让他们自由行动时，老人出走的事经常发生。自从建了这个模拟公车站，它就成了"金柏"最有效的收容点。只要发现有老人出走，工作人员总是在第一时间就奔来这儿，肯定就能找到在那里等着那永远不会出现的公交车的老人，一找一个准。父亲刚进来时，有一次在护工莎莉帮忙下用平板电脑跟柳琼视频聊天时，忽然说："到我出院的时候，可以自己从这儿坐车回桂琼那里。我知道在哪里上车。"柳琼湿着眼睛说："爸，你好生养着，我们到时来接你。"父亲就沉默下来，好一阵才叹了一口气，说："怎么想得到，会在暮年的时候遇上疫情！小菲和小明也好久不见了。"柳琼说："他们不是常跟你视频吗？"父亲吐出一口气，吃力地说："那是不一样的。我好想抱抱他们啊。"柳琼马上说："桂琼会尽快带他们去看你的。"父亲一掉头，就迷糊了过去。

桂琼告诉她，父亲以前就听欢欢说过那个收容老人的车站。柳琼停下一步，又望了一眼那个夕阳下空无一人的车站，想父亲再也不用挂念她们了，一时竟有些轻松下来。

柳琼转过身，轻声说："我们走吧。"抬眼再看，走在前面的桂琼已经到了父亲房间的侧门前，刚要去拉那玻璃门时，戴着口罩和面罩的妹夫杰克从里面拉开了门。一见柳琼，全副武装的杰克抬手一摇，算打过了招呼。

柳琼一脚跨进屋里。室内很暗，刚转头向跟在身后的桂琼示意，杰克就去开了顶灯。她一眼看到面朝走廊方向，躺在微升起的病床上的父亲。在视频里，她觉得自己已经很熟悉父亲的房间了，可这样一脚踏入，整个屋里带着的那股压抑的肃穆，还是让她吃了一惊。一片灰白的冷色，只有监视仪上红红绿绿的信号，让人感到一点生机。隔着面罩和口罩，她还是能闻到很浓的药味。这都是消毒剂吧，柳琼想。原来的床头柜给移到了角落里，小柜上那些父亲带来的家庭照片寂寞地站在相框里，现在看上去，照片里每一个人都笑得那么没心没肺。那个父亲心爱的平板电脑，被装进了一个黑绒面的袋子里，也放在小柜的台面上。

"爸——我，柳琼啊。"柳琼轻声叫着，向父亲的床边走去。柳琼没想到自己此时脱口而出的就是桂林话。他们父女的交谈总是在普通话和桂林话之间切换。父亲大半辈子生活在桂林，能说一口不标准但很流利的桂林话。

父亲闭着双眼，没有反应。他的表情很平静，像在熟睡。这是柳琼没想到的。她定睛再看，父亲的额前和鬓角都修得很齐整，胡子也剃过了。欢欢真是贴心，柳琼心下一热。

"我是柳琼啊。"她又轻叫一句，握起父亲摊在床边的手。她感受不到父亲的体温，心一沉。再去看父亲的脸，明显感到他比视频里看着更瘦了，脸色青里带灰。她去脱橡胶手套。边上的桂琼拉了拉她，她没有停下的意思。桂琼有些紧张地看向欢欢。欢欢递了个眼色，马上转头示意边上的护士荷西和护工莎莉回避。

荷西和莎莉离开了。柳琼将手套褪下，一把握住父亲的手。真的好凉。她想起每次跟父亲说他的手太凉了，父亲就会说，人跟机器是一样的，慢慢地，慢慢地转啊转的，慢慢停下，最后熄火的时候，会更凉。

父亲已经好些天不进食了，只从静脉滴着维持生命体征的营养液，等着她的到来。这时，柳琼看到父亲的嘴微微张开了，眼皮虽耷下，看着明显比刚才开多了些。柳琼凑近了，看到父亲眼里大部分是眼白，一惊，镇定地向前再挪了一步，俯下身去，对着父亲的耳朵说："爸，柳琼来看你了。"

无声无息。

"我刚刚从西雅图来，赶在了黄昏之前到的。"静场。柳琼能听到自己腕表指针的转动声。她刚垂下眼皮，突然就听到父亲的鼻管发出的咕咕的响，抬眼一看，父亲的眼珠出现了。柳琼一把扯下口罩，叫："爸——"她觉得看到了父亲的眼泪，赶紧向站在她侧边的桂琼伸出手，倒是杰克明白了她的意思，赶紧去扯来两张面巾纸塞到她手中。

柳琼凑上前去，小心地揩着父亲眼角。再看，好像什么也没有。父亲被她握牢的手，冰凉瘦削，像在冬天里抓到的一把枯枝。父亲的手好像很轻地动了一下，像是想握住她的手，却是无力的，很快又松开了。她转头去看桂琼，冲着床边的落地灯抬了抬下巴，欢欢赶忙去开了落地灯，整间屋子明亮起来。

父亲的喘气变得急促起来。"爸是能听到我们讲话的。"桂琼轻声说。柳琼将父亲的手握紧了，另一只手也搭上去，在父亲的手背上轻轻抚摸着。莎莉进来了，赶忙去拧氧气控制阀。很快，父亲的呼吸平稳下来，大家安静地站着。父亲好像进入了深睡眠。欢欢靠过来，轻轻拍了拍柳琼的背，柳琼和她交换了一个眼色，欢欢就转身出去了，轻轻地带上了房门。

桂琼没打招呼，转身就去拉开侧门，往院外走去。柳琼轻轻把父亲的手搁下，放进被里，向杰克点了点头，也跟了出去。姐妹俩一前一后走在空旷的停车场里。看着桂琼的背影，柳琼的眼泪就下来了。她不愿意桂琼看到她的眼泪，急步转朝那个仿造的公车站走去。桂琼跟上来。

柳琼绕到那公车站前面，发现居然新漆过了。这疫情期间，还会有老人能出来吗？她揩了泪水，在椅子上坐下。桂琼跟过来坐到她旁边。"姐，我是很慌的。"话音一落，桂琼就开始哭。柳琼很少见桂琼哭，轻轻揽过她的肩。

桂琼安静下来，扭过头，很轻地问："姐，妈走的时候，你有印象吗？"

　　桂琼上一次问这个问题，是在她上高中的时候。那时柳琼已经到南宁上大学。桂琼是在信里问的。那封信很长，讲了很多在师大附中尖子班备战高考的事情，忽然在最后来了这么一句："姐，你记得妈妈走时的情景吗？"这句话在信中没有前后的关联，很突兀，让柳琼很吃惊，心下意识到妹妹长大了。

　　柳琼给她回信时，没有回答这个问题。她本想假期见面再说，可到了暑假回到桂林，桂琼却没再提起来，好像那个问题从来没出现过。有次柳琼主动要说起，桂琼说："不用讲了，我晓得了。"柳琼一愣，不知道她晓得的是什么，想再解释，桂琼已经跑开了。

　　时隔这么多年，妹妹怎么会在此时又想起这个？桂琼见她沉吟着，也不说话，只看着她，在等她的回答。

　　"那也是一个傍晚。桂林的夏天，又热又潮。"柳琼轻叹一口气，"妈妈那时忽然不见了。我后来才知道，是上海医学院那边来了外调组，要调查母亲早年在上海的事情，要她供出当年一起搞活动的人。她被关到生物系地下室的实验室去了。系里的'造反派'把实验室窗子上的磨砂玻璃换成了透明玻璃，组织一队队的人们来看刚挖出的潜伏多年的国民党女特务。我那时一直在找她，老哭闹。奶奶带着你，管不了我，爸到他们化学系里去，他们应该也是在开会学习，但他是可以回家的。那天，就是妈走的那天，我就在化学楼外面玩。那里有个长竹竿搭出的秋千，我看大孩子们在那里荡来荡去，觉得特别有趣。"

　　桂琼安静地听着。"那天傍晚，我等在那里好久，爸都没出来。大孩子们都走了，我就坐在秋千下的沙坑里，等啊，等啊。我记得的就是这样。那时太小了，就算记得，老实讲，我也想忘记。"

　　柳琼沉吟着，抬头去看站牌。她记得一身藏青夏装的父亲是从化学楼那高高的台阶上跑下来的，步子特别碎。有几个青壮男人冲到了父亲的前头，好像在领跑。正是夕阳落山的时候，台阶上一片金红。

大人的长腿，从高高的台阶上疾步而下，唰唰唰，沿着楼梯排出长长的一队跳动的剪刀。父亲近了，她看到他白纸般的脸色，看向她，又迅速将头扭开。这是她从来没见过的父亲。"爸！"她叫了一声，她努力发出从未发过的尖声，从沙坑里站起来，向台阶上奔去。父亲没有回头，冲到楼前的苦楝树下取自行车，那些人跟他一样，也跨上了自行车，转眼就不见了。她开始大声哭喊。从楼里急步走出一个阿姨，过来抱起她，背着台阶而行。她被阿姨送到家里留给了奶奶。

从那个夜晚起，母亲再也没有回来。

"就这样了。他们说妈心气太高，没能忍下那口气。"柳琼自语般叹了一声。"现在，是要送父亲的时候了。"她又说。

桂琼点头："唉，其实这些年跟爸在一起，如果真想知道，有很多的机会。跟杰克在一起，最好的就是我不用老想这些事，也不用解释。"

"我晓得。"柳琼点头，轻声说。她还想说，她自己一直独身，不更彻底？但是忍住了。

4

柳琼和桂琼姐妹俩再没说话，并肩向父亲房间的拉门走去。莎莉迎出来给她们拉门，一边递上面罩。桂琼一边戴面罩，一边低头看了看手机："杰克要回去给孩子们做饭了，我让杰克等会儿送饭过来。"柳琼刚想回桂琼的话，就听到门里一片响动，赶忙一脚跨进屋里。她们离开后关闭的顶灯又亮起来。护士荷西也进来了。

父亲在咳嗽，一阵急似一阵。"这是没有过的。"莎莉自语着，要将床头升起。"请不要动。"柳琼急切地制止莎莉。

"这样能让他呼吸容易些，也方便吸痰。"柳琼就不再说话。她知道临终关怀最重要的作用，就是让垂危的病人走得有尊严，尽可能地舒服些。父亲早签过不要插管，也不要用呼吸机的。近日这样的反复已经很多次了。"他是能感到你的存在的。"荷西靠近了，耳语般地向柳琼说。柳琼点点头，换上一副手套。

父亲的床头已被微微升起，他看似半躺着，喘气声果然平缓些了。莎莉在用温湿的纸巾给他擦脸，揩着嘴角，轻声地请大家让开一下。柳琼走过去，从莎莉手里接过一条湿面巾，慢慢地拧了，转头四周看了一圈："各位能不能给我一点时间，我想和父亲独处一下？"

荷西和莎莉交换了眼神，都在点头。莎莉拿来一个遥控器："有事摁这里，随时叫我们。"她走到门口，又折回来，示意柳琼过去。柳琼随她走到门外，莎莉从放在门边的药物推车里拿出一个小药瓶，轻声说："如果你需要的话，我可以给你父亲注射一针，能强心的。"见柳琼的表情带着困惑，莎莉轻声说："如果你想跟他说点什么的话，也许有帮助，当然，效果不能肯定，只是一种选择。"她看着好像仍没反应过来的柳琼，点点头，淡淡一笑。柳琼明白了这有可能帮助父亲意识回复，赶紧说好。莎莉很快取来一套装在包装袋里的针管和针剂，又拿来两只薄薄的橡胶手套，随柳琼进入房内。

桂琼看到莎莉又跟进来了，有些意外。柳琼示意莎莉等一会儿。她走到桂琼身边，桂琼直直地看向她，又看看莎莉。柳琼轻声说："我想单独跟爸待一下。"桂琼一愣，不情愿地转身出去，轻轻地带上了门。

柳琼示意莎莉过来。她安静地坐到床边，轻声说："爸，我是柳琼。"父亲的身子陷在被单里，呼吸的声音低下来，很安静。"我让莎莉给你打一针，会舒服的。"她轻轻地从被子下拉出父亲的右手，让莎莉开始注射。柳琼的声音再轻下去："我一接到桂琼的电话，就来了。我晓得爸爸你在等我，我赶啊赶啊，在黄昏前赶到了。"——她改成了桂林话。

一片静寂中，柳琼看着莎莉默默地将针推完，小心地将针头拔出，带走。

屋里只剩下柳琼和父亲了。她能听到父亲鼻管偶尔传来的"咕咕"声，她去调了边上的小阀门，心里有些痛。按父亲的意愿，她们没让切管，柳琼以前也没想过这鼻管的事，只是前些天去做新冠病毒检测，坐在车里，被小护士捅了一下鼻子，她完全没有思想准备，痛得眼泪都要出来了。她马上就想到了整日吊在鼻管上的父亲。

"爸，我晓得，讲再见的时候到了。好舍不得你。"柳琼的泪水上来了，她去抓父亲冰凉瘦削的手。忽然，她看到父亲的头很缓慢地向她的这侧偏了一下。柳琼惊得一把拉下面罩，扯掉了口罩，站起身来，俯近去看父亲。

父亲的眼珠转下来了，慢慢地，应该能看到她了。柳琼赶紧说："爸，我已经胖了好多了。"父亲的气有点急，柳琼捏紧他的手，很轻地说："你放心，不要急，慢慢走，朝那个亮的去处走。你会看到前面越来越亮。我和桂琼会好好的，小菲、小明和杰克也都好好的。你要跟妈妈讲，我不会怪她的。这些年，我们都没说透它，我晓得你知道的。我答应你，我再不会怪妈妈，这是我最真心的话。你见到她，要告诉她啊。爸，我们还会再见的——"说到这儿，父亲的眼皮忽然耷拉下来，眼珠又翻上去了。柳琼一惊，再看，父亲左边眼角有一滴泪出来了。震惊中，她抓来床头的纸巾，自己的眼泪就下来了。她轻咬着嘴唇，为父亲揩完泪，又为自己揩起来，直到父亲的呼吸弱下去。柳琼摁了遥控器，莎莉和桂琼马上就出现了。

"把床放平了吧。"柳琼说着，去摇控制的把手。父亲的呼吸变得很平稳，大家看上去都很意外。莎莉接手去摇平了床头。待父亲躺平了，莎莉又往他的嘴唇上喷了点水，轻轻抹开。

外面的天全暗了。莎莉走过去合拢了窗帘和门帘，又退了出去。父亲看上去进入了深睡眠，姐妹俩坐在床边，没有说话。屋里静极了，柳琼心下却有着隐隐的不安。

这时，桂琼的手机在振动，她出门去接听。柳琼很快就感到自己的手机也在振动，低头看到桂琼的信息，说系里跑的实验出了点状况，马上要去一趟。"爸爸的情况看来又稳定下来，他肯定感知到你的到来，已经很久没有这么平稳了。欢欢说她可以送你回去吃个晚饭，休息一下。如果你不放心，我们下半夜再过来。我也问了荷西，他说按现在的情况，应该不用特别担心。"

担心什么？柳琼凄凉一笑："你过来跟爸道个别再走吧。"桂琼就进来了，轻轻地拉了拉柳琼："我们夜里还会过来的。"见柳琼不动，她走向前去，掀开了面罩，俯身对着父亲的耳朵说："爸，我和姐先去吃个晚饭，姐现在能吃着呢，她跑了一天，很饿了。我们吃好饭就过来，你先好好休息一下啊。我们很快就回来。"柳琼一直轻轻地拍着她的背。桂琼直起身来，说："我得先走一步了。"又折到父亲床边，拉下口罩，俯身亲了亲父亲的面颊，就从侧门出去了。

柳琼刚要起身，门又开了。全副武装的欢欢走了进来。她向柳琼轻摇着手，示意要安静，然后径直走到床边，安静地看了仪表上的数据，向柳琼点点头，站到床边，说："我是欢欢。伯父，你高兴吧？柳琼姐今天赶来了，你好好休息一下，我们再来看你。"说完，欢欢也悄声离开了。

柳琼的手机里跳出欢欢的信息："我到停车场等你。慢慢来，不急。"柳琼走到床边，将父亲的被子提了提，又将鼻管也调正了。这时莎莉进来了。柳琼用湿纸巾给父亲擦了嘴角和脸，取下口罩，亲了亲父亲的额头，很轻地用桂林话说："等下见了，爸。"

欢欢那辆深黑的大奔已停在空荡荡的停车场里。柳琼坐进车里，看到换下了防护服的欢欢，只戴着口罩，在头顶松松地盘了个髻，整个人看上去小了一圈。"你这么忙，还要送我，真是不好意思。"

"柳琼姐，这样讲你就太见外了。疫情里生离死别是最难的一关。我都尽力配合。我们赶着改建房子，主要就是方便必要时家属至少能来说个再见啊，不是只对你们这样的。"

"有你这个女当家，'金柏'真是幸运。"

　　欢欢望出车外，有点走神。柳琼顺着她的目光看去，望到那个仿造车站在路灯下的清冷轮廓。"我年初已在给'金柏'找买家，没想到疫情就来了。"柳琼一愣："你对'金柏'那么有感情，投入了那么多的时间和精力，做得这么好，连我爸都沾了你的光，能在这儿——"欢欢耸耸肩："真的太累了。身体累可以扛，可心累，还有情感上的累，差不多到极限啦。在这人生的最后一站，我看得太多了。看着看着，连自己也老了。"

　　"瞎说，跟我你讲什么老呢！""真的，柳琼姐。我想休息一下，透透气，去看看世界。"柳琼点点头，没接话。

　　"我最欣慰的，是伯父最后到了'金柏'。有件事，我一直没跟你们提，现在我想该跟你讲讲。这对伯父大概无所谓了，当然我希望他最后是放下的。"

　　"哦？"

　　"那是夏天的一个午后吧，我去查房。见伯父半躺着，双手抱着平板电脑，在流泪。荷西他们都知道的，平板电脑是他的宝贝，通过它就能跟你们见面啊，所以那平板电脑总是要放在能最方便拿到的地方。我坐下来，慢慢问他是怎么回事。他应该是刚跟你通完视频。跟我说，如果讲他还有什么遗憾，就是没能帮你从小时候母亲离去的阴影里走出来。"

　　"他这么说的吗？"柳琼一惊。

　　"伯父那时已经很弱了，话说得断断续续，但这个意思表达得很清楚。"欢欢开始启动车子。

　　"伯父是老人家，我不知道该怎么谈下去。我跟桂琼同龄，对你妈妈完全没印象。桂琼一直也不愿多谈你们家里的事。现在伯父，唉，说什么可能都晚了。可柳琼姐，你的路还好长，所以我想了很久，还是觉得要跟你说说。不管你扛的是什么，就都在'金柏'放下吧，这样伯父才能走得安心。"

　　柳琼沉默着，又听得欢欢说："我在'金柏'看过了太多的人生悲喜剧。最不好受的，就是看到老人带着遗憾离开。我们这里有过一个叙利亚来的老人家法赫德，在叙利亚是个做五金店的小老板，有个大家庭，移民到这一带的儿女亲戚很多，他的房间总是最热闹的，总有很多人来看他，让别的老人特别羡慕。"

　　车子这时转上了主街。街灯亮了起来。欢欢盯着前方，语速更慢了："没人的时候，法赫德经常就坐在窗边，老在看外面的动静，好像在等什么人。后来我就听人说，他等的是他在硅谷的小女儿。你想硅谷离这里这么近，对一个关系非常密切的大家庭而言，却有个从来不来看望父亲的小女儿，这里面肯定有一把没打开的锁。"欢欢说到这里，停了一下。

　　"肯定是了。"柳琼自语般地应着。

　　"可能是对自己的英文不太有自信，老人家跟我们的话很少。留给我们的，就是他独坐在窗边轮椅上看向停车场的悲伤样子。老人是在一个清晨突发心肌梗死走的。他家族来了很多人，乌压压一片。他的几个女儿站在一起，却没有传说中的小女儿。"

　　前方是一个红灯，欢欢停了下来。"就在老人走了一周左右，有天下午，'金柏'来了个年轻女孩，天然卷的浓黑头发，眉毛很粗，眼睛很圆，穿T恤和短裤，打扮和举止跟美国同龄的姑娘没有两样。她的名字也是英文的，叫阿莉希娅。她告诉我，她是法赫德的小女儿。"欢欢话音刚落，交通灯就绿了，大奔"轰"地冲过了十字路口。

　　"阿莉希娅的英文几乎没什么口音。她说想看看父亲最后住的地方。我带着她在'金柏'走了一圈，最后来到法赫德住过的房间。当时那房间刚打扫干净，新住户还没进来。我一推开房门，阿莉希娅就慢慢地，几乎是踮着脚，直向窗边走去。她在法赫德的轮椅总是停靠的地方停住，点踩得很准，弯下身来，撩开百叶窗，往外看去。这一看就知道，她肯定是听过很多关于父亲在等她的传说。"

"天啊！"柳琼倒抽一口长气，轻叫。

欢欢点点头："你可以想象，阿莉希娅接下来的反应。我轻轻地带上了门，把痛哭的阿莉希娅留在了她父亲最后住过的房间里。"柳琼的泪上来了。

"阿莉希娅离开前，到我的办公室道别，情绪已经平静下来。她告诉我，从二十世纪九十年代末她几岁时开始，她们全家就一直在动荡中到处逃，不是在难民营，就是在奔向难民营的路上——这是她的原话。2011年她十四岁时，她父亲在黎巴嫩的难民营里，做主将她嫁给了一个有美国身份的土耳其商人。"

"是童婚啊！"

"那个商人将她带到了美国，当然用的是假身份材料。这些年间，她的家人作为难民，一个个也通过各种渠道辗转来到美国。阿莉希娅在二十岁那年终于与土耳其商人离婚，开始独立生活，一边打工，一边上学。她拒绝与父亲联系。直到父亲去世，她重新审视父辈的人生后，接受了这样的说法：在悲惨的时势下，作为小人物的父亲为家庭做了他能够做的最好的选择。自己没能在父亲活着的时候跟他和解，让她特别后悔。她父亲一直都让家里的亲友给她带话，他们安慰老人说，话都带到了，阿莉希娅答应随时会来。所以父亲才会总在等她。说到这里，她又哭了起来，要知道，她说自己早年的苦难时，可没有掉泪啊。"

柳琼揩着泪，停了好一会儿，才说："真是不幸的家庭各有各的不幸。我妈是自杀的，这你肯定知道，对吧？"

"我小时候只晓得你妈去世很早。到上初中的时候，师大给你妈补开追思会时，才听大人讲了她是自杀的。桂琼也告诉过我。我记得桂琼说，没有过妈妈，是很不一样的。"

柳琼的声音变了："欢欢，谢谢你告诉这些。是有点晚了，但愿还没有太晚。我刚才跟我爸说了，我已经放下。我请他也放心，也放下。我觉得他能听到。"

"你说了要放下什么吗?"欢欢有些迟疑地问。

"如果我爸能听到,他会明白的,这点我很肯定。"没等欢欢回话,她又说,"他应该听到了。我帮他擦了眼泪,很大的一滴,只一滴。"车里一片沉寂。车窗外来往的车子那忽明忽暗的灯光,让柳琼有些恍惚起来。

"我一直记得那个夜晚。应该是我妈被带走的前夜。我很早就被她抱上了小床。她应该是刚洗好了澡。我记得她身上淡淡的痱子粉的香气,还有她身上那件铁锈红的短袖衫。我们的住处很小,奶奶带桂琼住在外边兼做饭厅的小屋里,我的小床就靠着书桌,跟爸妈的大床呈丁字对放,后来很多年都是那样,所以我记得。隔着蚊帐,我听到爸妈在书桌前唉声叹气。后来想,应该是我爸在安慰我妈,因为我听到我爸在小声说话,我妈在哭。平时总是我哭,大人安慰我。但那段时间,好像她的脾气特别差,但我没听她哭过。我在蚊帐里发抖,突然就听她说——她的声音压得特别低,她是哭着说不想活了,就是想到柳琼她们这么小,怎么办。我听到自己的名字。"

柳琼从来没有跟人说过那个场景,连跟南希也没说过。南希是个美国人,她怎么理解得了这种情境?用她那种理论一套,不知要跑出多远都拉不回来。柳琼也没跟妹妹说过。可怜的桂琼对母亲连印象都没有,那就让那个空白留存在那里吧,为什么要涂黑它,生生给桂琼套上一个枷锁?再说杰克是个美国人,小菲和小明是ABC(美国出生的华裔),他们更没有能力去理解这一切。

柳琼的眼泪出来了。欢欢抓住了她的手,将车子拐进路边一个超市的停车场里停下。

"我不记得后来父母还讲什么。我记得的就是我妈压着声的哭、父母很细碎的话语声。我只听懂了,我妈想要在饭里放药,带我们一起走。我那时当然不知道她要带我们去哪里,但她压抑凄凉的哭声让我明白，那肯定不是个好玩的地方，而且还要吃药。"

"柳琼姐！"欢欢轻叫了一声。柳琼摇摇头，她要说出来。

"后来，我妈就真的没再回来。桂琼很快就被带去了杭州。家里的气氛变得更压抑，我都不能大声说话。我听到周围大人们在说'服毒自杀'这个词，也不肯定是讲谁。我们前楼有个老伯是上吊自杀的，我跟着大孩子去看了，那哭天抢地的家人，把我吓坏了。晓得了'自杀'是件很可怕的事，心里很害怕。师大到处设了岗哨，教工食堂、学生食堂都有戴着红袖章的人在抽查路人，说在防范坏人投毒。家里还来了五六个人，把全家上下翻了个底朝天。那些人用皮带'啪啪啪'地抽着家具，传到我的耳朵里全是'毒药'这两个字。"

欢欢轻轻地握了握柳琼的手。

"到了上学的年纪，听老师在说，我就是那'妈妈服毒自杀的孩子'。我开始能够将各种片段连起来了，一下明白了我妈讲的把我们一起带走是什么意思。我躲着哭了一个下午，就是不愿吃饭，总觉得饭里都有药水的味道，又不敢说。我爸那时去郊区农场劳动了，见不到人。奶奶给我熬粥，逼我喝。如果饿了，我就喝两口，之后就反胃，一直吐。人的胃是会伸缩的，时间久了，吃得越来越少，也不会觉得饿，这些年就这样过来的。"

欢欢犹豫了一下，又说："你从来都没试过跟伯父谈开？"

"是有过机会的，只是这里面，你晓得的，我们中国人，儿女跟长辈怎么去谈这样的问题？我一直很失败。你都不能相信，我有个看了很长时间的心理医生，都成了朋友，我都没有向她讲到这一层。跟桂琼也没说过，千头万绪，无从说起。我们就是跟法赫德和阿莉希娅父女那样在沙漠里爬行的旅人啊。好在我比阿莉希娅幸运，赶在夕阳落山前走出了沙漠，还能跟我爸说了他最想听到的话。"戴着口罩的欢欢侧过身来，向柳琼张开双臂。她们轻拥着对方。"柳琼姐，我为你高兴。我相信伯父听到了你对他说的话。"欢欢松开手，一边启动着车子，又轻声说，"这对你其实更重要。"

"希望是这样。"好一会儿，柳琼才自语般地说。

5

"金柏长者之家"的电话，是在柳琼和桂琼一家吃完晚饭的时候打来的，简直像是有人专门掐算过时间。

一听桂琼的哭声，柳琼就从椅子上缓缓地站起来。杰克几乎是跳起来的，他大步走过去抱住桂琼。柳琼绕过餐桌，与桂琼和杰克拥抱在一起。她正对着餐厅的窗口，一抬眼就看到了窗外的明月。父亲上路了，他肯定能记得，要往那亮的地方去。柳琼的眼泪下来了。

刚吃好晚饭上了楼的小菲和小明姐弟"咚咚咚"地跑了下来。身材壮实的他们已经高出柳琼一大截，脸上却仍带着稚气。"外公走了。"杰克走过去，努力镇定地告诉他们。小菲的眼睛一下就红了，叫了一声："啊，不！外公！"便开始抹泪。一米八几的小明转过身去，和姐姐拥抱在一起。小菲哭着跟杰克说，他们要跟着一起去"金柏"。

"这是疫情期间，老人院里人去得越少越好。下面家里会有个简单的道别仪式的，你们到时一起去，外公在天上会知道你们的心意的，你们为外公祷告吧，好孩子！"柳琼也过去帮着杰克劝孩子。"疫情，又是疫情！"小菲呜咽着。柳琼自己的泪水再没能忍住，和小菲拥在一起，哭了起来。

杰克开车子载着柳琼和桂琼姐妹往山下开去的时候，月亮爬了上来，在云层中呈出一片橘红。柳琼这才想起来，加州海岸正在大烧山火。太平洋在前方远处显呈一条银线。桂琼在副驾驶位上安静地揩泪。柳琼倾身向前，轻轻抚摸着桂琼的肩。柳琼想，现在她不是孤单的，是和妹妹一家在送别父亲。她轻声说："桂琼，这种时候我们要安静。不要哭，让爸好好走，没有牵挂。"

桂琼停止了抽泣，说："我是有心理准备的。但是，真的来了，还是很难过，很舍不得 ——"桂琼的声音又变了。杰克伸出右手去搂她。桂琼又说："姐，我难过的是，爸走的时候，我们都不在身边。"

柳琼沉吟了一下，很轻地说："我们都跟他道别过了。他知道的。我在想，他也许是不想让我们在他身边呢。"

"只能这么想了。啊，我今天道别的时候亲了他的。"

柳琼倾身向前，把手臂环到了桂琼的脖子上。

桂琼转过头来："姐，今天你让我们出去，单独跟爸说了些什么？"

柳琼一愣，松开了环着桂琼的双臂："就是一些私房话吧。安慰他。还有他以前总是交代的事情，我跟他过了一下，让他放心。"柳琼望着前方，喃喃地说。

"他总是很遗憾你不成家，没孩子，让我要教孩子们将来照顾你。"

柳琼的鼻子一酸。

"你也知道的，他还总是说你太瘦了。"

柳琼侧过头去，看到车窗外的月亮，晃成了红红的一团。"这我已答应他了。我还告诉他，我不仅答应他，而且在努力，我都胖了五磅了！"

"爸跟我讲你的故事的夜晚，都哭了。我从来没见爸哭过啊。"

"什么故事？"柳琼惊问。

"妈一走，你就开始不肯吃饭的故事。如果不是爸说，我完全想不到是那样的。"

是哪样的？柳琼靠到座椅背上，好一会才透出一口长气。她已经不想知道了。

"爸大概实在没处说了。"

"桂琼啊，我再也不想谈过去的事情了。现在爸这一辈的老人一个接一个离开，我们也都到了这个年纪，也不年轻了。有些很重的东西提了大半辈子，我不想像爸他们那样一直提到最后。经过这次疫情，我们看到人类有多脆弱啊。真的，是时候放下了，在还不算太晚的时候。"

"我们再怎么努力，也是完全理解爸他们那一辈人的。我同意你说的，我们就放下吧。还有，爸一直说，他就想安安静静地走，现在有疫情，想人多也不行。我们就家人道别一下，欢欢他们几个愿意的就来。等疫情过去了，我们找个时间，一起送爸回桂林，去漓江。杰克和小菲、小明会一起去的。"

"好呀。"

"爸妈他们都过去了，是放下的时候了。"桂琼在前面轻声说。

柳琼点点头，她想好了，在跟父亲告别时，她要念的是：

世间万物皆有定时：

生有时，死有时；悲恸有时，跳舞有时；花开有时，凋零有时。

……………

世间万物皆有其时。

柳琼在心里默念着，远远地好像看到了父亲瘦削的脸，在月光下如雕像一般。

陈谦（美国）自幼生长于广西南宁。广西大学工程类本科毕业。一九八九年春赴美留学，获电机工程硕士学位。曾长期供职于芯片设计业界。现居美国硅谷。代表作有长篇小说《无穷镜》《爱在无爱的硅谷》；中、短篇小说《繁枝》《莲露》《特蕾莎的流氓犯》《望断南飞雁》及《下楼》，散文随笔作品等。其中《繁枝》获多种奖项；《望断南飞雁》获2009年度人民文学奖；《特蕾莎的流氓犯》获首届郁达夫小说奖并入选2008年中国小说学会中国小说排行榜。中篇小说《莲露》入选2013年度中国小说学会中国小说排行榜。作品入选多种选本。

断　裂

陈永和

玉珍一爱上男人就爱得死去活来了。

她脸老，十五岁看上去有二十岁，两眼皮肿肿的，把眼角遮住，成三角眼了，看上去像在哭，其实她鼻子、嘴巴、脸型，都长得很好看，只要细细去看。但谁会细细去看？谁一看都先看到她那双眼睛，头脑里就都是眼睛，就不会再往下看了。

她动作也好像伸展不开，手伸直了却好像没伸直，脚伸长了却好像没伸长，四肢像被框在框里，总抵达不到对方似的。

但不知道为什么，小学班上有四十五个同学，女同学有二十七个，我就挑她喜欢（我们不跟男同学说话），好像看到她，喜欢就潮水般涌上来，密密盖过心田，连一条隙缝都被漫透了似的。

有一段时间，我差不多天天往她家里跑，看她吃饭。

她家房子很大很新很干净，木头的，二层，楼上三个房间，中间小房间放一张床，木板架在两条长凳上，铺着厚厚的稻草，冬天夏天都一张草席，蚊帐用竹竿撑着；楼下两个厅，后厅有一张十二人坐大圆桌，依墙摞着几张板凳，其他地方就都空荡荡的，什么家具也没有了。

没有一个人家像她家这样，这么大，东西这么少，连一寸破烂也没有。

我去的时候，玉珍总待在厨房，好像其他房间是别人家，不是她家似的。

为什么你跟妈妈不睡楼上大房间呢？我问过。大房间朝南，冬天有大太阳。

那是大哥的房间。玉珍说。

她大哥在工业路的福建机器厂上班，有妻子和两个孩子，但从来没回家，我没见过。

那楼上后面房间呢？

那是二哥的房间。

二哥在造纸厂上班，我好几年以后才见过。

你没有房间吗？

没有。我跟妈妈一起睡。

你哥哥们不是都没回家住吗？你们为什么不能住？我完全不明白，为什么她跟母亲要挤在楼上没有窗户的房间。那房间，放一张床几乎就没有空间了。

玉珍看了看我，好像我提的问题很奇怪，说了句，那是哥哥的房间……就没有下文了。

我还是不明白，她说的我不明白。我以后想，玉珍可能也不明白，她不需要明白，她只是认死理，哥哥的房间就是哥哥的房间，她不能住，连想都不能想。

她不会有一丝疑义。连母亲都不能住，她还能有疑义吗？

无一丝妄念。她就是这种状态。

这个家没有一个房间属于她，她是个要走的人，她不属于这个家，我后来想，她后来会做出那样决绝的事，跟这应该是有关系的。

她家灶台很大，占了厨房一半，并排两个锅，一大一小，中间埋个装水的小缸，一烧饭里面水就热了。大锅至少是我家的三倍大，一次可以煮十几个人的饭。她家只有两个人，母亲跟她，每次做饭，只做一点点，差不多刚好盖满锅底。

我从来没看见她跟母亲一起吃饭。她都是一个人吃饭。做饭，然后吃。

贴灶台边有张长方形无漆的木头小桌，那就是玉珍的世界了，她吃饭做作业做针线全在上面。

她的世界就这么小。我现在想，就算她后来长大离开家，飞到外面的世界了，但她心里的世界从来就没有长大，飞出那个饭桌过。

那时候大家都烧煤球，但她家不烧，只烧稻草跟小树枝。收割季节一过，她家里一楼两个厅总是堆满了晒干的稻草。

她家做饭也跟别人家不一样，别人家做饭，把米洗了加上水，炖呀煮呀，她家不是，不洗米，把米先泡一个晚上，一粒粒米泡得肥肥胖胖的第二天才煮。

我不明白，问她为什么。

这样可以节省煮饭时间。她说。

为什么要节省煮饭时间呢？我对煮饭没概念，听得很新鲜，但还是不明白。

可以节省柴火呀。她说。

原来是这样。我总算懂了，觉得她家很了不起，谁都想不出来的主意她们想出来了。

那时候节省是美德，洗米水要提到学校养猪，孩子多的人家还抢，猪屎尿人屎尿都要当种田肥料，我们都是吃人猪屎尿种大的食物长大的。

她家从来不吃干饭，饭都是半稀半干的。煮一钵头稠稀饭，这餐没吃完下餐热了再吃，永远没有一餐饭是全新的米煮的，总是会有剩饭掺进去。

玉珍说她母亲说，有剩饭掺进去米会越煮越多。

灶台边有两张小圆板凳，她坐一张，我坐一张。

我爱看她吃饭。

她吃饭也跟别人家不一样。别人家饭桌上有两三碗菜，有荤有素，只有她家例外，饭桌上只有一碗菜脯子（白萝卜腌的咸菜），偶尔加一碗自家种的青菜，但永远没有鱼肉。

她家饭碗也大，那种粗陶碗，快有我家的一倍。我看她用没上漆的筷子擦着碗边挑起一坨饭（她从来没有从饭碗中间挑过饭），最不可思议的是，这坨挑起来的饭总是半圆形的，大小也总是一样，很像削好皮的荸荠，很好看。她嘴很小，饭送进去，停一下，她上下唇一闭，好像把筷子舔一下后才拿出来。吃了两口饭，她夹起一丁菜脯子放进嘴里舔一下，不咬，夹出来放在碗边，又吃两口饭，又把菜脯子放进嘴里，这次才咬一点，又夹出来放碗边，每次都要把饭吞下去了才夹菜脯子，吃了菜脯子，也要吞下去了才吃饭，一丁菜脯子要分四次吃完。她一小口一小口把一碗饭吃完了，一碗饭只要吃六丁菜脯子就够了，吃得碗底不剩一颗米粒，最后，连稠糊，她也用筷子一点一点刮过去，吃得干干净净，碗跟用水洗过一样。

她吃饭的时候不说话，我也不说，就看她吃。看别人家吃饭时，别人总会问我吃不吃，然后给我点吃的。我就会越看越想吃。但玉珍不会。她从来没有问过我想不想吃。我也从来没想吃过。看她吃饭不是越看越饿，是越看越饱。

我从没这么专心致志看人吃饭。看玉珍吃饭，是纯粹看吃饭，开头没味，但会看出味，看久就看出味了。

我现在已经知道，任何一个动作，一件东西，一个人，再小再破，看久了，看细了，都会使人身心愉悦，跟在世界上最美的风景里一样。

难道她就不羡慕别人家的饭菜吗？偶尔我会想。

房子是三连栋排，她家住中间栋，夏天傍晚，两家邻居都把小饭桌放在院子里吃饭，好几次我跟她一起跨进院门，都闻到强烈的香味，炖鱼呀，红烧肉呀，我鼻子这边闻闻那边闻闻，像狗一样。

但玉珍目不斜视，脸上毫无表情，闻而不闻似的。我不相信她不动心，就问，你不想吃肉吗？不想。我吃了一惊，又问，鱼呢？也不想。

她从不乱说话，但我还是半信半疑。是听说有人不吃鱼肉，但那些都不是普通人。玉珍看起来太普通了，比普通人还要普通十倍。

我那时没有想过为什么她家吃饭会跟别人家不一样，到长大，知道穷与富之后就想她家是穷，但到再大，就想她家在吃上穷，在房子上不穷，到现在，我知道，那不仅是穷富，更是表达问题了。这是一种极致的表达习惯，有时，它会改变人命运的。

我常常陪玉珍到自留地给菜浇水。

她家在生产队有一垄长长的自留地，放了学，她要挑两个空尿桶从家到菜地浇水。尿桶约半米高，上面把一段竹子烧过，折成长八字，扁担从八字顶穿过去，八字两个底往里折成钩，钩在桶两边突出的洞里。两根细竹竿，呈三角形固定在桶外面，一根空心，一头安在桶底部，一头斜出来成喷水口；一根实心，用来固定。浇水时人沿菜地，边走边用手抓住实心竹竿一下一下往下压，压一下，尿桶倾斜了，水就扇状从空心竹竿里喷出来。

玉珍给菜地浇水时，我就站在旁边看。其实没什么好看，但我就是爱看。

看水扇形地洒在绿菜芽上，小小绿叶躺平了，好像死了，但第二天看，它又站直了，好像还长高了。隔一天，又长高了，最神奇的是，有时，只要经过一晚，它突然蹿了，跟春天一样，长大了。

地也很好看，近看一块一块的，各种各样绿，有地瓜叶绿、红萝卜叶绿、菠菜叶绿……远看，就成片了，绿上面又蒙上了一层绿似的；再远看，片也不见了，绿也不见了，变成了长长的带；再再远看，就到天边了，有时候就看到山了。有时候看不到山。看到的时候山都不哭不叫，温柔地躺着，好像被天裹在怀里一直在睡的婴儿。

地面上竖着几根电线杆，鸟飞来了，停在电线上，一只，一群，电线晃动了，摇呀摇呀，天空中，传来叽叽喳喳的声音，一阵后，鸟又飞远了，看不见了。

我喜欢看着天一点点暗下来，周边被天光收走了，越缩越小，天边的山不见了，地上的绿不见了，天也不见了，跟我跟玉珍混沌一片。

我喜欢混沌。

我喜欢人跟人、人跟地、地跟天之间没有边界。

玉珍很崇拜她叔婶，觉得叔婶很高很高，是她理想中的女人了。

她叔婶在师院工厂工作，个子高高的，人长得很漂亮，嘴巴很能说。

我问她为什么崇拜，她也说不清楚，只说叔叔怕叔婶。她怕叔叔，叔叔怕叔婶，这好像就成为理由了。

后来发生了一件事。

从玉珍家到菜地，走大路要二十多分钟。但有条近路，从师院后门进去，穿过二百米左右的校园，就只要走十多分钟。但她从来不走近路，宁愿绕个大圈。我很奇怪，问她，为什么不走师院呢？她说不敢。后来没学上了，师院里人都在闹事，乱乱的，我就硬拉她走。她挑着尿桶，我走在她旁边，快到校门口时，对面走过来两三个女人，说说笑笑的，她突然加快了脚步，脸色苍白。出了校门我问她怎么啦，她说碰到叔婶了。叔婶用眼睛盯她。

后来我听玉珍二嫂说，那次叔婶把玉珍叫过去，狠狠说了玉珍一顿，说玉珍丢尽了她的脸，说那是大学，挑着个尿桶，成何体统。玉珍当场就哭了，回家哭了好几天。但她没跟我说。我看不出她哭过，她眼睛本来就肿肿的。

我很懊悔，没想到给她惹出那么大的祸。对，是祸。她一定觉得天塌下来了，她犯了极大的罪。

那又怎么样呢？她不会反抗，她不是我，连想也不会这么想。

我现在想，这绝对是玉珍生命中的一件大事，如果说之前遇事玉珍可能会找叔婶，那之后就再也不会了。

她再也没有任何人可找了。

玉珍还带我去水田插过秧。我说想去插秧，她就带我去了。

我曾经试着挑她装满水的尿桶，但挑不起来，试了几次尿桶都离不开地。玉珍笑了，她很少笑，说，你挑尿桶很难看，你不要挑。

她不说我没力气，说难看，难看恐怕是不合适的意思吧。回想起来，她从来就没觉得我跟她是一样的人。这是她的感觉。但对她，就是存在，是真实，就把我跟她从最根本处分开了。她从来没去过我家，她对我家没有一点好奇心。

所以玉珍遇事也不会找我，她一定觉得我不可能懂她。

但我从没这样想过，也不知道她会这样想。我觉得人都一样。没有人跟我说过人都一样，爸爸妈妈让我野蛮生长，我就长成这样了。

我不懂她，也不懂自己。

到老才有一点点懂。

但，迟了，一切都迟了。

玉珍家厨房后面有块十多平方米空地，隔着空地有一栋木头平房，住两家人。一家姓李，一家姓张。张家有个女生，跟我们同龄，长得细皮嫩肉，脸很可爱，常常坐在家门口织毛衣。李家有个男生，停学时高一，中等个，很帅，白皮肤，大眼睛，高鼻子，天天很快乐的样子，经常站在空地上唱歌。

有时候，张先坐到门口织毛衣，不要多久，李一定出来唱歌；有时候，李先出来唱歌，不要多久，张一定出来织毛衣。

李侧身朝玉珍家后门站着，每次就唱几首歌，《大海航行靠舵手》《北京的金山上》《红灯记》，唱到激动时，一只手就在空中飞舞，好像努力帮着把声音提高上去。有几次，唱到高音声音破了，张哈哈大笑，发出一种难听的沙哑声。李就尴尬地嘻嘻两声，又重复唱这一句，有时就唱好了，有时还是唱破，张就会又笑又叫，别唱别唱，难听死了。李不理她，还唱，一边说，今天怎么搞的，肯定是早饭吃油条了，呃哼呃哼清几下喉咙，跑回房间喝口水又出来唱。有时会唱十来遍，张更笑了，更叫了，难听难听……李不管，一直要唱到好为止。

李唱歌的时候，玉珍从来不开后门，就算开着门也要特地关上。但她听得很专心，李唱破时她手里的针线活就停住了，愣愣的，一直要等到李唱好了手才又动起来。

有一天李唱了一首新歌，旋律很忧伤，但非常好听。第一句出来时玉珍听得入神，针扎了手指，出了点血。但她好像没注意，等李唱完，玉珍问我，真好听，这是什么歌呀？

我去问问。没等玉珍回答，我跳了起来，打开后门，朝李叫道，你刚唱什么歌呀？

《三套车》，李朝我转过头来。他脸红红的，真的很好看。

真好听。有歌谱吗？我问。

有。

你借我抄一下行吗？

可以呀。李说着就回屋拿了一张纸出来，我也是借的，你抄完就还我。

我说好。回到屋，发现玉珍站在门后。她的脸也红红的。

你真大胆。玉珍说，看我的眼神都变了。

我不觉得这算大胆，走上前跟没说过话的人说话，这能算大胆吗？但我很得意，从来没有人夸过我大胆。

玉珍马上跑到楼上拿了一个作业本，问我，你要抄吗？我说要。她拿出作业本，小心撕下一张给我。谱纸放在饭桌中间，我们边看边抄。我两下半就抄完了，看她，才刚刚抄了三行。

她字写得很慢，一笔一画，硬硬的，不懂是不是因为一笔过去从头到尾一样太用力，写出来的笔画横竖都不那么直，有些细微的凹凸不平，撇捺也不是撇捺，一条斜线，上下一样粗。

我看得有点不耐烦，对着谱纸开始哼歌。

你识谱呀？玉珍停住手中笔，眼睛都放光了。

是简谱，1234567那种。我上小学一年级就会，哥哥跟我讲一遍，我就记住了。

要不要我教你。我说，很容易，你一学就会。

我不会一学就会。她头摇晃着，认真地说，我很笨，什么都要学很久，妈说我是溪猪（福州话，笨的意思）。

我听笑了，觉得很好玩。玉珍母亲是老人了，老人是不说溪猪的。溪猪是年轻人的话。我不知道玉珍是从哪里听来的。

等好半天，玉珍总算抄完了，我说，我要把谱子还给李了，你也一起去吧？

玉珍脸上表情怪怪的，慌里慌张地说，不不不，我不去，我不去。

我把谱纸还给李，也没说谢，那时候的人不会说谢，问，你还会唱什么新歌吗？

会会，李马上说。

是什么歌？

他答不上来，脸有点红，想了一下，说，明天我就会。

我在跟李说话时，张停住手中活，一直看着我们，这时突然叫起来，他吹牛，他是溪猪，他明天肯定不会。

李脸更红了，回头朝张说，我要是会呢？我们要不要打个赌？

赌就赌，赌什么？张问。

我要是输了，给你买一根冰棒……

要雪糕的……张叫起来。

好。你要是输了，给我织一双袜子。

织就织。你不能看谱，我不会输。张说。

说定了，李回头对我说，你做证。

我说好，就回屋去了。

玉珍又站在门后，看到我，停了一会儿，担心地问，你说他会不会输？

你问谁会不会输？我问。

我说他。她脸微微红了。

他是谁呀？女的她还是男的他？

他……她还是没说出来，脸更红了。

我看着她的脸，突然明白了，你是说李呀？

她轻轻点了点头。

我看他会输。我肯定地说。我不相信他一天能学会新歌，第一他去哪里找新歌呀？就算找到，也不一定能唱，就算能唱，也记不住。

玉珍脸唰地白了。我一看，连忙改口说，也不一定，我们明天看吧。

第二天一早我就到玉珍家了。

玉珍正坐在饭桌前发呆，面前放着一个小本，没有打开，合着。

呃，我叫了一声。

她一惊，站了起来。

她脸色不好，有点苍白。

等到八点多，听到后面有动静，我就把后门开了，走到外面。

看到李，我就问，你会啦？会了，李说。李开始唱，没想到真的把一首新歌唱下来了。

旋律很好听，略略带着点忧伤。

这叫什么歌？

《山楂树》。李说。

张一直没出来。李就走到张窗户前，又把《山楂树》唱了一遍。唱到最后一段，张才把门打开了。

这下你输了吧，李说。

我没输。张说，这不是新歌，你过去唱过的。

我没唱过。李说，回过头问我，你有没有听我唱过？

我是没听过……

她说怎么算？她又不住这里……张叫了起来。

你耍无赖……李说，我就知道就是赢了你也会耍无赖……

我去问玉珍，我说。突然想起，跑回屋里，玉珍，你都听到了吧？你过去听李唱过今天这首歌吗？

玉珍很激动的样子，又是点头又是摇头，你说话呀，到底有没有听过？我又问。她清楚地摇了摇头。

我也很激动，跑出去朝他们叫，玉珍说她没听到过。

对吧对吧，这下你认输了吧？李很感激地朝我点点头。

反正我听过。你在家里唱，她门都没开，怎么听得到？张说。

你耍无赖，耍无赖，不想给我织袜子直说好了。李愤愤地。

我就不想，这下你满意了吧。溪猪溪猪溪猪……张连叫了三遍溪猪。

玉珍的溪猪会不会是从张这里学的？我突然想。

两个人你一句我一句争执起来。

哎呀，你们别吵了，我听烦了，大声叫起来。

两个人突然都停了。

这首歌你有歌谱吗？我问李。

有谱。李回到屋里拿了张谱纸出来。

玉珍好像很沮丧，但什么也没说。我们坐下来抄谱，她这天老出错，时不时拿起橡皮擦擦一下，擦了好几次。昨天她可是一次也没抄错过。

我把谱纸还给李时，他已经跟张言归于好了。张坐在自家门槛上，李站在距离她一步远的石阶上。他们有说有笑。

回到屋里，听到李又开始唱《山楂树》，唱了一遍又一遍。我从玉珍家有木条栏的窗子看出去，李面对着张唱，张半低着头，抿嘴在笑。

那一瞬，我觉得，李唱这么多歌，都是唱给张一个人听的。

那张为什么骂李溪猪呢？她好像也喜欢李呀。更奇怪的是，玉珍为什么会把张骂李的话记住了呢？她应该很反感张骂李呀……

那一整天，玉珍怅然若失。

我已经看出她喜欢李了，但她的喜欢为什么要这样表达呢？比如她要关厨房门，她要躲在门后……

我知道的喜欢都是从书上看来的，《林海雪原》里的，《傲慢与偏见》里的，我看得如痴如醉。

但她好像很害怕，躲在自己后面……

她怕什么呢？

我现在懂了，她是怕自己，怕自己的喜欢，不应该喜欢，他高她低，她是农村户口他是城市户口，这不可逾越……但喜欢已经降临，弥漫在她全身，这无可阻挡，她后来的绽放是一定的。

　　十八岁那年，玉珍离开福州，到三明一家大型工厂当学徒。

　　谁都觉得她离开得好。虽然从福州到三明，那时候等于把翡翠换成石头，但她在福州是农村户口，到三明变成城市户口，这又等于把翡翠换成钻石。

　　家里人都很高兴，母亲给了她十块钱，这是她在公社工厂挣的。她把挣的钱，虽然不多，都交给母亲，一分钱也不留下。她不花钱，不买新衣服，不吃零食。关于衣服，当时流行一句话——新三年旧三年，修修补补又三年。她就像这样。手长长了，人长高了，衣袖短了，衣长短了，接上一节，再长，再接上一节。裤子也一样。没有同样布，接的布跟原来衣服颜色不一样，接的两节布颜色也不一样。她就这么穿着上学，班上没有一个同学这样穿，一直穿到毕业，我们都离开学校了，她还在穿。

　　临走前，二哥二嫂买了两套新衣服送她。一件红底绿色条纹格子上衣，一件蓝色的，两条裤子都是黑色的。

　　她很高兴，把新衣服拿给我看。她皮肤比较黑，我觉得她穿红色不太好看，问她喜欢红色吗，她说喜欢，问她喜欢绿色吗，她也说喜欢，又问了几个颜色，她都说喜欢。我就知道了，她什么颜色都喜欢，对她，没有这个颜色适合自己，那个颜色不适合自己的说法。

　　只要是新衣服，什么颜色都好看，我觉得她就是这么想的。

　　她把手放在新衣服上摸。她的手背较黑，小小的，手型很好看。但摸了一下她就不摸了。

　　怎么不摸了？我看她满脸的遗憾，就问。

　　我的手太粗，你听到了吗？刚才布发出吱吱的声音……我会把衣服摸坏的，她说。

　　不会的。哪里有什么声音，衣服哪里会摸得坏。我说。

但她坚持不摸，只把双手搁在衣服上，眼睛看着衣服，一会儿抬头对我说，你摸摸看，好软好软，好舒服。

她很满足，脸上开了花似的。我从来没想过，摸新衣服可以让人这么幸福。真的，就是幸福。

我摸了一下，手从衣服上面摸到衣服下面。她盯着我的手看，好像还想看我摸，我就又摸了两下。说真的，我没什么感觉。

你的手真细，你摸，衣服就不会疼，她羡慕地说。

会吗？我把手翻过来，看自己手掌，这算细吗？

当然细。你看我的，她张开让我看她手掌。

我们手并排放在一起。她的手掌是深黄色的，比她脸老，看上去有二十多岁了；我的手掌是白色的，带点粉红，比我的脸小。

我什么话也没有了。但当时我没有一点同情心，为什么两只手会这么不同呢？我不觉得手小有什么好，手老有什么不好。

十八岁，一双手从小变到老，得磨难过多少次，我那时候不懂，到懂，已经几十年过去了。

虽然有新衣服穿，但她好像并没有那么想去三明。在班上她从不主动跟人说话，也没有人主动跟她说话。她没有其他朋友，只有一个我。

临走的前两天，她对我说，我给你看一个东西，把我领到二楼她住的房间。她从床铺底下拉出一个小木箱，拿出一个手掌大的小本，翻开，里面抄满了歌。

我们并排坐在床沿上，一起唱了一首歌。没开灯，房间很暗，只楼梯弯角透过来一点光。她翻着谱，我看不清上面的字，她把本子伸到我面前，但我还是看不清，有的歌词记不住，唱错了，自己先笑了，她也笑，只微微的，并不停下声音。

她看得清，隔得很远还看得清。

还是你唱一首歌给我听吧。我烦了，说。我总是记不清歌词，不看谱总唱不成歌。

你真的想听吗？她怯怯地问。

真的。我说，我从来没有听她单独唱过歌。有点好奇，但也没有特别好奇。

她脸红了，问，想听什么歌？

你随便唱，你喜欢的就行。我说。

她真的开始唱，眼睛不看歌本，她发出第一个音的时候我就愣住了，她的声音很奇妙，完全不像孩童，充满磁性，圆圆松松的，毛茸茸的，干干净净，从嘴里飘出来，甜美极了，完全不像她的脸，她的身体，我几乎不能相信这声音是从她嘴里发出来的。

她唱完一首我要她再唱一首，她顺着本子的一首首歌唱过去。不完全是儿童歌曲，有许多是大人歌，我记得有《我的祖国》《南泥湾》《让我们荡起双桨》……

她变了个人，脸放着光，皮肤鲜艳透亮，充满光泽，我突然想到天使，感觉他们在她的歌声中飘飘而至。

我沉浸在她的歌声中，那时候还没有听过董文华、李谷一，觉得这是我听到最好听的声音了。

唱到《三套车》时，她放下歌本，看着前面的昏暗，音色变了，蒙上了一层忧郁。她的眼睛发亮，人被声音吸进去了似的。

就那一下，她变美了，原来只是歌声美，但这下，是人，人跃出了声音，仿佛灵魂飘出外表，飞在阳光下闪烁。我整个人被她吸引了。

后来无数次，我回忆起那张脸，每次都被深深打动，想，如果我是个男人，那一刻一定会爱上她。

她那一刻真美。

人映在别人眼里的样子，自己知道吗？

要是知道那一刻自己有多美，唱歌的时候有多美，她会愿意把那一刻一直一直延续下去，把它变成自己的生命，让阳光一直挂在自己的灵魂上发光吗？

你唱得真好，长大可以当歌唱家。我真心地说。

我不要当歌唱家。我只要唱给喜欢我的人听。她说，脸更红了。

我们到楼下唱吧，停了一会儿，我突然说。我想到李，如果李听到她的歌声，一定会被感动，没有一个人会不被她的歌声打动的。

不要。她扭捏地说，但口气很坚决。

你从来没有在楼下唱过歌吗？我吃惊地问。

没有。

为什么呢？话一出口，我就想到了，她一定是怕李听到，才躲到这没有亮光的房间唱歌。她怕什么？

她没有回答。我又重复了两遍她歌唱得好，她有点害羞，有点高兴，但又不全信的样子。

她还是没有动心，把歌本放回小箱里。

我也就没有坚持了。

回想过去，也许我是第一个听到她唱歌的人。

她一定不知道自己有多美，歌唱得有多好听。她什么也不知道。她只是爱唱，躲在没有亮光的角落偷偷唱，唱给自己听。

我当时为什么不把她拖到阳光下呢？每次一想到这个，我总是自责，但我现在明白了，拖不动的，一个人拖不动另一个人的。

她去了三明以后，我给她写三封信，她给我回过两封。我问工厂怎样，你喜欢吗，你干什么工种。她回信说工厂很大，有上千个人，有三个食堂，她在第一食堂吃饭，菜很多种，她分配在机修车间做车工，两班倒，轮白班，上午八点到下午五点，中间吃饭一小时，晚班就下午四点到半夜十二点。她很喜欢工厂，唯一不习惯的就是上晚班，她到八点就困了，睁不开眼睛，有一次磨刀时差点把手伤了，把师父吓坏了。

我很好奇，回信问她食堂有卖鱼肉吗，说她现在挣钱了，想吃就买。又问她工厂距离市区有多远，休息日她怎么过……她回信说食堂有卖鱼肉，米粉肉一块钱，带鱼一块钱，虽然舍不得，但她一个星期还是买一次吃。又说工厂离市区有点远，休息日她就待在宿舍里洗衣服，她又补充一句，"这是我最幸福的日子了，一个星期里能吃到肉和鱼。我能吃到两种，鱼和肉都能吃到"。

幸福，她居然用了幸福这两个字，我觉得有点夸张，但还是感动。我感觉得出她字里行间透露出的那种新鲜、兴奋和满足，灵魂从躯壳里出来了的感觉。

她去三明半年多的时候，我去将乐县哥哥插队的地方看哥哥，拐去看过她一次。

我事先没有通知她就去了。没有电话，写信太慢，那时候大家都这样。我直接找到机修车间。她穿蓝色的工装工裤，戴一顶前面有檐的工帽，头发全塞在帽子里，耳边露了几丝出来，车床转着，车间里轰轰响，她正站在车床前在车零件。

我叫了她一声，她抬头看到我，惊呼你来啦？声音里全是弹性，非常高兴的样子。

她好像变了一个人，全身都是光亮，我一下感觉到。

你等一下，我一会儿就下班了。她说。

我站在车床旁边跟她说话。一会儿，走过来一个男人，问玉珍，福州来的朋友吗？玉珍回答是。他对我笑了一下。他也穿一身工服，不过没戴帽子，二十多岁，皮肤白净，有点知识分子的样子，不太像工厂工人。那你先下班陪客人吧，没关系，这里我来。他对玉珍说。

他是谁？出了车间，我问。

我师父。

呃，你师父这么年轻呀？我以为是个老头呢。我大声说。

玉珍笑了。

他看起来对你很好呀。我说。

玉珍点点头，很甜蜜的样子。

她带我到厂区转了一圈，这里是某某车间，这里是某某车间，刚到工厂时，我参观过，一个机器有这么大……她用手比画，边走边说，声音充满自豪，好像这工厂都是她的，我突然觉得她变大了，可以大到无边。

傍晚，她带我去食堂吃饭。食堂好大，可以坐好几百人。

你想吃鱼还是想吃肉？她问我。

你呢？我反问。

肉。她说。我们这里有好几种肉，荔枝肉米粉肉糖醋排骨，她一连念了好几种肉菜的名字，有的我都没吃过。

你都吃过吗？我问。

还没呢。

那你平常吃哪一种？

我都买米粉肉。米粉肉好吃。她说。

那就吃米粉肉吧。我说。

她排队买菜的时候，我就看了一下墙上贴的标价，所有肉当中，米粉肉是最便宜的。她会不会因为便宜才买米粉肉？后来想不全对，大约是第一次想买肉吃时，她把肉谱全部看了，恐怕还看了无数遍，犹豫再三，所以才把名字全记住了。但最终还是挑了个最便宜的，她总有办法说服自己买最便宜的。吃了觉得好吃，以后就再没换过了。

她端来两份米粉肉。呃，怎么会要两份同样的？要两种，荔枝肉或糖醋排骨，只比米粉肉贵，我们就可以分着吃，多尝一种呀。

但她不会这样想，连菜也要一样的花菜。一样对她可能很重要，我后来想，她想要的，追求的，就是跟别人一样。

周围都是人，闹哄哄的，我们高高兴兴吃完了饭，快走出食堂时，碰到她师父进来。

吃好了？她师父问。

吃好了。她说。

然后就有别人跟她师父招呼，好几拨人走过去，她师父好像都很熟悉。

她看着师父跟别人说话，眼神里闪过一种光，只一瞬，这种光在她唱歌时有过。

晚上我睡她宿舍，跟她挤一个铺。星期六，宿舍几个女工都出去玩了，很迟才回来。我们并排躺着说话，她说得最多的是师父，说刚来的时候很害怕，但师父对她非常好，她磨刀一直学不会，浪费了好多把刀，但师父从来没生气。

你喜欢师父吧？我问。

她没回答，但这种没回答是热烈的，有语言的，我听得懂。黑暗中看不见她的脸，但我想她的脸一定红了。

你师父喜欢你吗？我又问。

不知道。很多女工喜欢他，他不会喜欢我的。她说，声音低了下去。

你怎么知道呢？你又没问过他。我热烈地说。

你觉得他有可能会喜欢我吗？她问。

当然有可能，我说，我看他对你不错。

真的吗？

当然是真的。你问他呀，直接问他呀……

我不敢，他要拒绝了怎么办？

你不问怎么知道他会拒绝？

我们说了很多很多，也许也因为我们脸都在黑暗中吧，她心打开了，第一次说了那么多少女之间才会说的心里话。

回福州后不久，我给玉珍写了一封信，她没回，后来又写过一封，她也没回。我想她一定是忙着恋爱了，就没在意。过了几个月，我又写了一封信给她，她还是没回。

有一天，她二嫂来找我，说玉珍死了，她刚从三明处理完玉珍的后事回来。

死了？我简直不敢相信自己的耳朵。

是，玉珍在宿舍里上吊自杀了。

为什么呢？我问，头脑里乱糟糟的，浮现出她师父那张好看的脸。

她单恋她师父，据说被师父拒绝了……二嫂说。

她有留下什么遗书吗？我问。

没有。

其他东西呢？

就几件衣服，我们当时给她买的衣服，叠得好好的放在床上……她穿着工服走的……

我想起她穿工服的样子，觉得她英姿飒爽。

你是玉珍最好的朋友，玉珍妈妈说要来跟你说一下。二嫂说。

会不会就因为我那天晚上说了那几句话，玉珍才跑去跟师父表白了呢？然后就碰了个钉子……我后悔极了。

但是，但是，至于吗？就算是师父拒绝，至于吗？我想不通，怎么也想不通，换我，换我……她不应该，不应该……我总是这样开始想，我把她当作我来想，我用自己的表达来想当然其他所有人的表达。我那时连这最简单的道理也不懂——别人是别人，我是我。

但还是自责，心里好像被挖开一个洞，怎么也填不满。

我想了又想，想了几十次，几百次，就到现在，我都已经老到看别人是别人，我是我了，但我还是接受不了她的死。唯一的变化是，那时我内心觉得她不应该死，但现在，我知道她非去死不可，她别无选择。

她回不了福州，连农民也当不了，户口在三明，她哪儿也去不了。

她不会请病假事假，更不敢旷工，非得每天面对师父，提醒自己的羞辱……

她一定哭呀哭呀，眼皮哭得更肿了……

师父的拒绝对她意味着什么呢？为什么会使她非死不可呢？

但我想，就算我现在碰到她，她也不一定说得清楚当时自己为什么非死不可。

没有为什么。

为什么都是头脑的。

头脑经常不知道为什么，但她身体一定知道。死是她身体选择的表达，不是头脑的。

只是她身体的表达，我无法抵达。

过了很久，我才能面对玉珍母亲的脸。

她母亲看到我就哭了，我陪她一起哭。后来我问玉珍那个小箱还在不在，她母亲说还在，拿出来给我看。歌本已经没了，我看到很多作业本，拿起来，是小学好几个年份的作文本，我翻了一遍，印象最深的有三篇，一篇是《我的理想》——

我没有理想。老师说每一个人都要有理想，我也很想有，但我没有。老师教我们唱一首歌，我们长大了要把农民当。我已经是个农民，我们班上就我一个农民。我不知道当农民是不是就不要理想了。

老师用红笔打了个60分，刚好及格。

一篇是《记学雷锋做一件好事》——

我没有做好事。我知道学雷锋要做好事，我也很想做，但我没做。放学我要去菜地浇水，我要不去浇水就没人浇水，菜就会死掉。我给菜浇水，不让菜死掉这算不算好事呢？和说不算，和说你不学雷锋也要去给菜浇水，所以不算好事。那我想，我真是一件好事都没做了。

老师打分55分，不及格。
一篇是《我的妈妈》——

　　我妈妈是个农民。她天没亮就起床，洗衣服，擦地板，去生产队出工。我爱偷懒睡觉，妈妈要叫我三次我才起得来。妈妈说我这么懒以后怎么办，我也不知道我以后要怎么办。我想我不能再睡懒觉了，但还是要睡懒觉。妈妈晚上回来时天都黑了，我作业都已经做完。我就把电灯关了等妈妈回家。老师说节约是美德。妈妈天天都很有美德。

老师打分70分。
那天回家我流了好多泪，心里很难受，说不出一句话。
我有点懂了，她刚到三明时的那种幸福感，从小在班上做农民的压抑解放出来的幸福感……
可这种幸福感，最终给她带来什么了……她离开厨房那张没上油漆的小饭桌了吗？
她一定带着她心爱的歌本走了。
我再也听不到她的歌声了。
那么美的歌声，世上除了我再没有人听过……
有时，我在黄昏会看见她，她在给菜地浇水，大地是那么绿，远山是那么蓝，她是那么真实……
我接受她的死了。我只是遗憾，她的表达，为什么我总是看不懂。

前年小学同学聚会，我提起她，没有一个同学记得。谁呀谁呀？大家问。

我的悲哀变成一座冰山。

我想我体验了一次漫长而又痛苦的断裂。

玉珍跟我同姓，我们都姓陈。我想，我跟她一定有某种缘分，从我们出生前就已经有了，就算她死了，我死了，这种缘分也会一直延续下去。

她已经看不见了，我也快要看不见了……

但谁知道，也许我们又会在哪里相见呢？

陈永和（日本）福州出生。1987年留学日本。现定居日本北海道阿寒湖小镇。在《收获》《上海文学》等杂志发表过长篇、中短篇小说和随笔等。长篇小说《光禄坊三号》由江苏文艺出版社出版。长篇小说《一九七九年纪事》获第四届中山文学优秀奖。

楼 下

顾 艳

1

安米刚搬来康涅狄格大道这栋公寓楼时，喜欢站在阳台上看楼下车水马龙，看街对面国家动物园大门口川流不息的人群。这比她从前住斯汤顿小城热闹多了，路边的咖啡吧不时弥漫着阵阵香气。经不住咖啡的诱惑，她就下楼去喝上一杯拿铁。

坐在路边，可以看见右边拐角处绿荫婆娑的公园里，五六个男孩穿着各种不同款色的T恤聚在一起闲聊。在那一堆白人和黑人中间，她一眼就看见了一个亚洲人，凭着经验，他是华裔男孩无疑。的确，在大都市里几乎随处都能看见大陆或港台来的留学生和华裔，也能隔一条街就看见一家中餐馆或中国超市，再不用发愁没地方吃中餐了。

安米居住的这栋公寓楼一层二十户，共有十一层。尽管住着两百多户人家，但进出看不见人影，偶然在电梯里碰上的基本是白人。因此，安米的目光总是常常追寻自己的同胞。那天她等电梯，门一开，迎面遇上了那个华裔男孩，其实他是青年人，起码有二十三四岁了，看上去有些玩世不恭。他看见安米"嘿"一声，用不太流利的普通话说："你好，住几楼？"

"三楼。"

"我也住三楼。"他打了一个响指，一溜烟跑了。

安米望着他的背影，这才发现他染着五颜六色的头发，绿色的那一撮夹着银色，特别醒目。安米登上三楼后，绕整个楼层走了一圈，想知道这绿毛的家是哪扇门。然而，走廊死沉沉的，一点声音都没有，她只好打开自己的家门，坐到窗口的书桌前备课。她在一所大学教戏剧，每学期都会安排学生排演节目。前阵子，学生们在华府剧场演出了京剧《西游记》，赢来一片赞扬。

晚餐后，安米和丈夫孙小阳下楼去公园散步。夕阳迤逦在盛开的百合花、三色堇以及树下丛生的杂草上，整个公园泛着怡人的金属光泽。这时绿毛不知从哪里钻了出来，经过安米身旁时打了一个响指，然后独自狂舞。安米惊讶地望着他倒立、跳跃、旋转，疯狂得宛如魔鬼附体。

"这简直就是灵魂的舞蹈。"安米脱口而出。

小阳看得不耐烦了，说："这是个疯子，咱们走。"

安米随小阳离开后，又回过头去看绿毛。绿毛抛给她一个飞吻，舞得更加疯狂了。安米发现除了她，没有人注意到他，更没有人愿意停下来看他的舞蹈。也许他对这种漠不关心已经习惯了，但他似乎要在这冷漠的空间做一个透明人。

安米明白，都市中的家伙每天被繁忙的工作、极度紧张的神经弄得麻木不仁，各种稀奇古怪的事都不会让他们感到惊奇，也没兴趣去关心别人的事。唉，事实也是如此。如果绿毛不是华裔，安米肯定连注意的时间都没有。她正为许多杂事烦心着呢！譬如：家里的水池堵塞了，学生们的演出活动经费还没到位等。

大都市开车，不像乡下小城道路畅通。不仅时速慢，还常常被堵得水泄不通。自从来到首都华盛顿，安米出门经常坐地铁，已经把红线、蓝线、橙线、黄线、绿线、银线搞得一清二楚。当然去"好运来""大中华"等超市购买中国食品，还是开车方便。

尽管是疫情期间，华盛顿地下通道内仍然不停地走动着大批人群。疫苗普及后，不少人已经不戴口罩了；安米还是蒙着蓝布白点大口罩。她从画廊站出口时，透过川流不息的人群，在墙角看见一位拉小提琴的亚裔男孩，他的脚前摆着一个白色小罐子，里面有硬币也有纸币。安米被他拉的《嘉禾舞曲》深深吸引，儿子亮亮正在学这首曲子呢！她打开钱包取出一张五美元纸币，正准备丢进白色小罐子时，一只手飞快地从她手里抢了过去。

"谁？"安米转过头，一眼看见了绿毛的背影。他在地下通道内快速地飞跑，许多与他擦肩而过的路人回头看他，有些人还露出一脸的鄙夷。安米没敢喊出声，毕竟绿毛是自己的同胞，不想他被警察抓走。她快步追赶绿毛，又不想被他发现，心里却不明白这华裔青年怎么做起打家劫舍的行当。

从前安米心里总是防备黑人，只要路上站着扎堆的黑人，安米肯定绕道而行。那是因为许多年前，安米在旧金山坐公交车时，一手抱着亮亮，一手拿着一大袋水果糖打瞌睡，几个黑人男孩儿上车，一把抢走了她的糖。

"谁抢了我的糖？"安米抱着亮亮站起来说。

没人回音。

"谁抢了我的糖？"安米又问了一遍，还是没人回音。

汽车到达下一站时，那几个黑人男孩儿迅速下了车，其中一个男孩儿高高地举起水果糖："耶！"安米气得隔着玻璃窗挥拳头，丈夫小阳说："你不怕他们身上有枪吗？"在安米眼里，小阳总是胆小怕事，没有男子汉的壮志豪情。

安米走出地铁站，一眨眼就不见绿毛了。她四处张望，中午的阳光射过积满尘埃的窗棂，薄薄地落在石阶上。前边就是中国城，老远能看见中国城的木结构牌楼。牌匾上"中国城"三个字，在阳光下熠熠生辉。安米忽然有一种亲切感，她是特地来中国城"东江海鲜楼"买水饺和小笼包的。这家店铺生意兴隆，队伍一直排到店堂门口的大街上。安米耐心等待着，目光却四处溜达。华盛顿唐人街不大，没法与纽约、旧金山的唐人街媲美，但书店、茶馆、酒楼、超市，应有尽有。

买完打包的水饺和小笼包，安米正想去书店看看时，绿毛像幽灵似的又出现在她眼前。

"你，你给我站住。"

绿毛根本不理安米，他跳跃着，舞动着，旋转着身体往前飞。安米觉得绿毛必定是小偷、流氓、街头混混无疑，摊上这样的邻居也算倒霉了。

安米朝前走去，看见绿毛停在十字路口，被拥挤不堪的车辆和人群滞留在斑马线前。他还不忘扭动身子，做着各种怪相，仿佛整个广场，就是为了上演一出荒谬剧而制作的巨型场景。安米见惯了各种街头表演，但绿毛呈现在她眼前的与众不同，还是让她感到不可思议。

2

大城市的公寓楼，没有乡下小城别墅门口的花园和草地，每到黄昏，安米必去楼下散步透空气。那天从电梯里出来，她遇上了一个五十多岁的中国女人，跟她用中文打招呼："嗨，你好！"

"你好！你住这楼上？"安米欣喜地问。

"是啊！我住305，你呢？"

"320。"

"安徽来的吧？"女人问。

"不，不不，那是我们的租客，已经搬走了。"

中国女人"噢"了一声，电梯门关上了。安米一想起那个安徽租客心里就懊恼，那个家伙沾了政策的光，疫情期间八个月没付房租，最后逃之夭夭。朋友说，如果他一直赖着不走，也不付房租，你又不能赶，那才是最糟糕的。安米想想也是，在美国要赖的，换谁都拿他没办法。

安米出门时，丈夫小阳躺在床上看书，儿子亮亮趴在地上搭积木。小阳病病歪歪的像个白面书生，喜欢住乡下小木屋。每到双休天，只要安米有空，便开车载着他们回乡下去。

公寓楼门前的花坛里，种着好大一片郁金香。安米盯着花瓣看，花瓣的颜色越是靠近花茎的地方越浅，底部和花茎的连接处已经变成了白色，但红色的花瓣尖上有很多雀斑似的小黑点，好像小阳背上褐色的斑点。说起小阳那些斑点，实在是吃饱了撑的。他嫌自己皮肤太白，想黑一点，在一个骄阳似火的夏日，暴晒了一整天。结果晒得全身通红，起了无数水泡，结痂后留下了斑点，至今没有消退。

都说女人作，在安米眼里，小阳比女人更作。他总说自己从小身体虚弱，特别害怕死亡，死的恐惧在他心里从未消失，有时半夜三更吓出一身冷汗。他的这种状态，就像身体内抗体和细菌一样随时都在战斗。然后，灰头土脸地去看医生。医生安慰他，身体差，多吃鸡蛋和肉类。可他从小不喜欢吃肉，喝杯牛奶也会过敏拉肚子。

不知不觉，安米已经来到拐角处绿荫婆娑的公园。沿着鹅卵石小路向前走时，绿毛飘着宽大的长裤和衣袖，从红杉树上轻巧地降落到她面前。安米吓了一跳。他却做一个鬼脸，转身溜进了咖啡吧。安米随即跟进去，他却从后门晃晃荡荡地出去了，在一家门面老旧又很小的鞋帽店停了下来。安米三脚两步走上前去，想和他说说话，他却一转身跑了。

这年轻人整天不知在搞些什么鬼？

在这个人与人很难走近的世界里，绿毛就像谜一样的存在着。即使住在同一栋公寓楼里，也不知道他的背景，无处听八卦，这和安米从前在上海弄堂里的生活大相径庭。那时，一方有难，八方相助，远亲不如近邻。如今这公寓楼的每一道门都是一堵墙，谁也不知道墙内的人和事。

安米回到家，小阳站在阳台上看楼下风景，儿子亮亮在玩游戏。

卫生间的水管里响着"哗啦啦"的流水声，那是楼上有人在洗澡了。公寓房，楼上楼下就一根下水管。美国人喜欢早晚洗澡，每天清晨五六点钟，水管就开始"哗啦啦"响个不休，严重影响安米的睡眠。有时安米想提意见，小阳说："人家在自己家里洗澡，你管得着吗？"

事实也是如此，管不着，也不敢管。那些左右邻居有白人也有黑人，谁知道他们是干什么的。只是每天早晚"哗哗"的流水声，令安米郁闷。

因为睡眠不足，开车又堵，有时候安米就选择坐地铁。昨天，在地铁站安米遇上了抢劫一幕：一个五大三粗的黑人，一脚踢翻了正在走路的华裔老太太，抢走了她手上的包。华裔老太太被踢翻后，额头上摔破了皮，露出猩红的血丝，坐在地上，大声嚷着："我的手提包被抢了。"没有人回应她。人们匆匆忙忙地上车下车，走自己的路。过了一会儿，看看没人理她，老太太只能自认倒霉地走出地铁站。安米想起那天在地铁站绿毛抢走她五元钱的事，一下子，安米把绿毛与这个黑人抢劫犯联系到了一起。

绿毛就是一个犯罪嫌疑人。

安米与丈夫小阳一提起绿毛，小阳说："你最好离他远点。如果你惹了他，说不定哪天他干出让你意想不到的事，那么我们的生命就没有安全感了。我可不要生活在恐惧中。"

在家里，安米有绝对的权威，根本听不进小阳说的。安米来美国读博士，小阳只是陪读。小阳身体不好，一直在家里呆着，最多做些网上教儿童画的工作。一个月下来，赚不了多少钱。没啥收入，身体又不好，小阳常常自卑。有时他对安米说："我曾经是个身体虚弱的儿童，后来是个身体虚弱的青年，现在是个身体虚弱的中年人了。再下去，我这辈子就完了。你知道吗？正因为这'虚弱'二字，我的脑海里常常出现死神的形象。"

"那是你太空，太作了吧！如果你很忙，哪里来的死神？"安米常常这样回答他。最要命的是安米和闺蜜在电话里聊天，聊起各自的男人，就把男人的自尊一撕到底，让小阳听得一愣一愣的，眼睛发直，颜面丢尽。小阳想起自己的陪读身份，觉得如果没有他的陪伴、解闷、壮胆，安米也许是个女光棍，能有今天的趾高气扬吗？当然，这些话小阳不敢说出口。他心里的不爽，最多待安米上班去后，到楼下闲逛一阵。

小阳觉得楼下是个好去处，有时那些联排房里的人，会在车库门口摆摊。家里的旧家具，旧衣服，儿童自行车，油画，还有主妇们买回去从没有穿过的皮鞋都拿出来卖。小阳喜欢逛这类旧物摊子，注意力集中在物件上时，烦恼就没有了。一圈逛下来，心情不错，回去趿着鞋，走到厨房，收拾老婆儿子早餐后留下的脏盘子，以及桌面上的烤面包渣。

3

小阳洗完盘子，开始不停地呕吐。胃里的食物吐光了，就吐黏糊糊酸酸的胃液。他蹲在浴盆前，收缩的胃，宛如大海的波涛拍击着海岸，而他变成了一根朽木，被波浪翻弄着。差不多一个半小时，小阳才结束呕吐，弯着腰头晕目眩地站起来，双手捂住胃部，把自己挪到洗手池边，先用洗手液洗手，再用漱口水漱口。漱完口，他拉下挂在水池旁的洗脸毛巾抹嘴，然后喘息着，意识到自己还活着，死神已经擦边走了。

小阳欣喜地抬起头来，却出现了令他惊讶的一幕：那是一个他不曾相识的男人，苍绿土灰的脸色，死人一般的眼睛，这就是镜中的自己吗？他心里一紧张，又晕眩了过去，缓缓地倒在了卫生间的白色瓷砖地上。倒下的姿势，宛如飘零的落叶。苏醒后，小阳赶紧起来，生怕被妻子发现指责为："你这是装死，自作自受。"

自从那年夏天，小阳得了阿米巴痢疾，年复一年地复发着。不可思议的是，他肝脏不好，心脏不好，胃也不好，居然就这么一年又一年地活着。尽管活得有些窝囊，终归是活着嘛！

妻子安米怀疑他是领来的孩子，常对他说："为什么你父亲人高马大，你母亲身体结实，你却弱不禁风，明显就不是你父母亲生的。"小阳不得不承认自己身体的谜团，但无论是不是亲生的已不太重要。因为母亲在他七岁那年就自杀了，只留下一些已经泛黄了的照片。

小阳想起那个骄阳似火的夏日傍晚，他正在家门口玩耍，邻居婆婆气喘吁吁地跑来说："你爸呢？你妈出事啦！"

母亲的葬礼极其简单。

除了白色和红色，就没有别的颜色了。如果对颜色抱有恐惧感，那么就是红色了。直到现在，小阳看到红色的晚霞，仍然不会觉得它美丽。那种在他内心深处留下的红色恐惧感，几十年无法消除。这并不影响他的生活，他对现有的生活状态还是满意的。尽管不能事事如意，但世界上哪有事事如意的人呢？

说来难为情，因为是陪读，小阳一直不敢开口说英语。有时万不得已，他绝望地应酬几句英语，对方却一脸不明白，这时他就摇摇手，狼狈而逃。这场景如果被安米看见，免不掉责备："你每天呆在家里，为什么不好好学英语？"

安米看不得小阳的这副狼狈相，总会滋生出莫名的愤怒，并由此引发一大堆愤怒（诸如环境、时运、疫情、宿命的暗中摆布等），都冲着这个令她既嫌恶又无奈，却又有些可怜的丈夫发泄出来。当然，她发泄多了又会像母亲心疼儿子那样心疼他。在国内时，小阳的事业如日中天，白面书生的脸庞在女人中也颇能得到位置。如今，他却是被社会抛弃的一个病病歪歪、无所事事的闲人。

此时，小阳听见敲门声，胆战心惊地从"猫眼睛"里望出去，看见绿毛手舞足蹈，一种莫名的恐惧笼罩着他。他对自己说："绝对不能开门。"心里却抱怨妻子安米是个傻女人，与绿毛这样的"二流子""下三烂"交往，总有一天会引火烧身。小阳害怕任何一个人来敲门，即使公寓管理员来敲门，他也不会开的。这不仅仅是语言障碍，还有心理障碍。

说起学英语，小阳也是下过功夫的。书本上的死记硬背，到了现实生活中他就慌了手脚，不知如何应答。反正小阳越来越害怕与人交往，自己也不明白从前那个能说会道的小阳到哪里去了。

敲门声停止后，小阳再从"猫眼睛"里望出去，发现绿毛已经走了。他喘了口气，觉得自己像老鼠一样，生活在高大的水泥屏风里，还被吓得瑟瑟发抖。小阳有些不爽，可不爽也没办法，谁让他跟着老婆来美国陪读呢！如今生米煮成熟饭，身不由己了。

安米下班回家时，小阳已经把儿子亮亮从学校里接回来了。亮亮就读的小学在楼下拐弯处不远的地方，走过去才十多分钟。每次接亮亮回家，小阳生怕支吾英语时露出绝望的神情，便尽量回避老师的目光快速离开。这是逃避说英语的办法，但越逃避就越不会说，越不敢开口了。

因此，在家里凡是对外联系需要用英语的事儿都归安米。也就是女主外，男主内。与从前在国内男主外，女主内完全颠倒了过来。这是环境使然。小阳身体虚弱，男主内也没有太多计较，倒是妻子安米仗着自己大学助理教授的地位，常常对他颐指气使。小阳在安米面前不敢造次，只能隐忍着心里的不愉快。谁让他是社会的边缘人，或者说是无业游民呢？

主流社会成员，在家里无形中有一根指挥棒。尽管有时根本不用指挥，只要霸道地搞出响动，发泄得理直气壮就能达到目的。一个家庭的经济主力，不高兴了甩甩冰箱门，扔扔啤酒杯，似乎有她自己的道理。小阳就是这样一次次理解妻子，一次次把地上的玻璃碎片收拾干净的。

这会儿，小阳烧饭做菜。虽然小阳不吃肉蛋，但为了妻儿的营养每天都必须做。他特别闻不了生猪肉的气味，每次切肉都有一种晕倒的感觉，但他不能把这种感觉说出来，否则安米会说："你比女人还作。"

小阳觉得自己是个非常没意思的丈夫。由于红色恐惧症，从来不喝红葡萄酒，这就少了一份浪漫情调。由于身体虚弱，从来不陪妻子打高尔夫球，这就少了兴趣互动。说起来，小阳除了抽烟都没啥嗜好，既不在外边寻花问柳，也没有狐朋狗友，从不乱花钱。然而，妻子安米认为他是一个古怪的男人，虽然能够凑合过日子，但终归步调不一致。

那天全家人吃晚餐时，小阳与安米谈起早上绿毛敲门的事，说："这种坏人什么事都干得出来，你再和他交往，我们就有危险了。"

安米听后一惊，立即反唇相讥："我啥时和他交往了？再说你怎么知道他一定是坏人？"

4

妻子安米的这种态度，令小阳越发痛恨绿毛。他毫无道理地怀疑安米移情别恋，认为她的魂被绿毛抓走了。出于报复心理，小阳觉得应该在这栋公寓楼里结识几个中国朋友。都说远亲救不了近火，好邻居的重要是不言而喻的。

从那天开始，小阳一改从前躲在家里的习惯，没事就往楼下跑。有时索性坐在公寓大厅的沙发上假装看报，希望能遇上中国邻居。其实公寓里的上班族，都是开车进进出出，偶尔看见几个人不是退休老人，就是带孩子的家庭主妇。小阳想看到的中国邻居，一直没有出现。

到了中午十一点，小阳上楼去吃午餐。在电梯门口，却意外地迎面遇上了一个有对大乳房的中国女人。真是得来全不费功夫，但怎么开口说话呢？他心里一着急，脱口而出："你好！"

这个女人见小阳热情地与他打招呼，就问："你住几楼？"

"三楼。"

"真巧，我也三楼。"

小阳一时不知道再说些什么，女人忽然说："你能帮我抬一下书柜到电梯口吗？"小阳望着女人微笑的脸，尽管她已不再年轻，但有一种成熟女人的风韵，小阳想都没想连连说："好，好好！"

小阳跟着女人来到地下车库，白色书柜躺在后备厢里。女人示意一起抬，可小阳逞能地对女人表示他一个人可以搬下来。小阳不知哪来的力气，平时病病歪歪的，此时竟然如大力士般扛起了书柜。

女人蝴蝶一样跟在小阳前后左右，一会儿说："当心，当心！"一会儿又说："地上滑，慢慢走。"小阳不理睬她，扛着书柜迈着矫健的步伐走到电梯口，把书柜扛进电梯，上了三楼。出了三楼电梯，女人让他右转，继续再扛一阵，直到把书柜扛进她家的客厅里。小阳做安米的伴读，来美国已经足足九年了，从没像今天这样有成就感。

女人的家两室一厅，与小阳家的面积差不多大小。如果不是自己买下的房子，每月租金也得两千多刀。女人是干什么工作的呢？小阳有些好奇，但又不好意思问。这时女人说："我叫王莉莉，北京人，来美国二十多年了，前几年从旧金山搬来这儿。"因为是说中文，小阳没有语言障碍，接着王莉莉的话题："我叫孙小阳，在美国九年了。当初是随妻子从上海来美国陪读的。我们搬来这里一年多，电梯上上下下，今天第一次遇上中国同胞，我感到很高兴。"

王莉莉接口说："这里有广东来的，上海来的，还有东北来的，有那么三四户吧，具体他们住哪一层我不清楚。有时在车库遇上，打个招呼而已。"小阳点点头，王莉莉又说："非常感谢你的帮忙，没耽误你太多时间吧！"小阳一边回应"没有没有，不客气"一边从王莉莉家退了出来。走到大门口时，小阳回过头去，看见门牌上写着305。小阳这才发现，三楼电梯出口，小阳家与王莉莉家正好是反方向。加之王莉莉家门口还有一道楼梯，进出地下车库，走楼梯比乘电梯方便。

小阳想，这就是他住了一年多，才第一次见到王莉莉的原因吧！

回到家里，小阳真的很开心。他打开电视中文台节目，吃着热腾腾的牛肉泡面，想着日后有什么急事，就可以去找王莉莉了。如果那个绿毛再来敲门，有了王莉莉这个近邻，他心里踏实多了。小阳很想知道绿毛是谁家的孩子，都说华人的孩子有出息，那么绿毛的父母是干什么的，怎么没有把孩子教育好呢？

小阳有些后悔，明明都进了王莉莉的家，怎么就像有眼无珠似的，啥摆设都没看清楚，也不知道她是单身还是有丈夫孩子。吃过午餐，小阳在书桌上画素描，不知不觉他竟然画了好几幅王莉莉的半身肖像画，尤其突出了那对大乳房。顿时，他有些脸红耳热。这感觉，还是从前和安米谈恋爱时才有的。下午两点多，小阳去学校接亮亮前，把画得最好的一张王莉莉肖像画，藏到了一只鞋盒里。其余几张不满意的，他就扔到公寓楼的垃圾箱里了。

小学放学时，最早出来的是学前班和一年级的小朋友。他们被老师领到校门口的空地上，就地而坐。无论冬天北风呼啸，还是夏天太阳曝晒，孩子们都乖乖地坐在地上，等父母来接。小阳是最早去接的家长之一，有时孩子们还没有出来，小阳就沿着学校后面的河边小路走一圈，或者坐在木凳上抽一根烟。这时，他总能看见穿着短裤和背心的年轻人沿着河边跑步，跑到他面前，就会喊一声"Hello"，这是礼节性地打招呼，但也有忽然停下来与他聊天的。

那天，一个小伙子停下来与小阳说了一大堆话。小阳没办法溜走，又根本听不懂，只好胡乱支吾着，把自己记忆库里的英语词汇都搬了出来，就好比鸡同鸭讲。小伙子听不懂，耸耸肩笑眯眯地跑走了。小阳总算如释重负，但自我感觉不错，终于敢在陌生人面前说英语了。本来他想把这个重要的突破告诉安米，可又一想难免遭她鄙薄。确实，在美国都呆九年了，在女博士面前，小阳还好意思说吗？

小阳第一时间接走亮亮，亮亮就不用在校门口的空地上就地而坐了。亮亮拉着爸爸的手，告诉他今天安娜生日，分给同学们一块蛋糕，还有两根棒棒糖。亮亮上学后喜欢说英语，回家也懒得说中文。通常小阳说中文，亮亮说英语。小阳往往听得一知半解，恼火地警告亮亮回家必须说中文。只是亮亮没说几句中文，又回到了英语。小阳非常生气，很想揍他耳光。

近半年来，安米在家里也用英语与亮亮对话。小阳实在看不顺眼，再这样下去亮亮就成"香蕉人"了。那天晚餐时，小阳忍不住冲着他们母子大声吆喝："你们是中国人，在家里不准说英语。"安米一下愣住了，但她马上反唇相讥道："你自己不学英语，还不让亮亮说英语。亮亮在美国上学，他要面对美国的老师和同学，没有流利的英语怎么行？"

小阳像个泄气的皮球，败下阵来，无言以对。

5

这段日子，安米给学生排演程砚秋《荒山泪》中的一个片段，忙得不可开交。那些洋学生，学唱戏、念白、跑圆场都不容易。有个学生练跑圆场，由慢变快时，忽然双手撑开飞翔了起来，和要求相差十万八千里。跑圆场需要步子小、快、均匀，上身纹丝不动。不过，这个学生的飞翔之姿，让安米想到了绿毛。确实，很久没看见绿毛了，不知绿毛都去了哪里？

这天晚上，安米赴一个朋友的晚会，很晚才回家。一早去学校时，她就在包包里放了化妆品和旗袍。说起来，那条旗袍是小阳找裁缝给她定做的，只要出席晚会，安米都会穿上这条白底印花旗袍。来美国后，安米的穿着不是掉了一个档次，而是很多。她越穿越随意，大部分时间都是一条西裤，一双平底鞋，再加上T恤和外套。因此，她非常怀念上海生活的日子，那些曼妙婀娜、风姿绰约的上海女人，才是女人中的女人。

　　安米回来时，在地下车库遇见了绿毛。好久没见，安米似乎有点欣喜，但一眨眼绿毛就不见了。这么晚了，绿毛在车库里干嘛呢？安米想起有天清晨急着上班去，无意中看见左后轮胎瘪得没气了，她只好叫Uber去学校。下班后，安米冒着风险把汽车开到车行，修理工在轮胎里找出来一枚钉子。现在看来，那枚钉子会不会是绿毛干的坏事？

　　安米打开家门，小阳和亮亮已经睡着了。她进卫生间卸妆洗澡，然后吹头发。电吹风呼啦啦响，很快把小阳吵醒了。小阳翻了个身，安米想给小阳一个惊喜，拉起他来到客厅。小阳迷迷糊糊地揉揉眼睛，看见沙发上两个长方形的礼品盒，打开一看是领带，并没有欣喜的神情。他转身想回床睡觉，被安米拉住了说："来试试。"

　　安米拿着领带在小阳的下巴颏下，一边比划一边说："还不错。以后去接亮亮就必须穿正装系领带，不能穿得像个叫花子一样，爸爸的形象很重要，你知道吗？"小阳说："娘子的吩咐，岂敢不做到的。"

　　小阳重新躺到床上，已经没有睡意了。安米滑进被子，小阳摸摸她的脸忽然有了冲动。他们已经很久没有做爱了，前几次小阳老是火候不到，还没开始就已经结束了。这次小阳想着都能帮助王莉莉扛书柜，说明自己已不再是病病歪歪的人了。小阳想起王莉莉，就想起藏在鞋盒里的那张肖像画。那是一个有着一对大乳房的丰满女人。仿佛有魔力似的，小阳进入了冲锋陷阵的状态。面对他身下的安米，所向披靡。

　　这晚安米睡得很香，以至于一大早楼上有人洗澡水管里"哗啦啦"的流水声都没把她吵醒。若不是小阳把她叫醒，没准儿就上班迟到了。安米迷迷糊糊地从床上跳起来，梳洗化妆后饿着肚子急匆匆地走了。小阳追上去塞给她一个面包，安米提醒他："穿西装、系领带，别忘了。"小阳满口答应，只是谁接送孩子会穿得那么正经呢？

　　小阳照旧穿着牛仔裤和旧外套接送亮亮，虽然看上去像个底层打工者，但小阳觉得自己还不如底层打工者，是个比底层打工者更糟糕的无职业游民。深秋的华盛顿特区已经很冷了，康涅狄格大道两旁的梧桐树叶纷纷坠落。小阳送亮亮到学校后，回来时在楼下看见了王莉莉，王莉莉正在电梯门口的一排信箱里取信。望着王莉莉的背影，小阳也想去看看信箱。

"嗨，你就是帮我抬书柜的孙小阳吗？"王莉莉欣喜地问。

"对，是我。"

"见到你真高兴。"

"我也是。"小阳从信箱里拿出来一封陌生人寄给他的信，还有一大堆广告。他还想与王莉莉说些什么，却笨嘴拙舌地不知说什么好。这时王莉莉已经准备转身走了，但又回过头来说："下次有事还要再找你帮忙噢，我加你一下微信可以吗？"小阳连连说："可以，可以啊！"小阳说着，掏出手机打开二维码，让王莉莉扫码。

王莉莉满意地走了，小阳拆开陌生人给他的信边走边看。信上扑朔迷离的语言，让他不知所以。信是这么写的："我叫赵振保，是你妈的同事，那时我们都在外科病房工作，我是医生，你妈是护士。那天她给我一封信，信封上写着：'等四十年后，交给我儿子孙小阳。'后来我知道这是一封遗书，把它藏得很好，一直保存到现在。四十年过去了，我到了该把它交给你的时候了。我非常高兴，我终于打听到了你的地址。你接到我的信，给我打个电话吧！"

读完信，小阳有些害怕。莫不是被什么坏人盯上了，变着戏法让人上当？但又一想，打个电话又何妨。如果情况不妙，可以报警嘛。于是，小阳按照信上提供的手机号拨过去。

一个苍老的男人的声音问道："你找谁？"

小阳说："我叫孙小阳，我找赵振保。"

"啊呀，终于找到你了。我就是赵振保。"赵振保在电话里激动起来。赵振保说："我来美国已经三十多年了，近些年腿脚不好，身体也不好，很少出门。这封信已随我漂泊了很多地方。我一直珍藏着，就是为了不辜负你妈的期望。我住在哈里森堡，你来我家拿吧！"

"好吧！我一定会去的。"

搁下赵振保电话，小阳先前的害怕一扫而光。他想不就是一个老头么，能有什么好怕的。只是去哈里森堡，足足有两小时车程。家里只一辆车，必须与安米商量。然而眼下安米在给学生排演节目，整天忙忙碌碌。如果现在与她说，她肯定会嫌小阳烦。不知什么时候开始，只要小阳让安米帮忙，安米都会表现出极度的烦躁和不耐烦。

小阳只能等待时机。

6

星期天安米去逛街。说是逛街，其实是逛商店。她想给亮亮买鞋，给自己买打折的衣服。本来她想开车去，但市中心停车费贵，还不如坐公交车或地铁。为了不耽误亮亮拉小提琴，安米让小阳在家里陪亮亮练琴。安米就是这样颐指气使，小阳虽然已经习惯了，但心里总归不愉快。

安米披上灰色外套，穿着平底鞋出门了。楼下不远处就有公交车通向梅西百货。等了没几分钟，安米上了车。车上有些拥挤，车后某个角落比较空，人们似乎在回避着什么。安米伸长脖子朝那个方向望去，原来是绿毛。他脸上化了浓妆，一股混凝了污垢的怪味在车上弥漫。安米站得老远都能感到气味难闻，何况那些距离近的，难免有一种不祥诅咒上身的嫌恶感。安米眼睛一眨不眨地望着绿毛，从没有这么仔细地打量过他，她此时看到的是一个阴暗、猥琐的绿毛。绿毛似乎也发现了她，朝安米抛过来一个飞吻。

站在安米一旁的某个乘客非常惊讶，睁大眼睛问："你们认识？"安米点了点头。

汽车到达某个站头时，绿毛下了车。安米紧跟着绿毛也下了车，她想逮住绿毛，与他做一次交谈。安米想，好歹是住同一栋公寓楼的邻居嘛！可绿毛走过斑马线后，红灯亮了，待安米穿过马路，绿毛已经不见了踪影。安米像泄了气的皮球，心里想，别人家的孩子，管那么多干啥？但她喜欢八卦的心特别想知道，那个牵动她神经的绿毛，究竟是何许人也？

望着街道上川流不息的人流，安米忽然发现，绿毛正朝着一家百货大厦走去。绿毛仿佛知道安米在跟踪他，在青色的大理石台阶上瞭望了一下人群，迅速走进了百货大厦，东转西弯就消失在安米的视野中了。安米觉得两个人像躲猫猫似的，无意中增添了不少乐趣。

这家百货大厦虽然不是梅西百货，但同样有安米要买的东西。三楼有不少儿童鞋帽店，一家家看过来，她终于给亮亮买了两双鞋，一双旅游鞋，一双松紧鞋。接着安米来到五楼女装部，给自己买衣服就没有给孩子买鞋子那么容易了，不打折不买，款式不好不买，转了一大圈，她只买了一件削价处理的黑色羽绒服。

本来应该下去的电梯，不知谁按错键，一直升到了顶层。安米从电梯里出来，惊喜地发现顶层是书店，还有星巴克。安米本来想买戏剧方面的论文集，可是在美国实体书店根本买不到这方面的书，倒是有不少小说和诗集。安米买了艾米莉·狄金森的诗选，还买了欧茨的小说《难以捉摸的绿眼睛》和《大瀑布》。欧茨笔下的女性形象，命运各异，想法不同，处于社会不同阶层，这是让安米喜欢的原因。

安米买完书，看看时间还早，就到星巴克坐下来喝杯咖啡，翻翻新买的书。她当然不知道，她一出门，小阳根本没陪亮亮拉琴，而是带着亮亮开车去哈里森堡了。

出发前，小阳给赵振保打了电话。哈里森堡离斯汤顿不远，从前小阳住在斯汤顿时，经常和安米到哈里森堡的Costco购物。按照地址用GPS导航，小阳很快找到了赵振保的家。

那是一栋米黄色的别墅，门前有一大片草地。按响门铃后，一个六十多岁的女人将他们引领进赵振保的书房。赵振保喘着气，脸上满是皱纹和老人斑，看上去苍老、虚弱。赵振保与小阳寒暄了几句，就开始说从前他和小阳母亲一起工作的事情了。他声音嘶哑断断续续，说得很吃力，说到悲伤处还用餐巾纸擦鼻涕和眼泪。小阳仿佛发现新大陆似的，一副认真听讲的样子。但一旁的亮亮有些按捺不住了，在房间里走来走去。老人知道孩子想回去了，就从抽屉里拿出一封已经皱皱巴巴的黄色牛皮信封，对小阳说："这是你妈给你的信。"

小阳接过信，心里沉甸甸的。

回来的路上，小阳一直都在猜测母亲信中的内容。这个尘封了四十年的信，本身就像一个谜团似的让小阳不敢轻易拆封。他把信放在副驾驶座位上，心里想着如果被安米发现他驾车出来，该怎么回应她呢？要不要告诉她自己来赵振保家取信？

小阳思绪杂乱，回到家时安米已经回来了，一见到他就大发雷霆："我前脚走你就开车出门啦？你带亮亮去哪里了？"

小阳说："去哈里森堡看一个我母亲的朋友。"

"你不是身体不好么，竟然能开那么远。你母亲都死了几十年了，你撒谎不打草稿？"然后，安米转身问亮亮，"你都看到谁了？"

"一个老爷爷。"亮亮说，"老爷爷给爸爸一封信。"

安米越来越弄不明白了，她把冰箱门摔得"啪啪"响，冲小阳说："信？什么信？"

"我母亲给我的信。"小阳平静地说。

"拿来给我看。"

"这是我母亲给我的遗物。我自己不敢马上拆开它，毕竟尘封了四十年。"小阳慢条斯理地说着，他不想与安米吵架。

可安米咄咄逼人道："把信拿出来，我帮你拆封。"

"这不可以吧，那是我的隐私。"

安米一听"隐私"二字，火就冒了上来。她几乎有点歇斯底里地吼道："我辛辛苦苦养家，你倒是在我背后搞鬼，谁知道你在我背后都搞了些什么勾当？"安米一恼火，就把桌上的两只白瓷咖啡杯推到了地上，"嚓啷啷"，咖啡杯碎了一地。安米还不解恨，拿起一只木凳朝小阳砸过去。小阳"啊呦"一声，坐到了地上。木凳砸中了小阳的右小腿，小阳卷起裤腿看见有一块青紫的血瘀。

<h1 style="text-align:center">7</h1>

小阳从地上站起来，啥也没有说，下楼去了。那封母亲给他的信，遗留在副驾驶座位上，他必须到地下车库去，把信从汽车里取出来。小阳本来是想乘电梯下去的，但由于自己心神不定，对电梯视而不见，一直走到了王莉莉家旁边的楼梯口。

自从与王莉莉加了微信，小阳根本看不见王莉莉的朋友圈，而他自己也从来不发朋友圈。微信是一堵看不见的墙，人与人依然很难走近。此刻，他经过王莉莉家门口时，听见里面叽叽咕咕非常耳熟的中国普通话，心里不免有一种亲切感。他想，如果当年不给安米做陪读，那么他如今也许在国内已经飞黄腾达了。小阳觉得来美国后，自己的身体比以前更加虚弱了。各种水土不服，凡事需要看妻子的脸色行事，还有被某些人说成吃软饭的，让他想起来就生气。都说生气容易生病，生病对于小阳是在所难免的，或者说是与生俱来的。

小阳拿着皱皱巴巴黄色牛皮信封的信回到家里时，安米的火气已消了一半。小阳本来想放几天再拆信的，那么久远的信，仿佛天外来客，也许会威胁到他现在的生活。然而在安米的吵闹下，只能当着她的面把信拆了，以证明自己的清白。

安米这时正在陪亮亮练琴，眼睛盯着琴谱，对小阳不屑一顾。

小阳拆开信，朗读起来："小阳，我的宝贝儿子，你如果能在四十年后读到这封信，那时你应该是个中年人了。我现在被巨大的精神压力压得脑子糊里糊涂，但此刻我清醒着，必须告诉你一件事：你的母亲犯了男女关系的错误，虽然属于人民内部矛盾，但让我斯文扫地。我已到了崩溃的边缘，再也忍受不了精神上的折磨。我这么说你明白了吗？有件事我一直瞒着你，因为你太小，我无法告诉你。你不知道赵振保是何许人也，但我现在要告诉你，他是你亲爸，是我们医院外科病房的主任医生。有时候你来医院，他就远远地看着你，却不能与你亲近……"

这突如其来的身世，让小阳震撼。小阳朗读到这里，无语哽咽，忽然晕眩了过去，仿佛胃里有什么东西鼓动着。他赶紧跑进卫生间狂吐起来，把黏糊糊酸酸的胃液都吐出来了。

安米冲着小阳嚷道："不就是多了一个亲爹嘛，把自己弄成这样没必要吧！"

小阳知道，在安米眼里横竖都是他不好，都是他"作"。小阳越想越憋屈，终于忍不住把这些年在安米这里受的气，一股脑儿撒出来，指着安米的鼻子乱骂一通，拂手而去。

安米惊呆了，小阳仿佛魔鬼附身，这哪里是她的丈夫呢？安米追出去，恶狠狠地大声喊："小阳，小阳你个混蛋给我回来！"

公寓走廊里回荡着安米的声音，那些从不打开房门的邻居，一个个探出头来张望。他们听不懂中国话，还以为出什么事了。这时安米觉得自己犯了一个错误，赶紧溜回屋内。她知道，如果被人举报，那就麻烦了。

小阳走到楼下，穿过马路来到华盛顿国家动物园。这里是他带亮亮常来的地方，有时放学就直接到动物园看中国大熊猫。亮亮最喜欢熊猫，他盼着新冠病毒快点滚蛋，疫情快点结束，他就可以去四川看大熊猫了。小阳边走边想，过往的经历总是有许多值得回味的东西。他忽然又想起了王莉莉。在异国他乡，小阳最贫穷的就是没有一个可以说说话的知心朋友。

动物园里有不少木长椅，小阳随便找一张坐下来。全民接种疫苗后，大部分人都不戴口罩了。仿佛什么也没有发生过似的，人们该干什么干什么，一派欣欣向荣的景象。小阳叹了口气，感觉胃又不舒服了。这时手机"吱啦啦"响了起来，小阳看了一眼，是安米打来的，小阳没有接。小阳很为自己今天的叛逆骄傲。

安米见小阳不接电话，怒气冲冲地带着亮亮到楼下去找。他们先到咖啡吧，再到拐角处的公园里找了一遍，正想穿过马路去动物园找时，迎面遇上了绿毛。这次绿毛没有逃跑，他忽然问安米："这是你儿子？"

"是啊！"安米有点受宠若惊，"你舞蹈跳得不错，以后让我儿子跟你学舞蹈。"

"我是一个不务正业的人，你不怕我把你儿子带坏了？"

"不怕。"安米说。

绿毛似乎有些感动，从口袋里摸出一张皱巴巴的五元钱说："还你。"安米故作惊讶，没有接。绿毛又说："是那天地铁车站里抢的。"安米当然不会忘记那一幕，笑笑说："你痛改前非了？"

绿毛耸耸肩，笑笑。安米这才看清楚，他长着一张混血的脸，有着灵动的大眼睛和长睫毛，笑起来的神情看上去很自信。安米接过绿毛递过来的五元钱道："我的汽车轮胎在地下车库被人用钉子扎了，是你干的坏事吧？"

"没有的事。"绿毛说，"别把我想得那么邪恶。"绿毛说普通话虽然有些吃力，但他和安米对话没有一句英语，这让安米对他又多了一些好感。说实话，安米喜欢他的独特个性。

“你大学毕业了吗？”安米微笑着问。

“那当然。”

“你有工作吗？”

“有，但我没必要告诉你。”

安米自知问多了，有些不好意思，但她很想知道他的一些八卦。于是站在街头与他胡乱聊起来，生怕他忽然又溜走了。安米尽量说些有趣的事，说她如何教学生排戏，如何在戏中穿插舞蹈动作。一谈起舞蹈，绿毛就来劲儿。他说他喜欢朱巴大师，他是第一位将快节奏的步法与非洲传统韵律相结合的舞者，从而创造了踢踏舞。安米没听说过朱巴大师，一脸懵懂地听着。

小阳不知从哪里闪了出来，朝着安米抡起一巴掌说：“你和这样的人在一起，你是不想活了？”

安米被小阳的突如其来吓坏了，她指着小阳道：“你……你疯了？”

一旁的绿毛缓过神来，立即报了警。安米冲绿毛喊：“别，别报警。”

绿毛不听她的。

<h1 style="text-align:center">8</h1>

警察很快就来了。

绿毛指着小阳对警察说：“他打女人。”

安米辩解道：“我们是夫妻，属于家庭矛盾。”

警察叽里咕噜说了一串，小阳根本听不懂他说的是什么，安米一再解释，警察根本不听，还是把小阳带走了。这对小阳来说，简直就是晴天霹雳。他绝望地看着安米，后悔莫及。

亮亮哭着冲小阳喊：“爸爸你不要走，不要走！”

小阳的心都要碎了。

小阳被警察带走时，绿毛趁安米不注意溜走了。一场灾难，落在了安米家里。天，瞬间塌了下来。尽管小阳给她的一巴掌超出了夫妻底线，但绿毛报警带走小阳更让她受不了。毕竟，她与小阳是一个屋檐下互相支撑的人，家里少了谁都不行。安米带着亮亮回到家里，少了小阳的家就像缺了一只脚，站立不稳了。明天谁来接送亮亮？许多现实问题，让安米忽然意识到小阳对于她的重要。尤其在这个每一扇门都像一堵墙的世界里，小阳就是她唯一的依靠和力量源泉。

此时，安米一方面反省自己，一方面花钱找钟点工接送亮亮。但最让她放心不下的，还是小阳在拘留所的生活。小阳将过一种 "鸡同鸭讲"的日子，不知道会闹出多少笑话；也不知道他病病歪歪的身体是否能挺住牢狱生涯。

安米在网上查了拘留所的具体地址，原来这个拘留所距家只有十分钟车程。虽然那么近，但对小阳来说，第一次去警察局，第一次被拘留，肯定是吓破了胆的。事实上，小阳确实吓坏了。不是语言不通，而是那种氛围。小阳看见警察腰间别着手枪，目光犀利地盯着他，让他颤抖不已。他被带到一个三人房间，其他两位，一个是黑人，一个是白人。小阳忽然有了豁出去的准备，他想男子汉大丈夫，敢作敢当。

安米心里对小阳有许多怜惜，小阳本来在国内有他自己的事业，是安米鼓动他来美国做陪读丈夫的。如今安米已拿到博士学位，是助理教授了，小阳却一事无成。安米觉得是她把小阳拖得没出息了，也是她把小阳送进了牢狱，安米心里非常酸楚。

纷至沓来的思绪，让安米想起公寓楼里那个打扫卫生的黑人老头，某天问小阳："你跑来美国干啥？这里有什么好的？枪杀、吸毒，是人间地狱。"小阳一脸茫然，听不懂黑人老头的问话。站在一旁的安米很自豪地代他回答："我当年是博士生，他是陪读，我们就这么来美国的。"黑人老头一脸不屑地说："陪读是个什么？还没有我赚钱多吧！"安米想，幸亏小阳听不懂英语，少了一份无地自容。

安米下班回到家里，接送亮亮上学的钟点工还没有落实好。先前联系的那个墨西哥女人，由于时间上安排不好不来了，安米只能再联系。她在Facebook贴了一则招聘广告，不一会儿就有两三个人前来咨询。安米选了一位四十多岁的南京女人，名叫张萍，住在巴塞斯达，离安米家只半小时车程。张萍来美国才五年，与小阳一样，会开车不会英语。安米虽然不是很满意，但接送孩子问题不大。安顿好这些事，安米终于可以喘口气了。她实在没有精力再干些别的，与亮亮早早地睡了。

小阳第一天在拘留所通宵未眠，那个黑人呼噜打得震天响，而那个白人竟然整夜磨牙。小阳不知道他们是为何进来的，由于语言不通，小阳也没法和他们交流。小阳很沮丧，但只能既来之，则安之。

一周后，小阳基本适应拘留所的生活了。这里不过都是些小偷小摸的轻犯，也有像他这样打人被抓进来的。当迫不得已一定要说英语时，小阳就会看着英语单词用中国拼音读出来，竟然还能让室友听懂一半。后来，也许一天24小时混在这个说英语的环境里，小阳的英语口语进步很大。这些天，他都能和同室的一白一黑两个人用英语对话了。

那个黑人是偷了七百美元被关进来的，看上去起码有五十多岁了。他满嘴淫秽粗鄙，但口哨吹得如同短笛。有一次他吹波尔卡舞曲，还跳起舞来，引得那白人脚板痒痒的也跳了起来。小阳躲在一边，那白人嘴里骂着操蛋，一把将他拉出来，小阳只能随之舞起来。一会儿，小阳就和他们一样进入了状态。

舞蹈，的确能使人放松。

9

安米有了钟点工张萍，生活开始恢复正常。自从绿毛出卖了小阳，安米就不想再见到他了。的确，防人之心不可无，小阳说的没错。然而冤家路窄，安米在楼下的大厅里又见到他了，还差点没认出来。这个绿毛穿着西装系着领带，头发也理成了西发，俨然像个正人君子。安米有点不相信自己的眼睛，怎么绿毛就像换了一个人呢？

"你好！我是王毅伟，我们又见面了。"绿毛一本正经地说。

"是啊，你变得我不认识了。也许，我从来就不认识你！"

"啊哈，怎么可能，我们在楼下见过很多次。不仅在楼下，还有很多地方。"

"我只是被你的舞蹈吸引。你是舞蹈学院毕业的吗？"

"不，我是爱荷华大学创意写作毕业的。比之舞蹈，我更喜欢写作。写作来源于生活，我的所作所为都是为了写作。如果不深入生活，许多细节就写不真实。"

绿毛头头是道地说着。

尽管绿毛说他叫王毅伟，是一个作家，然而安米心里叫惯了绿毛，也一直把他看成是小偷、流氓、街头混混。安米抱歉地笑笑说："我一直把你当不可救药的坏孩子，你倒和我说出真相来了。说明你的演技高人一等，可以去当明星。"

"我哪里还是孩子，我已经23岁了。"绿毛更正道。

绿毛还想与安米说些什么时，钟点工张萍带着亮亮放学回来了。亮亮眼尖，一看见绿毛就喊："你个坏蛋，是你报警把我爸爸抓走的。"绿毛一言不发地站在大厅里。安米让张萍回家去，自己拉着亮亮进了电梯。尽管亮亮骂绿毛"坏蛋"，可是安米心里就是喜欢这样的男孩子。安米每年给学生排戏，都会找一个临时工协助她排戏和打杂，今年她就想请绿毛来帮忙。

"唉，刚才怎么不问问绿毛住在三零几，或者要一个手机号。"安米觉得自己的交友方式太笨拙，弄了半天对他一无所知，还被他耍了。作为比他年长十多岁的大姐，安米觉得自己的社会经验还不如现在的年轻人。无奈，这事儿只能到楼下遇上他时再说了。

安米想起来，有次在电梯上遇到的那个中国女人住在305，后来就一直没遇上她。公寓楼里，邻居之间都老死不相往来，安米根本不可能去敲305的门，找那个中国女人聊天。除了家里和单位，安米的社交活动少得可怜。小阳比她更可怜，几乎没啥社交活动。如今小阳还在拘留所，这污点恐怕会影响他的移民签证吧！

为此，安米有些担忧。

小阳在拘留所里，开始几天还念着家里，渐渐地，习惯了，觉得这也是一种体验，一种生活。后来，他每天观察和记录着一些人和事，日子过得比家里还充实。

不知不觉已到了释放的日子，小阳都有点不想回去的感觉。可是拘留所不能继续为小阳提供免费吃住，到了日子必须走人。小阳忽然闪过一个念头：离婚。

周六上午，安米载着亮亮到拘留所接回了小阳。

小阳耷拉着脸，跟安米说道："我们离婚吧！我要回上海去。"

安米大吃一惊："为什么？是因为抬不起头来吗？"

小阳说："不是。"接着又说："我难道不能有自己的生活吗？我受够了洋气，我要回上海去，那里才是我的家。"

安米沉默不语了。

亮亮逼着爸爸要水枪，小阳从包里拿出一把簇新的儿童玩具手枪，那是他在拘留所劳动时从地上捡来的。亮亮很喜欢，对着爸爸说："举起手来，不许动。"

晚上，小阳睡到了亮亮的房间，亮亮和安米睡一张大床。夜深人静时，安米一想到小阳将离她而去，呜呜地哭了起来。都说一日夫妻百日恩，小阳就不念着妻儿的情分，决绝地执意要离开吗？

安米把被头哭湿了一片，最后觉得强扭的瓜不甜，离就离了吧！

这天晚上，安米做了一个梦，梦见小阳和一个胖女人在一起，小阳帮她提箱子扛背包，焕发着青春激情。安米发现那女人似曾相识，但又记不起在哪里见过。安米走上前去责问胖女人时，安米的身体在床上猛地弹跳了起来。

梦醒时分，安米想小阳在她面前病病歪歪的提不起精神，也没有性爱的欲望，原来是心里有了别的女人。安米又妒忌又气愤。梦和现实混淆在一起，令她搞不清自己身在何方。

几天后，小阳和安米都拿到了离婚证书。安米非常冷静地帮小阳打点行李，衣服裤子装满了一个旅行箱。安米还想帮小阳打点笔记本电脑等办公用品时，小阳连连道："我自己来，我自己来吧！"

安米转身离开，小阳心"怦怦"跳地从一只鞋盒里取出了王莉莉的半身肖像画，藏到了自己的随身背包里。一切打点停当，小阳需要提前两天去纽约做核酸检测。然后，从纽约直飞上海浦东机场。

那天上午，亮亮被钟点工张萍送去学校上学了。安米挪出时间，把小阳送到华盛顿杜勒斯机场。她觉得自己对小阳已仁至义尽。告别时，小阳张了张嘴，半晌才吐出"谢谢"二字。

安米微微苦笑着说："你的陪读生涯结束了。"

小阳也苦笑了一下，说："早知今日，何必当初？"转身进了机场安检处。

安米在门口停留了一会儿，没等来小阳的短信，心里有着满满的酸楚。她想她是一个失败的女人，将过一种单亲妈妈的生活了。

回到家里，安米痛快淋漓地哭了一场。

10

小阳飞到纽约后，第二天准备做新冠核酸检测时，接到了东方航空公司的短信通知，原定航班由于新增新冠感染人数取消了。乘客可以退票，也可以改签。小阳一下子不知道该怎么办，是退票呢，还是改签，小阳举棋不定。

这时候，手机突然响起来，小阳一看，是赵振保的电话。他想，这个仿佛从天上掉下来的亲爹，在举目无亲的纽约，也许就是一根最后的救命稻草。

小阳接通了赵振保的电话。

电话那头赵振保声音嘶哑地说："小阳，你在哪里？都好吗？你是否能够再来看看我，我还有很多话想和你说。"赵振保迫切地要求着。

小阳说："好吧！我明天就来。"

小阳的回答，令赵振保感觉意料之外，又在情理之中。赵振保不无忧虑地想，一直在自己心中的儿子，会认他这个老态龙钟的爹吗？当然，赵振保不知道小阳最近发生了天翻地覆的事情。

小阳退掉了飞上海浦东的机票，买了一张从纽约到斯汤顿的火车票。他想在赵振保家先安顿下来，看情况再做打算。从纽约到斯汤顿坐火车需要十多个小时，再转车到哈里森堡大约半个多钟头。小阳和安米从前就住在斯汤顿的一栋米黄色别墅里，别墅前庭有很大的草坪和院子，后院的蔬菜地还经常有小鹿的光临。

刚搬来康涅狄格大道这栋公寓楼时，安米经常载着一家人回斯汤顿。后来工作一忙，根本没时间回来了。小阳怀念从前住在斯汤顿的日子，大部分时间他割草、种花、养鱼，看书，做饭。尽管是妻子的陪读，做着家庭妇男的工作，但门口有草地，天上有飞鸟，不高兴了可以望望天空，唱唱歌，日子过得有点陶渊明"种豆南山下"的味道。可搬到那栋"老死不相往来"的公寓楼里后，简直就像关禁闭一样。一家人只能去楼下透空气，楼下是小阳每天最盼望去的地方，在那里他认识了邻居王莉莉。

说起王莉莉，小阳就想起给她画的那幅半身肖像画。可惜王莉莉根本不知道这回事。小阳灵机一动，从背包里拿出画拍了照，给她的微信对话框贴了过去。小阳想，与王莉莉加微信这么多日子了，还从没有和她联系过，也看不见她微信朋友圈。谁知道她看见画会怎么想，反正物归原主，了却一桩心事而已。

第二天一早，小阳登上了绿皮火车。这种火车在国内老早淘汰了，美国却还在运行。也许折腾得太累了，小阳倒头就睡。一觉醒来，已到斯汤顿了。他提着行李，背上旅行包走出车站，一股清新的风吹得他神清气爽。这里有他熟悉的街道，有他初到美国时的理想与梦幻。然而，一切都已经过去，过去了的事情有美好的回忆，也有辛酸得不堪回首的往事。半个多小时后，小阳搭上通往哈里森堡的巴士，来到了赵振保的家。

按响门铃，赵振保颤颤巍巍地来开门。

小阳问："保姆呢？"

赵振保说："她回安徽了。"

小阳又问："那你孩子和妻子呢？"

赵振保说："我没有妻子，只有一个儿子。"

小阳问："你儿子常来看你吗？"

赵振保说："嗯，他现在正和我说话呢！"

小阳一下就明白了，赵振保一辈子没结过婚。他这么做，也算对得起早逝的母亲了。

小阳说："你是怎么找到我的？"

赵振保道："说来话长，你先住下，我慢慢讲给你听。"

赵振保家是一栋独立的二层小木屋，有两千平方英尺，三个卧室，三个卫生间，两个书房，一个大客厅，还有地下车库。门口有一大片草地，后院有许多小阳叫不出名的树木。小阳觉得，自己就像回到了从前居住的斯汤顿。

赵振保与小阳彻夜长谈，谈得很投机。小阳还提出做一个亲子鉴定，确立法律上认同的父子关系。赵振保一口答应。

三天后，小阳驾着赵振保的黑色凌志车，带他去了预约的医院。果然他们是父子，这让小阳十分庆幸。

小阳终于可以通过直系亲属移民了，拘留所的污点已不再会影响到他拿绿卡。小阳通过律师提交了移民申请，他的名字也从孙小阳改成了赵小阳。

一天傍晚，小阳正在给赵振保准备晚餐，忽然接到了王莉莉的语音电话。

王莉莉说："我很喜欢你给我画的画儿，太漂亮了，我很喜欢。"然后，王莉莉又说："你什么时候有空，我请你吃饭，咱们好好聊聊。"

小阳不置可否地说："我已经与我妻子离婚，不住在公寓楼里了。"

王莉莉迟疑了一下，追问道："那你现在住在哪里，我来看你！"

小阳说："哈里森堡，我爹这里。"

王莉莉说："你把地址发给我。"

小阳立即就把地址贴给了她。

放下手机，小阳继续做晚饭。赵振保声音嘶哑地问："刚才你在和你妻子打电话吗？我这里房子大，让他们都过来住吧！我也想看看媳妇和孙子，享受天伦之乐。"小阳不想把自己的事告诉赵振保，便道："来日方长，他们上班上学都很忙，一时走不出来。"

赵振保不作声了。

可是，小阳望眼欲穿，也没看见王莉莉的影子，他一气之下把王莉莉的微信拉黑了。这时候小阳想起了安米，觉得自己所做的一切都太荒唐，后悔莫及。

而安米呢，自从把小阳送到机场后，再没有与小阳联系。安米请来绿毛到他们学校做临时工，协助她给学生排戏和打杂。日子过得风调雨顺，事业也蒸蒸日上。上个月，安米顺利晋升副教授。只是强势的女人，离婚后再找对象并不容易。有时她到楼下去，会想起从前她和小阳在拐角处绿荫婆娑的公园里散步的情景。都说一日夫妻百日恩，原来小阳的心是冷的、硬的，做夫妻那么多年，却是同床异梦的。安米的心冷了。

时光转眼过去了三年。

赵振保突发心肌梗死去世，小阳名正言顺地继承了父亲的全部财产。小阳给安米发了一封电子邮件，希望重归于好。

安米回信道："忘却过去，就是为了更好的生活。"

小阳猜不透安米的意思，但他却不知道如何去问了。

顾艳（美国）作家，诗人、学者。毕业于浙江大学中文系，已出版著作33部。1993年加入中国作家协会。作品散见于《人民文学》《中国作家》《钟山》《花城》《上海文学》《作家》《小说月报》《小说选刊》《散文选刊》《海外文摘》等刊物，著有长篇小说《杭州女人》《疼痛的飞翔》《荻港村》《辛亥风云》等，小说集《九堡》《无家可归》等，学术研究著作《让苦难变成海与森林：陈思和评传》《译界奇人——林纾传》等，诗集《顾艳短诗选》《风和裙裾穿过苍穹》等，散文集《岁月繁花》《一个人的岁月》等，有作品被译成多国文字发表和出版。曾获中国女性文学奖项（长篇小说），第二届世界华人文学奖　（小说集），"猴王杯"华语诗歌大奖赛一等奖，孟姜美散文奖，浙江省优秀短篇小说奖等数十种奖项。曾是浙江文学院合同制专业作家，高级职称评委会委员，后任教于杭州师范大学钱江学院，现为北美作家协会理事，学术部主任，定居美国华盛顿特区。

那么多的日子

黑　孩

　　维持不到一年就离了，我的这次婚姻绝对不是一般所说的那种"闪离"。怎么解释呢？前夫风生是我的大学同学，也就是说，至少跟我同窗了四年。工作后，我跟他一起去了北京，又在同一栋楼里租了房子。我在二楼，他在三楼。基本的情形是，一到了晚上，要么我到他那里去，要么他到我这里来，可以说是半同居吧。

　　第一次带风生回家，将他介绍给家里的人后，妈妈背着他对我说："人长得挺英俊的，就是身体太瘦了点儿。"

　　"看起来像豆芽似的，风一吹就会倒。"小姐姐帮腔。

　　"狼看到他都会掉眼泪。"姐夫哈哈大笑地形容。

　　帮腔的小姐姐大我六岁，女儿已经上初中了。每次看到她产后一直没有小下来的腹部，想想多少年后，也许我也会有一个一模一样的大肚子，不禁就会悲上心头。爸爸死后，唯一留给妈妈的就是早年单位分的房子，而我跟大姐和小姐姐早就商量好了，将来妈妈离世的时候，一起放弃房子的继承权，把房子让给哥哥。这个决定，不是我们大度，而是心甘情愿，跟我们从小就听惯了的妈妈的一句话有关。妈妈常说女孩是"泼出去的水"，收不回来。身为女人，被排挤在外的感觉一直跟着我们。从这个意义上说，妈妈唯一能留给我们的遗产，就是跟她一模一样的大肚子了。说起来，妈妈的胳膊和腿细长，脸也小，就是肚子大，看起来跟怀孕有七八个月似的。如果用形象来形容妈妈的体型，可以说"苹果"最为合适吧。小姐姐看事比我尖锐，一次对我说："即使我们不放弃房子的继承权，相信妈妈也会写下遗嘱把房子留给哥哥的。"

关于风生的瘦，大姐倒是没有品头论足，我想是她对我跟什么样的人结婚毫无兴趣。

继那一次相见，我的人生很快就被翻了一页。如果不是因为离婚，也许我还不会回家度假。给妈妈打电话的时候，被问及风生是否也一起回家，我隐瞒了离婚的事，故意轻描淡写地说："风生工作忙，再说我也没有去哪里玩的打算，只想在家里发几天呆。"我说的是真的，我觉得有必要找一个地方放空自己。有过离婚体验的人，恐怕都知道那种累。人总是需要一个歇息的地方，在我的想象中，妈妈的"身边"似乎是最适合歇息的地方。

上大学的时候，在北京工作的时候，每次放假回家，都是小姐姐去火车站接我送我。到日本后，小姐姐结了婚，于是回家的时候又多出个姐夫接我送我。我在电话里嘱咐妈妈："这一次，我想就不用小姐姐和姐夫特地请休假来接我了。"

妈妈问："为什么？"

"不过带几件衣服回去而已。"怕妈妈惦念，我赶紧补充了一句："上个月没有给你零花钱，回家后直接给你现金好了。"

妈妈谢了我，接着刚才的话说："新家的位置虽然并不偏僻，但因为要穿过厂区，厂门口又设有守卫，没有厂里的员工或者小区里的居民作证，生人根本进不来。"

我坚持说："那就让小姐姐到厂门口接吧。"

妈妈说："五十步跟一百步没什么区别。"

我明白这句话的言外之意，也就不再争执下去了。

随着汽车离家的距离近起来，我心里的悔意也跟着增大起来。有个习惯从我记事的时候开始，至今也没有改变，就是春节等节日和远在外地的我回家度假时，全家人要凑在一起热闹一下。所谓热闹，就是男人喝酒女人聊天。男人喝酒后很容易抬杠，搞不好还会吵起架来，不欢而散。爸爸死后我曾希望这个习惯跟着废了，但心里明白绝不可能。首先妈妈就不会允许废了这个习惯，对她来说，一家人凑在一起热闹是唯一的乐趣了。近年来我很少回家，或许就跟这个习惯有关吧。

跟妈妈的电话快结束时，我漫不经意地说了一句："可以的话，我这次回家，用不着将所有人都叫来聚了吧。我不想太热闹了。"

"为什么？"妈妈很惊讶地问。

找不出什么说得过去的理由，我只好支支吾吾地说："每次聚会都搞得惊天动地的。这次回去，我真的只想静静。"

妈妈说："你是怕他们喝酒吵架吧。那我事先跟他们说好了，让他们少喝一点儿，吃完饭就让他们回家好了。"

"那你记得说啊。"

妈妈说："话说你回来得正好，有一件事我拿不定主意，想跟你商量一下。"

"什么事啊？如果是哥哥和姐姐们的闲事，我可不想管啊。"

妈妈不高兴地说："你怎么这么说话啊？什么叫闲事啊。其实就是你大姐想接我到她家去住一段时间，但是你小姐姐不同意。"

"不要管她们想干什么，关键是你自己想怎么做。"我有点儿粗鲁地说。

"我刚刚搬到这个新家，说实话，觉得还没有新鲜够呢。而且你小姐姐也叫我去她家住一段时间，突然间我成了香饽饽似的。唉，说来话长，还是等我们见了面再详细地说好了。"

　　大姐刚刚死了丈夫，确切地说，大姐的后夫死了。

　　大姐跟前夫之间有一个女儿，叫小锦，现在是高中生了，但离婚时协商给前夫的那一年，还是个小学生呢。大姐的女儿长得很好看，打一个比喻的话，就是看起来水灵灵的。她跟大姐，好像隔三岔五地会见一面，有时候也会在妈妈家见，照样叫妈妈"姥姥"。妈妈似乎对大姐的选择有意见，曾经这么对我说："如果是个男孩的话，协商给爸爸那边还算说得过去，但小锦是女孩子啊，真不知道你大姐是怎么想的。虽然是我自己的女儿，我觉得她的心挺冷的呢。"

　　我把这话说给小姐姐，小姐姐说："大姐离婚是对方有了新的相好，她心里肯定很受伤，说白了，就是自信心受挫，如果要了小锦在身边，恐怕会没有信心迈出新的一步吧。"

　　顺便说一下，大姐的后夫，跟大姐结婚时却带来了一个儿子。我没有见过本人，据妈妈在电话里跟我说，男孩比小锦大一岁，也是高中生，长得挺帅。虽然我见过一些世面，也受过一定的教育，但还是无法理解放弃了亲生女儿，却给不是亲生的男孩做妈妈的大姐的感受。

　　记忆中的大姐，不会做饭，但喜欢收拾家，有洁癖，从来不说心里话所以很难相处。平日里，妈妈的零花钱几乎都是我给的，但哥哥和小姐姐也会给妈妈几个小钱意思一下，只有大姐一分都不往外掏。再说习惯的聚会吧，小姐姐每次都买一大堆吃的和喝的，哥哥跟妈妈一起住，所以妈妈买的东西自然而然都归为他买的，但大姐从来都是空着手来，吃饱喝足了就走人。这样的大姐成了后妈，我想象不出她是如何跟那个男孩相处的。私底下，我觉得她的处境未见得比以前更容易，虽然她从来也没有容易过。

　　有件事令妈妈觉得欠大姐一辈子。大姐是姐妹中长得最漂亮的，刚刚工作的时候，曾经被很大的一个什么组织（我忘记了名字）看中，要她去做接待外国人的工作。妈妈坚决不让大姐去，甚至跑到那个组织又哭又闹，理由令人啼笑皆非，竟然是不想让自己的女儿做交际花。在妈妈的想象中，接待外国人等于跟外国人又拥又抱。大姐很后悔当初没有坚持己见，提起这件事的时候，肯定说"也许我的人生完全是另外的样子"这句话。大姐离婚，后来找了现在这个带拖油瓶的男人结婚，妈妈觉得自己当初的决定有一半的责任。经过了漫长的岁月，妈妈还会很伤感："那个时代的我的思想太古板了""当初如果不是我反对她做那个工作的话""是我改变了她的人生""我让她失去了人生中最重要的机会"。每个人的一生都有诸多后悔，这便是所谓的命运吧。什么是无奈？无奈就是来不及纠正了。好在我听说那个男孩非常乖，跟大姐说话的时候，口口声声地叫着"妈妈"，听起来跟亲生的一样。唉，每个家庭的结构并不都是一样的。

大姐要妈妈搬到她家里住，我猜跟她刚刚死了后夫有关系吧。好像我这一次休假，不也是因为离婚，所以想在妈妈的"身边"歇息一下嘛。至于小姐姐为什么也叫妈妈去她家住，我实在是想不出理由来。就算妈妈去小姐姐家住，只能睡在客厅里。小姐姐家的房子是两室一厅，她跟姐夫睡一间房，她女儿睡一间房。

我朝向我走来的小姐姐和姐夫摆着手。

说到姐夫，他对小姐姐的感情可以比喻为民航的这个汽车站：一直不变样。小姐姐到农村接受贫下中农的再教育时，他也在同一个下放点，对小姐姐一见钟情。他长得真的没有什么好形容的，很一般，几乎找不出任何特点。妈妈偷偷地告诉过我，她曾经非常反对小姐姐跟姐夫结婚，除了嫌他长得太一般，也因为他家里跟我们家一样不富裕，不能给我们家带来任何好处。妈妈曾经期待她眼里的漂亮女儿们找的男人，会是能负起两家责任的人。现在的年头，已经很少有人会这么期待了。妈妈生了四个孩子，孩子之间的年龄差距大，而我又是最小的，所以妈妈跟我同龄人的双亲比较起来，岁数几乎是大了一倍。因为这样的原因，妈妈的一些观念常常令我觉得很陈旧。

小姐姐只用一句话就表明了她的态度和立场："如果不让我跟亚明结婚，我就一辈子不结婚。"

妈妈对我说："虽然我在乎你小姐姐跟什么样的男人结婚，但是更在乎她结婚不结婚啊。"

事后证明小姐姐的婚姻特别幸福，尤其对刚离婚的我来说，真是发自肺腑地羡慕。

"怎么没让风生跟你一起回来啊？"小姐姐用遗憾的表情看着我。

我用早就预备好的话回答说："嗯，他的工作比较忙。"

说真的，我很怕小姐姐再接着问下去，那样的话，就不得不编出一套谎言来搪塞了。但小姐姐突然很仔细地打量着我的脸说："感觉你好像瘦了不少啊。"

"瘦了吗？我自己不觉得啊。"

姐夫说："看起来你真是瘦了不少呢。"

"哦哦，可能是好久不见的错觉吧。"

姐夫拖着我的小行李箱走在我跟小姐姐的前边。拐过两条小街，到了妈妈说的厂门口。小姐姐将我介绍给守卫。守卫说他已经记住了我，以后的几天，即使没有人作证，我也可以自由地进进出出。我谢了守卫。小姐姐是厂里的员工，轻车熟路地带我穿过厂区。厂区的尽头有几排米色的四层小楼。

小姐姐指着其中的一栋对我说："我们到家了。妈妈住在七号栋。"

"妈妈住几层？"

"三层，最左边的。"小姐姐突然笑起来："你看见了吗？妈妈已经在窗口看着我们了，估计早就等得心急火燎的了。"

我冲着窗口的妈妈摆手，一边回答小姐姐："啊，看见了，我也看见了。”

小姐姐说：“你好几年才回来这么一趟，妈妈年纪大了，以后要经常回来才对啊。”

家里的大门开着，妈妈等在大门前，笑嘻嘻地对我说：“总算把你盼回来了。”

我拥抱了一下妈妈说：“你都好吧？”

“我都好啊，你这么在意我就该多回来啊。说起来，你还是第一次进这个家门呢。”

“以前的房子不朝阳，但是出出进进的很自由，不像这里要通过守卫这么麻烦。”

“你说的这个守卫啊，有坏处也有好处吧，至少守卫跟把门似的，小区相对安全多了。”

几年没见，妈妈虽然没有什么大的变化，但还是能够感觉到老了。哪里老了？怎么个老法？我也说不清楚。反正就是老了。

妈妈指示姐夫把我的小皮箱放到过道里，然后“啪嗒啪嗒”地带我去她的房间。

妈妈重新看我的脸，突然问道：“你怎么瘦了这么多？”

我有意强调地说：“小姐姐也说我瘦了，我想是好久不见的错觉吧。”

“哦哦，是我的错觉吗？可能我担心得过度了。你身体健康就好了。对了，怎么不叫风生跟你一起回来呢？”妈妈在电话里已经问过了，现在又问了一遍。

“不是告诉你他比较忙了嘛。”我故意装作被新房子吸引的样子，将话题引开：“这房子比以前的好多了，靠窗有一个大暖气，妈妈再也不用受罪了。”

“啊，你说的受罪是指买烧煤的事吧。新房子最让我高兴的就是不用生煤炉了。"

"但房间似乎比以前的小了点儿啊。"

小姐姐抢着说:"隔壁的那个房间挺大的,哥哥一家住着呢。"

妈妈说:"你哥哥一家三口,小间住不下。不过这房子好就好在大间和小间都朝南。"

我环视了一遍房间,点了点头说:"以前的房子朝北,家里总是潮乎乎、阴森森的,这个新房子真的很棒,阳光都照到床头上了。"

妈妈忽然伤感地说:"虽然你爸爸死了很多年了,但是能住上这样的好房子,到底还是借了他的光。"

爸爸也是这家厂里的员工,死后妈妈一直享受着家属待遇,最近厂里盖了一批新房,特地将这个单元分给了妈妈。

小姐姐说:"爸爸也真是的,不寻死的话,就可以住上阳光这么好的房子了。"

妈妈叹着气说:"我跟了他一辈子,他这个人最缺的就是勇气,没想到竟然有勇气去死。"

小姐姐呛了妈妈一句:"妈妈好像是在夸爸爸有勇气死似的。既然有勇气死,为什么没有勇气活下去呢?"小姐姐一直都是这个样子,动不动搬出理论来讲道理。

妈妈说:"觉得活着比死更难以忍耐的时候,一般人难免会钻牛角尖的。"

小姐姐跟妈妈,已经不是第一次讨论爸爸的死了。爸爸得了一种叫矽肺的病,就是肺里充满了沙土。得这种病是他的工作造成的。他的工作是用焊枪磨打专门用来制造汽车的砂轮,可以说整天待在沙土飞扬的环境里。跟爸爸同一个工作间的人,百分之九十都逃不掉这种病。沙土被人吸到肺里,慢慢肺变得像一张网。开始吐血的时候,人就无法用肺呼吸了,非要在身体上打个洞,插一根管子代替肺。我曾经听爸爸说过被插管子的人的样子有多么凄惨。他老是对我们说:"我才不会等到末期吐血的时候。我才不想在身体上挖洞。我才不想在肺上插管子。"

　　所以爸爸是一个说到做到的人，在第一次发现自己的痰里有血丝时，立刻结束了自己的生命。爸爸死的时候我一点儿也没有觉得意外。从这个意义上说，爸爸得的是职业病，也是他死了妈妈却能享受家属待遇的理由。

　　我说："算了，不要说爸爸死的事情了。"

　　妈妈对小姐姐笑了一下说："说的也是，你小妹刚回家，还是先休息一下吧。"

　　一张床，一个可以坐两个人的矮柜，一个小茶几，就将妈妈的房间占满了。姐夫坐在矮柜上，我伸直了腿，靠墙坐在妈妈的床上。小姐姐学我的样子坐在我身边。妈妈去厨房，不久端来了三杯茶。我喝了一口茶，嘴里立刻充满了茉莉花的馨香。

　　我问妈妈："哥哥不在家吗？大姐什么时候过来呢？"

　　妈妈说："我跟你大姐说的是一起吃晚饭，所以她大概在傍晚才过来。你哥哥啊，刚才人还在呢，可能去楼下买东西了吧。"

　　小姐姐说："我和你姐夫买了海蜇皮和一条大鱼，还买了熏香肠，都是你喜欢吃的东西。晚上，还是让你姐夫和成兰做菜给我们吃。"

　　成兰是哥哥的妻子，巧的是，她跟小姐姐的丈夫都是同一家烹饪学校毕业的，而且是同班同学。有时候，事情就是令人觉得这么巧，而世界就是令人觉得这么小。两个厨师做的饭菜很好吃，即使做的是家常菜，吃起来跟饭店里的菜肴也没有什么区别。

　　趁着妈妈又去厨房，我犹豫了一下，问小姐姐："妈妈在这里住得好好的，为什么你跟大姐要接她去你们那里住呢？"

　　小姐姐露出不悦的表情说："不是我要接妈妈去我家住。这么说吧，因为不想妈妈去大姐家住，我才要妈妈去我家住的。"

我感到很惊异地说："不懂你的意思啊。"

"你知道的，大姐不会做饭，姐夫死了就没有人给她做饭了。她叫妈妈去她家，目的就是要妈妈给她做饭啊。妈妈一大把年纪了，不能给她做保姆吧。"

"那也用不着争啊，让妈妈哪里都不去就行了嘛。"

小姐姐皱着眉头说："妈妈一直觉得对她有愧，她开口提要求的话，妈妈不太好拒绝。其实妈妈并不想去她家里住，毕竟住在自己的家里才舒心嘛。俗话说，金窝银窝都不如自己的草窝啊。再说妈妈这个人很要强，从来不给人添麻烦，大姐那么多的毛病，妈妈过去了，肯定委屈自己去适应她。"

"这样的话，让哥哥出面说句话就好了嘛。"

"你说让哥哥出面说话？这怎么可能呢！哥哥从小最敬重的就是大姐，常说大姐比母，对大姐的话几乎是言听计从。即使他心里反对妈妈去大姐家住，表面也绝对不敢表态的。"

我说："但是，你也插进来的话，事情不是更加复杂了吗？"

小姐姐挥了一下手，简短地说："这个你就不懂了。"

这时候，哥哥从外边回来了。看见他手里拎着的几罐啤酒，小姐姐在我耳边悄悄地说："哥哥很少亲自下楼买东西的，都是妈妈买。还是你的面子大，今天可以说是借你的光了。"

看见我，哥哥笑着说："什么时候到家的？"

我从妈妈的床头站起来说："到了有一会儿了。一杯茶都喝完了。"

哥哥说："你好像瘦了嘛。"

"不会吧，可能是好久不见的错觉吧，倒是你的头发白了一半呢。"

哥哥问我："去我的房间看过了吗？"

我摇了摇头说："还没有呢，你不在家怎么好擅自闯进去啊。"

"看你说的，真见外啊。"哥哥打开隔壁的房门，一边招呼我说："没事的，用不着客气，赶紧过来看看吧。"

除了小姐姐，跟大姐一样，哥哥和我也有洁癖症，只是程度有所不同。奇怪的是爸爸和妈妈都没有这个毛病。哥哥的房间被收拾得一尘不染，几乎没什么多余的东西：一张大双人床，一个写字台，一台电视，一个衣柜，一张茶几。想象哥哥一家三口睡在同一张床上，我觉得拥挤了点儿。

哥哥说："阳台本来是敞开的，但我花钱给封上了，不仅可以放东西，冬天还保暖。"

我连声说"好"，然后按照哥哥的指点在茶几前坐下来。小姐姐冲了新茶端过来，坐在我身边。不知道聊什么好，我等着哥哥或者小姐姐开口。

哥哥问我："日本的生活怎么样？"

"过得去吧。"

"风生怎么没有跟你一起回来呢？"

"他啊，工作比较忙。"

"听说日本人都是工作狂，风生会不会受影响？会不会累得更瘦了呢？"只要提到风生，每个人都会把他的"瘦"搬出来。

我笑着说："没有你说的这么严重。"

小姐姐突然对哥哥说："对了，大姐要接妈妈去她家住的事，我可是跟小妹说了。"

哥哥问我："你怎么看？"

我问哥哥："看什么？"

"大姐要接妈妈去她家住的事啊。"

"我怎么看？我可是什么情况都不了解啊。"我含糊地说。

"我大概知道老太太的心里是怎么决定的。"哥哥一贯称妈妈为老太太。

　　小姐姐说："就是啦。我知道大姐的如意算盘是什么，也能想象她会如何劝诱妈妈。妈妈一直觉得有欠于她，难免会做出不理性的判断。说不好妈妈真会跑到大姐家去住的。"

　　我说："大姐刚刚死了老公，难免会觉得痛苦和忧伤，妈妈过去陪她住几天，按理也是人之常情。毕竟大姐也是妈妈的亲生骨肉嘛。再说了，妈妈过去陪大姐住几天而已，为什么要搞得这么复杂啊。"

　　哥哥和小姐姐同时说："你不懂。你不懂。"

　　想不通哥哥和小姐姐葫芦里卖的是什么药，我说："你们有话直说，别卖关子好吗？"

　　小姐姐抬高了音调说："大姐跟姐夫家庭内分居都有两年了，谈什么痛苦忧伤啊。"

　　我觉得听到了不该听的话。

　　哥哥对小姐姐说："别这么说，分居跟人死是两回事，一日夫妻百日恩，不可能一点儿痛苦也没有。不过大姐遇到的男人都不是她理想中的人。"

　　小姐姐说："男人是她自己选择的，婚姻生活出现问题，她自己也有一定的原因吧。不说别的，就说她的冷漠和洁癖，是个男人，都会难以忍受的。说到洁癖，我就觉得她叫妈妈去她家住的事不对劲儿。想想看，她结了两次婚，离开家的几十年里，从来没有邀请爸妈去她的家里坐一坐，姐妹们就更不用说了，我们三个人谁去过她的家？都不知道她的家里是什么模样的吧！"

　　看起来，小姐姐一副希望我也插手这件事的样子。

　　不过小姐姐说的是真的。关于去大姐家，我曾有过一次苦涩的回忆。大约在我还是中学生的时候吧，一次，忘记是为了什么事了，爸爸和妈妈带着我去大姐家。按过门铃后，大姐开了门，但并不让我们进屋，而是将身体遮在门口。爸爸和妈妈站在门口跟她说了几句话就离开了。回家的路上，看爸爸一路怨言，伤心得不得了，妈妈就劝解地说："没有你说的这么严重，那个孩子就是这样的体性。她不是不让我们进屋，只是做不到，因为她有洁癖症嘛。"

我意识到小姐姐的话似乎有点儿道理，也开始觉得大姐突然叫妈妈去她家住，也许真的有什么想法在酝酿。我不想哥哥和小姐姐看穿我的心思，闷闷地喝了一口茶。

哥哥完全没有察悟我的心思，对我说："老太太手里存的那几个钱，差不多都是你给的，这一点，大姐心里也明白。所以你出面说话，也许大姐会听的。"

我摇摇头，意思是我也帮不上忙。同时我觉得哥哥挺狡猾的，想让我做那个落井下石的人。刚喝到嘴里的茶变得不是滋味。

过了一会儿，我开口说："寄钱给妈妈不过是我尽的一点儿孝道而已，你们也不必放在心上。你们在妈妈身边，有时间出时间，有力出力，我离妈妈远，只能给几个零花钱而已。"

小姐姐附和哥哥的话，对我说："大姐过一会儿就来了，你试着跟她说你不同意妈妈搬到她家里住。你有这样说的理由啊，因为妈妈搬到她那里住的话，你再回家，就没有地方可以住了。"

妈妈不知道是什么时候走进来的，对小姐姐说："拜托了，不要说你大姐的事了。"接着又对我说："关于让我搬到她家里去住的事，一会儿你们见了面，你就装作不知道好了。过了今天，明天我再跟你慢慢地商量。"

吃晚饭的人多，妈妈指使哥哥临时把大饭桌跟他房间里的茶几交换一下，哥哥让我跟小姐姐帮忙。我们先把茶几搬到阳台，顺手把大饭桌从阳台抬进来。

我问哥哥："对了，今天你怎么会在家？不用去上班吗？"

哥哥惊讶地说："怎么老太太还没跟你说吗？我已经辞掉工作

了，正在考虑今后的事。妈妈没有跟你说过我想去日本的事吗？”

“你做的那个精密仪器的工作，不是挺好的吗？”

“唉，你不知道啦，我中途去大学学了四年，再回原来的单位，发现完全跟不上趟了。技术的发展太快。早知道就不上什么大学了。”

“你大学的专业不是光学吗？应该是对口的啊。”

哥哥换了声调说：“理论跟实践是两回事。”

哥哥为辞职的事找借口，我一点儿都没有觉得意外。他属于那种天生运气好、命好的人，想做的事几乎都如愿以偿，没有可以称得上挫折的经历。首先他长得帅：大眼睛，高鼻梁，尖瘦的下巴，长身，宽肩，天然的卷发，悦耳的声音。在我的记忆中，他还是中学生的时候就不断地有女生追求了。他是在天津上的大学，毕业那天做了一件令我们全家人都大吃一惊的事。他竟然把在大学食堂里做饭的女人带回家来了。据他说，女人是大学里一个教授的孩子，因为脚有残疾，走路一瘸一拐的，靠她爸爸的关系在大学的食堂里工作。她喜欢上哥哥，每次哥哥去食堂买饭的时候，她都会偷偷地给很大的量，甚至偷偷地加上一些哥哥没点的菜和肉。哥哥大学毕业前，她爸爸找哥哥谈话，说如果哥哥娶了他女儿，他愿意帮哥哥留校当大学老师。哥哥这个人，自小被妈妈娇生惯养，根本没打算离开妈妈，所以推辞了在大学教书的工作。但是哥哥却把女人带回家住了两天。女人回天津后，哥哥就将跟她的关系一刀两断了。我怀疑哥哥是因为吃了太多免费的大学食堂里的饭菜，用这种方式表示一下他的回报之心吧。

接下来，哥哥又交往了几个女人，但都没有持久的关系，全家人都以为他还会这样玩一阵子的，想不到有一天，他却突然宣布说要结婚。结婚的对象就是现在的嫂子成兰。令我惊讶的是，成兰是他交往过的女人中长得最不好看的，不仅个子矮，身材也不苗条，单眼皮，国字脸。妈妈和大姐私底下议论过这件事。

妈妈说：“成兰肚子里的孩子已经五个月了，想打掉也来不及了，所以两个人才急着结婚的吧。"

大姐摇着头说："有一件事我觉得奇怪，他从大学回来的时候是6月末，11月结婚的时候成兰已经怀孕五个月了。说得微妙点儿，我不太敢保证成兰肚子里的孩子一定就是他的。"

妈妈说："小引现在是小学生了，我经常奇怪小引的模样儿没一点地方像他。不过，这事千万别传到他本人的耳朵里，无论如何，小孩子是没有罪的。"

大姐说："看妈妈说的，我怎么会传播这种事情呢？除非我太缺德了吧。"

虽然成兰是一个有嫌疑的不漂亮的嫂子，但整天笑眯眯的，对哥哥言听计从，对妈妈和姐妹们温和敦厚，过了没多久，家里的人都开始喜欢她了。我曾担心哥哥跟成兰的婚姻持续不久，但目前看来是杞人忧天了。哥哥每天晚上会跟她睡同一张大床。

我说："妈妈在电话里让我把你办到日本，我以为是玩笑，原来是真的。"

哥哥说："我担心的是，像我这么大岁数的人，有去日本的可能吗？总得找一个资格吧。"

"你是大学学历，不受年龄限制，可以办留学或者客座研究员。"

"太好了。哪一个方法比较省钱呢？"

我想了想，回答说："差不了多少吧。"

"手续好办吗？"

我模棱两可地说："可以试试找给我做担保的那个大学教授，只要教授同意了，其他的就不会有问题了。"

说心里话，虽然我回答得正儿八经，但心底十分害怕哥哥真的到日本。除了他对什么都没有持久性，他在生活上和心理上也特别不能自立。其实没有持久性也是一种缺乏忍耐力、承受力和理性的一种表现。万一他到了日本，三天两头换工作的话，虽然我没有妈妈和嫂子那样的耐心，但也不能完全甩手不管吧。仅仅是想着每天给他做饭洗衣服，我的头都觉得老大老大的了。

我忍不住暗自埋怨起妈妈。妈妈可能觉得几个孩子中我的处境最好，最自立，所以很少在我身上花费心思。说得不好听的话，妈妈有时根本不考虑我的感受如何。她以为我不知道，我每个月给她的零花钱，都被她偷偷地转手给了哥哥和姐姐们。虽然我认为给妈妈零花钱是尽自己的孝道，妈妈如何使用我给她的钱跟我并没有关系，但心底深处，就是有无法释怀的什么东西梗着，不舒服。

记得上一次回家，妈妈打开放置贵重物品的抽屉，把我刚刚给她的几万日元塞进一个塑料袋里。我问妈妈："你在日本过生日的时候，给你的那些美金兑换成人民币了吗？"

"美金叫你哥哥要去了。"

我又问："那个带金兔子的项链呢？"

"你大姐说什么都想要，我就给她了。"

听说在国内兑换人民币的话，美元比日元值钱，所以那次妈妈过生日的时候，我跟风生特地将手头的美金给了她。另外我跟风生都是属兔的，所以在给妈妈挑选礼物的时候，特地买了一条带金兔子的价格昂贵的项链。如果妈妈稍微考虑一点儿我的感受，哪怕撒谎说"钱兑换了""项链丢了"，都会令我觉得好受一些吧。

后来跟风生提起这件事，我说："好像妈妈以为日本的大街上都是钱，跟扫落叶似的，随便扫几下就可以成堆了。妈妈一点儿也不心疼我，只心疼哥哥和姐姐。有时候我都怀疑自己是不是妈妈亲生的孩子。"

风生把我的心里话一字不差地说出来："钱给了妈妈就是妈妈的钱了，至于妈妈怎么用钱，跟你有什么关系啊。"

觉得心里的气不打一处来，我愤愤地说："我当然明白跟我没有关系，就是有点儿不甘心嘛。话说回来，哥哥和姐姐也是的，明明知道那美金和项链是我们给妈妈的生日礼物。"

"无论如何，哥哥和姐姐，跟你都是同一个妈妈亲生的，别太小心眼了。"

"跟小心眼没关系，问题在于，这种事并不是只发生一次，这种事是经常发生的。"

小引和小姐姐的女儿如茵放学的时间差不多，几乎是同时进门的。大姐跟后夫的儿子建安最后来。建安跟我是第一次见面，所以大姐把他介绍给我。他郑重地冲着我说了一句"小姨好"。见面前已经听说他长得很帅了，但本人还是令我吃了一惊。他的五官有棱有角，跟雕塑似的。大眼睛水灵灵的荡漾着一股醉意。或许他喜欢日光浴吧，咖啡色面颊散发着阳光般的气息。但人真的没有十全十美的，在他身上，唯一能挑出的毛病就是个头矮了一点儿。

"小姨，我会好好照顾我妈妈，请你不用担心。"

建安的言谈，就现在的年轻人来评价的话，应该说是非常知情达理的，但我并没有担心大姐的事，所以有点儿不知所措地朝他点了几下头。

大姐有点儿尴尬地说："建安，去厨房你姥姥那里打个招呼吧。"

"好的妈妈。"建安冲着我笑了一下朝厨房走去，我感觉大姐是故意将他支走，不想他跟我多说话。

我问大姐："怎么小锦还没有到啊？她几点过来啊？"

小姐姐偷偷地用脚尖踢了一下我的腿，一阵疼痛穿过脚底和膝盖。

大姐说："小锦今天不来了，我没让她来。"

"为什么？"

大姐冷漠地说："我不想小锦跟建安见面。"

我莫名其妙地看小姐姐，小姐姐看大姐，大姐对小姐姐说： "这件事，小妹知道也没有关系的。"

小姐姐对大姐说："还是你自己跟小妹说吧。"

大姐从包里取出一盒香烟，抽出一根，点上火抽了起来。两股白烟从她的鼻孔里喷出来，渐渐地消失。我觉得她抽烟的样子很美。年轻时我也抽过烟，但是因为气管不好，一抽烟就咳嗽的原因，几年前就戒掉了。我去窗边打开窗户换气，回来后不好意思地朝大姐笑了一下。

大姐瞅着夹在手指间的烟，带着怒气说："小锦经常来我家，偶尔会碰到建安在，我并没有多想，谁知道两个孩子竟然偷偷地恋上爱了。真讨厌。"

我说："虽然都叫你妈妈，但是两个孩子不在同一个户籍，父母各异，如果能走在一起，亲上加亲，我觉得挺好啊。我看见刚才建安对你的样子了，蛮亲的，口口声声地叫着妈妈。"

大姐深呼吸了一下，简短地说："这事跟那事是两码事。"

我耸了一下肩膀说："可是我不知道你反对两个孩子在一起的理由是什么。如今的年头，每个人都可以自由恋爱啊。"

"不需要什么理由，反正就是不让小锦跟建安在一起。小锦要是选择了建安，我就不认她做女儿。"

离婚时将小锦协议给男方，大姐早就放弃了做妈妈的权利，到了小锦可以自己做主的时候，却又说出这种充满威胁性的话。我想揶揄她两句，但把要说的吞下去，说出来的却是："这么说的话，你就是不喜欢建安了。"

"说不上喜欢或者不喜欢。"大姐把抽了一半的烟掐灭在烟灰缸里，然后举起右手，看着无名指说："怎么说呢，有时候我觉得建安就是我再婚时戴在手指上的结婚戒指。他爸爸已经死了，我现在想丢了这戒指。"说到这里，大姐沉默了几秒钟后，跟着嘟囔了一句："本来就不是我想要的戒指。"

我勉强地点着头说："这个比喻蛮形象的。你这么说的话，多少我也可以理解你了。"

大姐对我说："不说我的事情了，我还没有问你呢，风生怎么没有跟你一起回来呢？"

"风生啊，他的工作比较忙。"

在这个家里，以为只有大姐不会提及风生的"瘦"，想不到她笑着对我说："不是都在担心他瘦吗？太忙的话，会不会更瘦啊？"

我苦笑着说："他的瘦属于天生的，他妈妈，她妹妹，看上去都跟豆芽似的。再说他瘦到那个样子，已经没有地方可以瘦下去了。"

我本来想开个玩笑，说完后自己也觉得一点儿也不好笑。

但是小姐姐笑起来，用姐夫说过的话说："风生瘦得连狼看见了都会掉眼泪。"

我心里开始难受，想逃离眼下的话题，于是对大姐和小姐姐说："我去厨房看看有什么能够帮忙的，你们先聊着。"

看见嫂子成兰也在厨房，我才意识到，回家后我一直都把她给忘记了。厨房本来就不大，姐夫和妈妈也在，我只能站在门口跟她打招呼。

"嫂子，我回来了。"

"啊，小妹你回来了。我本来一回家就想跟你打招呼的，但是看见你跟大姐她们在聊天，没好意思打扰，抱歉啊。"

看到嫂子微笑的面容，心里的难受缓解了不少，我笑着说："都是一家人，客气什么啊，用不着说抱歉什么的吧。"

姐夫附和着说："是啊是啊，不用客气，都是自家人嘛。"

嫂子稍微仰起头，"哈哈哈"地笑了几声，对我说："小妹，你别在意啊，我一边切菜一边跟你聊吧。"

"啊，嫂子这么说我都不好意思了。我过来，一是想跟你打个招呼，同时也是想看看有没有什么可以帮忙的地方，但是厨房这么小，你们三个人，已经转不过身子了。"

"哪里用你帮忙啊，你是客人，等着吃就好了。小妹你这次回来，能住多少日子啊？"

"三天吧。"

"这么短啊，怎么不多住几天呢？小妹你瘦了啊。"

"瘦了吗？我好久没有回来了，可能是所谓的错觉吧。"

"风生没有跟你一起回来啊。他好吗？"

"嗯，他挺好的，就是工作忙了点儿。谢谢你惦记着他。"这时我冲着姐夫说："在日本，我经常怀念你做的拔丝香蕉，今天你会做给我吃吗？"

"你想吃我就做了。但拔丝香蕉是甜点，等饭吃到差不多的时候再做吧。"

妈妈用挂在墙上的毛巾擦干手上的水，走过来对我说："差不多可以吃饭了，我们先去餐桌那里做准备吧。"

妈妈用手指算了算人数，说人太多了，哥哥的房间根本坐不下。她示意建安、小引和如茵在她房间的茶几上吃饭，然后指使小姐姐把孩子们要使用的玻璃杯和碗筷搬过去。

小姐姐跟妈妈商量说："七个大人，只有六张椅子，反正我也不喝酒，就在妈妈的房间跟孩子们一起吃饭吧。"

妈妈点头说："嗯嗯，这样也好，孩子们就交给你照顾了。"

我跟妈妈往桌子上端菜的时候，哥哥打开播音器放起音乐来。知道他喜欢老歌，没想到放出来的竟是电视连续剧《红楼梦》的主题歌《红豆曲》。歌词是曹雪芹写的，曲是王立平谱的，听起来有百转柔肠的无奈和愁苦。出国前我将这首用二胡伴奏的歌听了无数遍，因为大姐长得像演林黛玉的女演员陈晓旭，所以也曾推荐给她听。但此时再听这首歌，真的是心头别有一番滋味。特别是听到"照不见菱花镜里形容瘦"这一句的时候，胸口处有什么东西翻腾起来，心痒痒的。

弹指一挥间。

我后悔不应该在这个时候回家，不仅没有放空自己，反而快被密密麻麻的话题和回忆撑破了。

我对哥哥说："换一首歌吧。"

"过去你不是很喜欢这首歌吗？"

"现在也喜欢，但是不知道为什么，今天听这首歌觉得胃抽筋。"

妈妈担心地说："胃抽筋就不能吃饭了啊，赶紧关掉这音乐，干脆什么音乐都别放了，好久不见了，一定有很多话要聊的吧。"

喝了一轮，看着眼前的空酒杯，哥哥说："想不到你们几个女人也挺能喝的嘛。"

其实妈妈只喝了一点点水果酒，而且没有忘记电话中对我的承诺。

妈妈说："今天不许喝太多，喝多了也不许耍酒疯。还有，吃完饭，都早早地回自己家。"

哥哥说："老太太，你这是在说什么啊，小妹好不容易回来一趟，大家好不容易凑在一起，就让我们尽情好了。你觉得累的话，可以先去休息啊。"

妈妈说："就因为你小妹难得回来一次，我想跟她单独多待一会儿嘛。"

这时候有人敲门，妈妈去开门，原来是隔壁的邻居来还前日跟哥哥借的工具。邻居走后，妈妈对哥哥说："就是他离婚有一年了吧，老婆跟别人走了，却把孩子留给了他。"

哥哥说："对啊，就是师冬。我一直想帮他找个女人，但他带着个孩子啊。无论哪个女人，一听他有孩子就不想跟他见面了。"

妈妈说："孩子就是拖油瓶。但如果他有钱的话，有拖油瓶也不是问题。问题是他也没有钱啊，好像是在什么商店卖东西吧。"

哥哥说："是啊，听说工资非常低。"

妈妈眯上眼睛，好像在思索什么，过了一会儿，睁开眼睛对我说："你知道吗，楼下超市里的鸡肉价格涨了一倍。不光是鸡肉，羊肉和牛肉的价格也涨了。"

哥哥说："所有的物价都涨了。"

大姐一直不说话，我不敢看她，心想幸亏建安不在这个房间里吃饭。

妈妈突然想起什么似的，露出不好意思的笑容对我说："啊，虽然物价涨了，但是没有到买不起的程度。周围的人都活得活蹦乱跳的。"妈妈夹了一筷子的海蜇放在我的盘子里："你多吃一些，回日本就吃不到了。"

我说："日本到处都是中国人开的物产店，想吃什么都能买到。"

直到大姐和小姐姐两家人离开，也没有人提到大姐要妈妈去她家里住的事。妈妈的房间只剩下我跟妈妈两个人了。

妈妈问我："累了吗？"

"还好，就是奔波了一天，加上喝了酒，觉得迷迷糊糊的。今天不跟你聊天了，我想睡觉。"

妈妈"嗯"了一声，去窗边拉开窗帘，静静地看着外边的万家灯火。我躺到被窝里，感觉身体被解脱的快意。

跟妈妈挤在一张单人床上，夜里几乎没有翻过身，早上起来后觉得骨头都痛。

我抱怨地问妈妈："一大早，是什么人在放音乐啊？还这么大的音量。"

"你从窗户看看楼下，简直把广场当跳舞厅了。最夸张的是，说什么跳舞可以健身，还可以预防老年痴呆，要我看，就是老不正经。"

"天天如此吗？"我吃惊地问。

"也不是了，赶上刮大风下大雨，耳根就会清净了。"

"没有人投诉吗？比如陈述苦情之类的。"

"这种事，你到哪里去申诉啊？再说都是同一个厂里的家属，总不好为了这么点儿小事撕破脸吧。"

妈妈要去厨房准备早餐，我赶紧说："差点儿忘了，我想吃大米粥，还有那个你自己用大萝卜做的咸菜。"

"日本没有大米粥吗？"

"有，但是没有纯大米粥，里面会放一些蔬菜或者鸡蛋什么的。"

妈妈撇了撇嘴说："想吃纯大米粥，你自己可以做嘛。最简单的方法，米饭里加上水，文火煮一阵就好了。"

妈妈说的没错。但是很奇怪，越是简单的事情，有时候反而懒得去做。好像大米粥，虽然馋的时候想吃，但可以想象出来的味道无二的原因，又令我觉得不必特地费神去做。其实也做过几次，每次都是感冒或者胃痛的时候。

站在窗前，盯着楼下广场上的老头和老太太，我无端地怀念起旧房子的院子。说是院子，其实就是窗前的一块面积不算小的地。院子是按照公寓的人家数来分割的，所以地与地相连，其实就是一条土路。从东到西，每家钉的四个木桩就算境界线了。我家院子里，最靠北有一个爸爸用砖头盖的仓房，占了院子三分之一的地方。剩下的三分之二，天暖时妈妈会种植一些玉米、向日葵或者苦瓜等蔬菜。每家院子差不多都种植着蔬菜，所以看起来是绿油油的田地。小时候我喜爱跟邻居的小孩子们在玉米和向日葵里捉迷藏，藏在东倒西歪的叶梗下。而爸爸就死在他自己盖的仓房里。

嫂子一大早就上班去了，哥哥和小引还没有起床，我跟妈妈在茶几上吃大米粥。

"我想去给爸爸上个坟。"

"今天吗？"

"妈妈能陪我一起去吗？"

"当然可以陪你去，只是你也不一定非去不可，现在又不是清明。"

"日本人认为，给父母扫墓可以上升未来的运势。"

"怎么你最近的运气不好吗？"

我离开窗口，故意笑着回答说："才不会呢，只不过难得回来一次嘛。我都不记得爸爸的坟在什么地方了。"

"就在后山啊。"

"我知道是后山，但不记得具体的位置了。"

"那么多坟头，连我去了也要找半天呢。要不然把你哥哥也叫上吧。"

我赶紧说："不要叫上哥哥，就我们俩去好了。"

后山就是爸爸所在工厂买的一座小山。凡是工厂里的人或者家属，死了后都可以葬在山里，连葬在哪个地方都可以自由挑选。因为无人管理，山上长满了野草。爸爸的坟在半山坡上，当时是由小姐姐和姐夫选定的。听小姐姐说，山下的部分都被人先选走了。妈妈说她要找半天，但没费劲儿就把我带到了爸爸的坟前。我们先将坟前坟后的野草拔干净，然后供上带来的酒和鲜花。

上完香，我喘着粗气对妈妈说："现在很多有人管理的墓地在出售，听说管理得跟花园似的，干脆我出钱买一块，把爸爸的坟移过去好了。"

"听起来很不错，但是不便宜吧。"

"可是不仅爸爸使用，将来……"我没有说下去。

"你是说将来我也要使用的吧。"不等我回答，妈妈接着说："你可不要考虑我。正好当着你爸爸的面，我要告诉你，将来我要是死了，千万不要把我的骨灰跟你爸爸的骨灰合葬在一起。"看到我惊讶的样子，妈妈又说："这话我跟你的姐姐和哥哥也说了，他们都知道我的这个愿望。"

我"呃"了一声，觉得脊背发凉。虽然妈妈跟爸爸也没少吵过架，但毕竟一起生活了几十年，还有了四个孩子。俗话说，一日夫妻百日恩，妈妈有点儿太绝情了吧。妈妈看穿了我的心思，对我说："我知道你在想什么，其实我这么做跟你想象的没有关系。到底没有人知道是不是真的会有来世，如果真有来世的话，我不想托生为人，我愿意托生为一只鸟，可能的话，最好是一只大鸟，在天空中自由地飞翔。所以我的骨灰最好是撒在大海里，撒在森林里也行，就是不要挖个坑埋起来。"

妈妈的话让我觉得很意外。坐在爸爸坟前的一块石头上，我默默地想象着将妈妈的骨灰撒在大海里是一个什么样的情景。感觉像镜头下的一个场景，像遥远的记忆里的一个回声。

其实，关于很多人选择海葬和树林葬，早已经不是什么新鲜的事了，只是没想到妈妈也会做出这样的选择。我从侧面看了看妈妈，她正眯着眼睛，将目光聚集在远方的什么东西上。她的胳膊和腿还是很细，肚子还是很大，但她给我的感觉跟之前不同，看起来似乎有点儿恍惚。

一声清脆的鸟鸣划破静寂，我跟妈妈差不多同时回过头看身后的一棵说不上是挺拔的树。树枝上有一只彩色的大鸟。

"妈妈，你说到大鸟，大鸟就出现了。"我觉得浑身上下都是鸡皮疙瘩。

妈妈用困惑的表情看着大鸟说："该不会是你爸爸托生的吧？"

大鸟又叫了几声。

妈妈说："大鸟回话了，告诉我们他就是你爸爸。大鸟就是你爸爸。"

妈妈站起来，慢慢地朝大鸟走过去。大鸟先是用一只眼看看妈妈，然后用另一只眼看看妈妈，然后扑打着翅膀飞走了。

妈妈想去追，我大声地说："别追了，已经飞远了，看不见了。"

妈妈喃喃自语地说："原来挖个坑埋起来，该托生成大鸟的话，也可以托生成大鸟啊。"

在某种意义上来说，大鸟的出现，给了妈妈一个神秘的意外惊喜。爸爸事先成就了她的愿望。

妈妈看起来有点儿神魂颠倒似的说："真羡慕你爸爸啊。"

不敢在半山坡上烧纸钱，怕遍地的野草会引来火灾，我跟妈妈下了山，在山底下找到一个平坦的石地。早上，妈妈从矮柜里拿出一叠黄颜色的纸，说是"金纸"，还特地用真的纸币在一张张黄纸上盖章似的按了一遍。

妈妈说一些孤魂野鬼会来抢钱，所以要拿出一部分钱来分出去。妈妈先烧了几张黄纸，然后将纸灰四处撒了一些，一边喃喃地念叨说："这些是分给你们的钱，拿到钱就走吧。"

我想帮忙，但是想了想后还是作罢了。妈妈把剩下的一叠纸全部点火烧起来。开始有微风吹拂，也许正是风的原因，纸灰一部分一部分飘起来，线状似的向山上游去，看起来就跟有什么在牵引似的。我惊讶地张大了嘴巴。

妈妈说："到底是你爸爸，很抠门，谁都别想从他手里拿走一分钱。"

我想起爸爸活着时的一些小事。爸爸的确很抠门，在我的记忆中，他送给我的礼物似乎只有一支几分钱的冰棍。那次好像是他跟妈妈要去影院看电影，我哭闹着要跟他们一起去，于是爸爸去小摊买了一支冰棍哄我留在了家里。

也许是风的原因，但的确是太神奇了，那些纸灰似乎就在等待这一阵风，跟着风一起浮起来，一条线地朝爸爸坟头的方向游去。我觉得纸灰像活生生的龙，像小时候读过的神话故事里的一个情节。

我跟妈妈站在山下，看不见爸爸的坟头，所以不可能知道纸灰最终是否真的落在爸爸的坟前。妈妈相信爸爸原封不动地收了全部的纸钱，脸上是满足后愉悦的神情。

妈妈再三地强调说："没错，那只大鸟是你爸爸。你爸爸一分没有外流地收了我们给他的所有的钱。"看我不吱声，妈妈问："你不相信我说的话吗？"

虽然我心里不排除有风的原因，但还是被一种神秘深深地震撼了，无法彻底否定妈妈的见解。我向妈妈点了点头。

乘汽车回家的话是两站地，结果我跟妈妈决定走着回家，万一路上觉得累了，就叫一辆出租车。自从回妈妈家，还是第一次有时间跟妈妈单独相处。

我问妈妈："电话里你说要跟我商量的事，是大姐要你去她家住的事情吗？你有什么打算吗？"

妈妈点头说："就是要跟你商量这件事，不过，说老实话，我心里明白她叫我去她家住，并不是要孝顺我。"

"这还用说吗？"

"我想我还是得过去住一阵子，但不是长久住下去。"

"你觉得她寂寞，所以才陪她吗？"

"你以为我真的什么都不明白吗？我去她家里住，平时的菜就得我去买，就得我来做。她不用花钱，但可以饭来张口。几个孩子里，她跟你哥哥最像你死去的爸爸了，把钱看得非常重。抠门。你小姐姐看穿了这一点，故意争着让我去她家里住，以为这样你大姐就会死心了。"

我现在明白哥哥和小姐姐同时对我说"你不懂"的意思是什么了。我站住，盯着妈妈的脸说："小姐姐用心良苦，但是，既然你什么都明白，知道大姐的目的不仅是让你照顾她，还想着你的钱，为什么你还要选择去大姐那里住呢？"

　　"你觉得我能够拒绝你大姐吗？如果不是当初我反对她去做那份接待外国人的工作，她的人生也许不是现在这种样子。"

　　妈妈又说起了这件事，我知道接下去她又要开始责备自己了。为了劝导妈妈，我尽量用冷静的语气说："你老是为那件事责备自己，但即使你不干涉，也不见得大姐的人生就会比现在好。你经常说你信命，大姐有她自己的命啊。"

　　没想到妈妈激动地说："做小妹的，你这样说你大姐，似乎有点儿无情啊。"

　　我有点儿冲动，大声地说："那你也用不着跟我商量了啊。"

　　可能是没有想到我会顶撞她吧，妈妈愣了一下，叹息般地说："你难道没有看见吗，昨天她把吃剩下的饭菜都打了包带回家去了。"

　　"我知道你觉得大姐可怜，但是你总不可能给她做一辈子的饭吧。"

　　"我死了就结束了。眼不见为净。"妈妈站住，闭了一会儿眼睛，然后撂了一句话给我："关于这一点，其实呢，在你大姐家也好，在我自己的家也好，对我来说都没有什么意义上的不同。在我自己的家里，我同样每天都要去买菜，每天都要做饭的啊。答案早就在我的心里了。"

　　看来，到妈妈死为止，她那次干涉大姐的选择，一直会是她极力想弥补的一个非常大的遗憾。我不说话，妈妈也不说话，沉默的工夫，发现已经走到柏油铺就的道路上了。道路的左右两侧是年代陈久的楼房，一家饭馆飘出油煎的葱花的香。在人间的实感重新回到我的身上。我有点儿喘息，妈妈终于将视线转向我说："你这么年轻，走这点儿路就开始喘，体力还不如我呢，真是没有出息啊。"

　　"这几年，我很少有机会走这么多的路了。再说昨晚也没有睡好觉，妈妈的床太小，怕影响到你睡觉，我都不敢翻身。不过累一点儿也好，也许今天晚上可以睡个好觉。"

妈妈笑着耸了一下肩膀，拖着长音说："那个，那个……"

我预感到妈妈会问什么，打断她要说的话："不要那个什么了，有话你就开门见山吧。"

轮到妈妈站下来，看着我的脸说："你要说实话。你跟风生之间，一定是出了什么问题了吧。我不敢深问，担心自己又会干涉子女的人生，但问问总是可以的吧。"

我平静地反问妈妈："为什么你会觉得我跟风生之间有问题呢？"

妈妈用手掌在我的脸蛋上轻轻地拍着说："你从来没这么瘦过。你姐夫是怎么形容风生的瘦呢？我忘记了，好像是用狼做比喻。那个………"

我躲着妈妈的手说："别老是那个那个的，就是狼看了都会掉眼泪。"

妈妈笑起来说："对对，就是这个比喻。"

想不到妈妈在这种时候还说幽默话，我苦笑了一下，回答说："我的事，即使告诉妈妈，妈妈也帮不上忙的，只会徒增担心而已。"

"你不想跟我说？"

我"嗯嗯"了两声。

跟风生离婚的事很难说谁对谁错。结婚刚刚两个月，风生就被公司派到地方的分公司跑营业，新生活的起点被切割成了两半。半年后，风生返回东京，原因却是他患了乙型肝炎和慢性肠炎。公司允许他在家里休养一阵。

我工作了一天，精疲力竭地回到家后，眼前的情景总是他在床上摊开骨瘦如材的四肢，要么告诉我他的胃痛，要么告诉我他饿了。他原来不是这个样子的，也许是病魔令他变得自暴自弃。

不知从什么时候开始，家变成了一个令我感觉呼吸困难的地方，变成了我想要挣脱的一种束缚。夜里，我常常失眠睡不好觉。

回过头看，那一段时期的生活，是不断地失去。

在休养期间，风生也有看起来很精神的时候，但身体好的日子，他会跑到附近的麻将店玩麻将，深更半夜了才回家，回到家躺在床上就睡觉。有几次，我发现银行里的存款一下子少了很多，问他钱到哪里去了，虽然他承认钱是他从ATM取的，但关于钱的去处，从来没有跟我说过实话。

有一次，他甚至编了个故事，说他把钱包放在自行车的车筐里，下车后忘记放回口袋，想起来回去找的时候，自行车的车筐已经空了。我本来希望他可以告诉我，那些钱是他输在麻将上了，这样的话，至少我不会失去对他的信任。但是他就是不肯跟我说实话。怎么说呢，人生总是有一些自己无法掌控的东西。

"要叫出租车吗？"妈妈做出打出租车的手势问我。

"我还想再走一会儿。"

风生回到东京的第三个月我出了轨。顺便提一下，这次出轨有点儿防不胜防。我工作的报社接到了某家企业的电话，说是希望派一个记者去群马拍一个新的广告，条件是支付两倍的广告费。报社同意了。但是企业指名要我去群马。因为指名让我去，我想这家企业肯定跟中国有什么关系，或者就是中国人做企业的社长。不管如何，有一个冠冕堂皇的借口出去散散心，还是令我喜出望外的。

乘新干线到群马，企业的一位秘书到车站接我，然后开车将我送到了一家温泉酒店。秘书说手续已经办完了，只要去柜台报个名字，就可以取房间的钥匙了。确定了房间号，我朝楼梯口走去，发现二楼台阶的顶上竟然站着徐万民。看见我不解的样子，徐万民笑着说："你来群马，前前后后的一切都是我亲自安排的。"

我生气地说："你这么做，太荒唐了。再说你是想让我失业吗？"

徐万民挥了一下手，看起来觉得好笑似的说："怎么会让你失业呢！你放心吧，企业的社长是我在国内教书时的学生，广告照登，两倍的广告费照付。再说了，即使令你失业了，我也会承担责任接手你的。"

我松了一口气说："你想见我可以直截了当地约我啊，都是这么大的人了，还玩这种小把戏。"

"我目的不单纯，也想给你一个惊喜啊。"

徐万民也是新闻工作者，跟我是在不久前的一次新闻会议上认识的。会议期间，到了晚上，记者们会六六七七地聚到居酒屋喝酒。他跟我好像很有缘分，每次都去同一家居酒屋，每次都挨着我坐。会议结束的时候，多少我已经感觉到他对我的印象似乎是不错的，但万万没有想到他会再见我，而且用这种土气的方式把我从东京叫出来。

说好了在群马滞留三天，吃了两天的海鲜，泡了两天的温泉，第三天我跟着徐万民去了京都，当天就住在他家里了。说真的，温泉正是治愈我的最好的地方。早上睡足了才起床，简单泡一下温泉后去酒店的餐厅吃早餐，白天穿着休闲衫、休闲鞋、牛仔裤的徐万民带着我在城里吃喝玩乐，晚上再花时间慢慢地泡一次温泉，然后在酒店的餐厅里喝到酣畅淋漓。迷迷糊糊中，我不知不觉地迷恋上徐万民那宽大的肩膀和粗壮的大腿。有一次，我这样问徐万民："你在做健身吗？"

"正是，我每天都会跑步两个小时，虽然这三天除外。"

对风生的身体，我从来都没过这种迷恋的感觉。剩下的事，不说也能想象出来的。

回东京的那天早上，徐万民对我说："房子，钱，还有许多其他的，我想要的都有了，唯一没到手的，就是要你过来跟我一起住，把房子变成家。"

"我有丈夫。"

"不要提这个名词，"徐万民说，"如果有可能，我愿意等你。不如你就留在这里好了，把工作也辞了。"

回东京的当天晚上，风生坐在沙发上，对走进家门的我问道："你是从哪里回东京的？"

我想都没想地回答说："群马。"

风生好半天没有说话，开口后说："你跟我说你去群马出差，但是你去京都会男人。我们之间的关系完蛋了。"

风生说对了一半而已：我真的是去群马出差，真的不是去会男人。

我没有问过风生，他到底是通过什么手段察觉到我出轨的，我想是苹果手机的GPS功能暴露了我的行踪。他从来没有责怪我，我也从来没有向他做任何解释。这种事，问的人通常都是很痛苦，而解释的人也会觉得很龌龊。这次出轨，令风生对我也失去了信任。两个人都不信任对方，将两个人结合在一起的那条线就断了，就消失了。我的内心慢慢地酝酿出痛苦。我们有几个月没有说话，期间我瘦了五公斤，风生更是瘦得不成人样。回妈妈家的前一个星期，有一天，我从报社回家，风生这时候已经能够去单位工作了，他在饭桌上放了一份离婚届。离婚届上，左边该风生填写的一半都写好了，连最下面的签名也签好了。那天晚上，风生没有回家吃晚饭，我一个人吃了一袋泡面。夜里风生也没有回家睡觉，我把浴缸放满了水，在水里泡了足足有一个小时。我发现浴缸和墙壁的周围生出好多黑色的霉，于是想起好久好久都没有打扫过浴室了。

也许我应该找机会跟风生好好地谈一次，但没有这么做的力气。再说女人给男人戴绿帽子，男人把女人甩了，本来就是天经地义的典型故事。婚姻离不开责任，但不是承诺。

赶上连休，我终日憋在家里，苦苦地跟风生的选择纠缠着。房间的模样是我跟风生一起布置的。靠墙是一排书架，里面只有一半的书，另一半是他爱好的古董，有瓷器和铁壶等。靠窗是我们共寝的大双人床，床头上挂着一张被美秀过的两个人的合影。照片的背景是轻井泽的小街，风生将手臂搭在我的肩膀上，我半曲着膝盖，给人的感觉似乎是笑得前仰后合。连休最后的那个晚上，我把离婚届上的另一半填写好，在右下角签上了自己的名字。就凭这一张纸，婚姻的另一半就失去了，不成立了。奇怪的是，我的内心有的是一种异样的感觉：不成熟的失落感和不成熟的解脱感交织在一起。

我跟风生互不搭理的日子里，徐万民来过东京几次，有两次是为了工作，有两次是为了见我。徐万民第一次来见我的时候，赶上我休息，而风生也正好在家。明知道他在楼下等我，我却不敢下楼去跟他打一声招呼。也许是身体弱的原因吧，风生对事物的感应很敏感。我不耐烦地在家里走来走去的样子，他都看在眼里。偏偏徐万民打电话来，我不想接，但不接的话反而让风生起疑。我接了电话，不等徐万民说话，立刻急急地说："啊，你找田口啊，对不起你找错人了。"

见我匆匆忙忙地挂了电话，风生说："是京都的情人吧。没有关系的，你可以去见他的。"

我避免跟风生发生冲突，因为我已经没有足够的精力来对付跟他的冷战了。我一天天地消瘦下去，体力也不够了。是的，罪恶感一直折磨着我。后来，大约在我跟风生离婚后的五年里，不知道有多少次梦到他弃我而去，或者等不到他回心转意而从哭泣中醒过来。这些缠绕着我的梦，令我意识到他是我永远无法挽回的生命中的一个部分，一个极其重要的部分。

徐万民第二次来见我的时候，我们约好了在台场的江户大温泉物语见面。里面有六个大温泉，有日式按摩和脚底按摩以及日式美容护理，有蒸汽浴和岩盘浴，但对中国客人来说，最具魅力的是完全再现的具有江户风貌的古老街坊，以及浴场提供的十几种和服式浴衣。

我跟徐万民说好了不泡温泉，而是换上和式浴衣后在男女可以共处的室外泡脚池里泡脚。我比徐万民先到泡脚池。每十步左右就有一对情人，光着的脚拍打着水面。树底下有几对情人在拍照，我清楚地听见由他们嘴里说出来的话是中国话。徐万民穿着和式浴衣，光着脚，穿过石子小路向我走来。

那真是非常残酷的一瞬间。

徐万民站在我的身边准备坐下来的时候，刚好我从正上方看到了他赤裸的脚。我的一个朋友看人时在乎对方的手好不好看，我在乎的却是对方的脚好不好看。有人嘲笑过我，说这个癖好很像男人的癖好。即使平时看电视的时候，只要演员的裸脚出镜，我的眼睛肯定会追随到底。经常出现在电视里的人，只要他们的裸脚出过镜头，基本上我都知道哪个人的脚好看、哪个人的脚不好看。

徐万民的脚其实不难看，只是我看他的裸脚时角度太糟糕了，是正上方。那天阳光分外明亮，他的裸脚白花花地映在我的感觉里，而且很多肉。我突然感到心里有一种东西崩溃了，打一个比喻的话，好像金字塔上最重要的一块石子被抽掉，塔一下子垮掉了。

我觉得很无措，因为对徐万民的那种感觉，那种迷恋的感觉，那种想要他的感觉，一下子烟消云散了。

我拒绝跟徐万民一起吃晚饭，他对我说："我不明白。"

"你不会明白的，因为我说不出口。但是我们不要再见面了。"

徐万民默默地站着，不吱声。过了不久，他问我："我做错什么事情了吗？"我摇摇头。我不能对他说"如果你的脚再瘦一点的话就不会出现问题了"。他对我说："我们之间什么不愉快的事都没有发生过啊。"

我使劲儿地摇着头说："这不是你的问题，是我自己的问题，但是我绝对不能告诉你。"

"跟秘密一样吗？"

我回答说："对，跟秘密一样。"

"意味着我跟你分手了吗？"

我说："对，意味着我们分手了。"

这边我刚刚跟徐万民分手，那边风生就向我提出离婚了。我经常会想起导致我离婚的徐万民以及跟他之间的事，奇怪的是，我总是觉得那些事不真实。

　　一定是我的脸色不好看，妈妈问我要不要叫出租车。我点了点头。上车后，妈妈问我：“你跟风生，年纪也不算小了，没打算要一个孩子吗？”

　　我觉得浑身发烫，想说什么，但终究没有说出口。我努力不让妈妈看出我现在是多么难受。车到了厂门口，我掏出钱包，将钱付给司机后，顺便又抽了几万日元给妈妈。

　　“这是给你的零花钱。”

　　妈妈将钱很仔细地放进钱包，然后小声地对我说：“谢谢你。都说生孩子是前世欠他们的，他们来讨债，只有你是我额外赚到的。”

　　“这钱呢，是我给你的，希望都用在你自己的身上，买你自己想吃的，买你自己想用的。你甚至可以用这些钱去旅游。”

　　妈妈说：“我想起你爸爸讲过的一个故事。有一个人，当他托生的时候，让他在两者中选一个，一个是他吃人家的，一个是他给人家吃的。这个人考虑了半天，决定了选择给人家吃的，结果呢，他在人世间成了非常富有的人，有能力雇用一大批人为他的家里家外做事。想想看，如果他选择了吃人家的，那么到了人世间后，他就得给人家打工了。”

　　明明只是跟我讲了爸爸说的一个故事，却有被妈妈说教了的感觉。她的言外之意就是让我放开点儿想问题，因为我比其他兄弟姐妹们条件好。

　　妈妈不明白条件都是相对而言的吗？我懒得回话，一声不吭。有时候，我会为自己的损失感到委屈，为妈妈的损失感到难过，觉得自己与哥哥和姐姐有一段看不见的距离。换句话说，我跟哥哥和姐姐之间，总是有些话不投机。说到原因的话，就是只要一碰到跟利益相关的事，他们即刻会变成令我感到陌生的人。

不过，我心里还是挺佩服妈妈的，虽然她没有什么学问，但喜欢读书和思考，动不动会从嘴里冒出一些令我暗自感叹的句子。比如"老百姓随年吃饭随年穿衣""如果总是想着把自己变得不幸就会生活得很痛苦"等等。一次说到冷漠的大姐对建安却很慈善的事，她这样解释说："因为建安跟她没有血缘关系，所以她才要扮演好做妈妈的角色啊。"她的这些名言在我的脑子里生根发芽，有时候像指南针似的为我指出方向。

给妈妈的钱到底应该怎么花掉才好，话题还没有讨论完，我们已经到家了。哥哥在厨房里忙乎什么。我探头往里面看了一眼，惊讶地说："没想到你还会做菜。"

"看你说的，我怎么就不会做菜呢？我做的菜很好吃的。"

"你是从什么时候开始学做菜的？"我惊讶地问。

哥哥漫不经心地回答说："身边有个在饭店工作的，所谓近墨者黑、近朱者赤，看也看会了。"

我忍不住竖起大拇指说："给你点赞啊。"

"等我去了日本，天天做给你吃啊。"

我有点儿不好意思。本来担心哥哥真到日本的话，我得伺候他，原来他完全有可能会照顾我。想象他到日本的心情变得轻松起来。

"到时候可就拜托你了。我喜欢收拾卫生，讨厌做饭，我们可以分工。"我突然住了嘴。

好在哥哥在这一点上比较迟钝，接着我的话说："那就拜托你早一点儿帮我办到日本啊。"

妈妈插进来说："给你哥哥办过去，你也有个伴，不寂寞。"

哥哥说："小妹有风生在，寂寞什么啊。"

妈妈用尖锐的声音说："毕竟风生还是外人啊。"接着妈妈又摇了摇胳膊说："关键时刻，他的胳膊肘就往他家那边拐了。"

吃过了午饭，小姐姐带我去工厂的浴室洗澡。浴室本该在下午五点以后工人们下了班才开门的，但小姐姐的工作就是看守浴室，所以有特权让我先进去洗。浴室很大，就我一个人，感觉上有点儿恐怖。我匆匆抹了点儿香皂在身体上，用水冲干净就跑了出来。小姐姐要我陪她聊一会儿，我推辞了。一方面，我觉得上班时间打扰她不太好；另一方面，或许是冲了热水澡的原因，身体开始渴睡。

回到家，我只说了一句"太困了"就倒在妈妈的床上。

醒过来已经是四个小时以后了，原因是妈妈用她那粗糙的手掌，上上下下地摸索着我的胳膊。有一段时间，我故意闭着眼睛，装作还在熟睡。妈妈的摸索停下来我才睁开了眼睛。妈妈坐在身边，一动不动地凝视着我。说起来，这样的情形已经不是第一次了，我考上大学的时候，我就职的时候，我决定到日本的时候，妈妈都是这样摸索着我，令我从熟睡中醒来。

妈妈眼看着我长大，眼看着我离她越来越远，而我对她的感动和忧伤不知所措。后天早上我就要回日本了，忙碌的时间里几乎想不起妈妈的存在。想到这一点，我的心突然酸起来，对妈妈去大姐家住的事，忽然觉得可以理解了。还有她把我给她的钱分给哥哥和姐姐的事，似乎也可以接受了。

接下来的一天，我纵容自己在妈妈的床上躺了整整一个上午。偶尔醒过来，就跟妈妈东拉西扯一会儿。

我对妈妈说："下午，我想去看看旧房子。"

妈妈开始不理解，对我说："旧房子有什么好看的，听说是一对新入厂的年轻夫妇搬进去了。"妈妈叹了口气，接着说："如果他们知道你爸爸是怎么死的，估计会忌讳那个房子呢。"

"可是爸爸没有死在家里，而是死在仓房里啊。再说院子里的仓房不是已经拆了吗？"

"其实，在我们搬进那个家之前，已经有一个人吊死在窗口的。"

"我可是第一次听你说这件事啊。"我很惊讶。

妈妈笑着说："如果我早说了，你们还敢什么都不介意地住在自己的家里吗？"

我想了想，回答说："倒也是呢。"

"听说自杀的人想成佛的话，必须另外找一个自杀的人做替换。你爸爸替了那个人，不知是谁替了你爸爸，让他转世成了一只自由的大鸟。"

我叹了口气，对妈妈说："又说这些搞不清是真是假的迷信话。"

倒不是想念旧房子，出生后的十六年，我在那里长大，确切地说，应该是我在那附近的院子和街道里长大。至今我依然清清楚楚地记得那些爬过的院墙和树，记得院子里被台风吹得东倒西歪的蔬菜和向日葵。风生就是在旧房子里被介绍给家人，被家人揶揄的。从某种意义上来说，对我来说，旧房子才是内心的"家"，值得我去拍几张照片留作一生的纪念。

打算出门的时候，看见妈妈站在门口，穿着那件去日本时我买给她的毛衣外套。我知道她不喜欢旧房子，所以才决定一个人去的，她却坚持陪我一起去。从出租车上下来，我跟妈妈径直走向旧房子。路上，妈妈问我："隔壁小双的爸爸得癌症死了，才五十多岁，你能相信吗？"

"嗯嗯，是早了点儿。印象中他特别强壮。"我想起小双年幼时的样子，玩跳皮筋的时候，就她是我的强劲对手，而她爸爸因为在院子里捕获过一条很大的蟒蛇，在邻居圈里很出名。

妈妈说："人生真的无法预测，下一次你回家，也许就看不见我了。"

我生气地说："妈妈不要胡说八道。"

几分钟后，站在旧房子的前面，妈妈对我说："住的时候没觉得这房子这么旧，回过头来看，怎么这房子这么旧啊。"

长年的风吹日晒，使外墙上的米黄色油漆脱落得斑斑驳驳，露出的墙底看起来像一个个补丁。我解释说："住的时候你身在其中，不会像现在这样隔一段距离来观赏它嘛。"

我站到旧房子前，摆好姿势，让妈妈给我拍了两张照片。

然后我一言不发地跟着妈妈去了后院。那条土路成就的后院已经完全不是记忆中的样子了。家家户户的后院都盖着很大的可以住人的仓房。也许那对年轻的夫妇刚搬过来不久，还没有来得及盖仓房的缘故，只有我家旧房的院子看起来空空荡荡。

妈妈一言不发，两只眼睛死死地盯着原来是仓房的那个地方。不久，她突然冒出了一句："你想拍照片吗？"

我摇了摇头说："这个背景，我想就算了吧。"

妈妈把照相机塞到我手上，对我说："轮到你帮我拍一张了。"

因为院子已经是人家的私有地了，妈妈只好站在旧房子的旁边。老房子的阴影投在妈妈的脸上，跟她眼睛下的青影重叠在一起，给我一种苍老和抑郁的感觉。我等着她摆姿势，但是她眯缝起眼睛，严肃地说："你还等什么，快拍啊。"

我按下快门。选背景的时候，我故意将旧房子拍得很大，而曾经是仓房的那个地方拍得很小。

妈妈咬牙切齿似的说："有了这张照片，我就再也不想这旧房子了。我不喜欢这里，不喜欢。"

之后我跟妈妈在那排旧房子前面的柏油马路上兜圈子似的走了几个来回。

"奇怪一个熟人都看不到。"妈妈不可思议地说。

我向妈妈提议说："不然就去程阿姨家敲敲门，也许她在家里呢。”

　　程阿姨是妈妈的好朋友，经常到我家串门，跟妈妈一起说三道四，扯的都是孩子们的那些零零碎碎的普通得不能再普通的事。她跟妈妈都对自己的老公深恶痛绝。妈妈搬家后，我想程阿姨一定会觉得非常寂寞的吧。

　　以为妈妈抬头看的是二楼程阿姨家的窗口，想不到她伤感地对我说：“这几棵槐树，每年到了花季的时候，花都会开得铺天盖地。再也吃不到用槐树花做馅的包子了。”

　　“想吃的话，花开的季节，可以来这里捡一些拿回家啊。”

　　“这么说你是忘记了。吃槐树花包子的时候，是我们家最穷的时候。差不多从你去大学读书的那年开始就没有吃过了。”

　　“如果是你说的这样，干吗还要特地感叹什么吃不上用槐树花做馅的包子了？”

　　妈妈尴尬地笑了笑，我问她：“不见程阿姨了？”

　　妈妈果断地回答说：“不见。”

　　“叫一辆出租车回家吧。”

　　妈妈最后看了一眼旧房子，头也不回地跟着我离开了。我们在路口很容易就拦到了一辆黑色的出租车。

　　“妈妈你还经常去影院看电影吗？”

　　妈妈说：“你小姐姐经常给我送电影票，都是厂里用来招待员工的。”

　　“还读书吗？”

　　“你离开家，没有人往家里买书了。”

　　“不如我带你去书店买几本吧。”

　　妈妈面无表情地回答说：“还是留到下一次你回来的时候再买吧。”

　　想到明天我又要离妈妈而去，突然觉得胸口一阵疼痛，好像被一只跑过的猫踩到了。我不再说话，默默地望着车窗外一闪而过的熟悉而又陌生的风景。

在妈妈家的三天过得密密麻麻。

飞机起飞的时间早，即使小姐姐和姐夫赶始发车，也来不及送我去民航了。头一天晚上，妈妈想拜托哥哥送我去民航，但是被我阻止了。

我说："妈妈能想到的事，哥哥应该也能想到的，如果他有心，不用拜托，他主动就会去做了。"

之所以这样说，是因为我对哥哥送我去民航的事不太抱希望。离家数十次了，哥哥从来没有去火车站或者民航送过我。

妈妈说："如果你哥哥不去民航送你的话，我就陪你去民航。"

"千万不要陪我去。你陪我去，你回家的时候，我又会担心你。何苦担心来担心去的呢。"

"我就不会这么想。我都是一大把年龄的老太太了，有什么好担心的。你不一样，你年轻，尤其你的身体太瘦弱。"

我不想争执，敷衍地说："明天的事，等到了明天再说吧。"

其实我睡得并不踏实，所以妈妈一出手摸索我，我就感觉到了。但我想让妈妈摸索个够，一直装睡到妈妈自己叫醒我。

妈妈问我："真的不用叫醒你哥哥？反正他也不用上班，在家闲着也是闲着。"

"我不喜欢勉强别人，特别是为了我自己的事。"

妈妈开始不满地帮我收拾东西，也许是想吵醒哥哥吧，故意将声音搞得很大。哥哥肯定听见了，也知道我要去日本了，按理来说的话，至少也该起床跟我说个告别的话吧，但是哥哥的房间里一点儿动静都没有。

事到如今，妈妈也对哥哥送我去民航的事不抱希望了，开始换出门穿的衣服，脸上充满无奈的表情。

我拖着小皮箱向外走的时候，妈妈拉住我的手说："再等一下看看。"

我只好无力地笑着，看妈妈屏住气注视着哥哥房间的门。从哥哥的房间传出说话声，但声音低得听不见内容。很快，哥哥的房间又静了下来。我跟妈妈等了一会儿，不见有人走出来。妈妈失望地叹了口气。我做手势让妈妈快一点儿跟我走。

穿过工厂的时候，妈妈对我说："可惜听不见你哥哥和你嫂子说的是什么，估计是你哥哥想送你，但你嫂子不愿意。"

"也许正相反，是嫂子想送我，但是被哥哥拦住了。也或者哥哥和嫂子说的话，跟我的走毫无关系呢。"我极力使自己的语调平静下来

"你说的也许是对的。不过，你哥哥老是长不大，在很多事情上不懂人情世故，有时候简直就是迟钝。"

我说："这并不奇怪。"

妈妈问："为什么？"

"就他一个男孩，都宠着他，把他宠坏了。打小时候起，好吃的好玩的都是以他为主，他没有被教如何为他人着想。不过，哥哥这种样子也挺好的，因为单纯，所以没有人会跟他动气，也就是说，没有人会真的生他的气。"

妈妈问我："你不觉得他没有担当？"

我"嗯"了一声算是回答。但妈妈说哥哥迟钝，使我想起了她跟大姐说过的有关小引的事。我对妈妈说："看在老天的份上，别再怀疑小引是不是哥哥的孩子了。第一，这种事永远都搞不清楚，除非去查什么DNA。第二，我不觉得嫂子像那种人。第三，小引一转眼就会长大，会成为青年，青年之后会成为父亲，但即使这样，他依然还是会将哥哥称作爸爸。这才是事实啊。这才是真实啊。"

妈妈问我："刚才你说的什么DN，后边是什么来着？"

"别管它是什么了。凡事想简单点儿好。"

妈妈若有所思地点了几下头说："人生还是简单点儿好。"

我说："人生本来是简单的，差不多都是鸡毛蒜皮的事。"

妈妈有点儿急："你爸爸的死也算鸡毛蒜皮的事吗？"

我觉得有必要斟酌字句来回答这个问题。想了一会儿，我回答说："也不算什么大不了的事，因为不是爸爸想死，是爸爸想阻止肉体上的折磨所带来的痛苦。说好听的是寻求解脱，说不好听的是选择了逃避。"

出了厂门口，我站住，对妈妈说："就在这里说再见吧。一回到日本我就联系你。"

"说好了你哥哥不陪你去民航的话，我就陪你去。"

我想说什么，但是妈妈的视线让我把想说的话咽回去。始发汽车摇摇晃晃地跑着，车里只有我跟妈妈两个人。我把妈妈的手抓过来，用两只手握住。我不说话，妈妈也不说话。

快到民航的时候，妈妈对我说："年轻的时候不用减肥，新陈代谢好，吃多少都不会胖。"

"嗯嗯。"

"就是觉得风生不合适婚姻生活的话，趁着年轻尽早地分手，其实是一件好事，至少将来不后悔。"

"嗯嗯。"

"如果能凑合着过下去，要几个孩子也不错。如果不是最后才生了你，工厂每个月给我的那点儿养老金怎么够用的啊。"

"嗯嗯。"

汽车转眼就到了民航，一些人在挥手做着告别。天还黑着，太阳似乎过一阵子才能走近。从民航到飞机起飞的地方，还要坐一次民航的汽车。车里已经坐着十几个人了。我跟妈妈站在汽车门的附近。

妈妈说："我在下面等着，你先上去吧。"

"再等一会儿，还来得及。"

"还有就是……"

妈妈的话说了一半，预告汽车要出发的鸣笛响起来了。我怆然地上了汽车，听见妈妈喊了一句"一路平安"。我挑了一个邻近妈妈站着的窗边座位。我把脸贴在窗口，看见妈妈昂着头站在几个送行人的中间。汽车准时启动，开始向飞机起飞的方向驰去。我看见妈妈随着汽车走了几步，似乎要追逐捕获什么似的用力地挥了一下手。妈妈的身影渐渐模糊，之后完全看不见了。

我在座位上坐下来，想象妈妈一个人在黑灯瞎火中独自回家，不由自主地担心起来。妈妈今天穿的是灰色的外套，不显眼，万一碰上粗心的司机；可是如果妈妈穿上鲜艳的衣服，万一碰上了坏人也不好。还有，妈妈很少出远门，万一迷路了怎么办呢？我感到一种从未有过的紧张，胃开始抽搐起来。

我的心里充满了罪恶感，十分后悔没有订白天起飞的机票。

心中的不安挥之不去的时候，突然有音乐响起来。我知道司机放送的这首曲子的来处和名字，是《魂断蓝桥》电影中的主题曲《一路平安》。说真的，没有喝酒，但我的心有点儿醉了。音乐抚慰了我正饱受折磨的心。也许世界潜藏着一个只能用心感知的爱的深海呢，因为《一路平安》正如此刻我心中对妈妈的祈祷啊。司机真是一个好人，这个时候放送这首曲子，似乎是在对我说"不要担心"。一瞬间，我泪流满面。

汽车里的人都在好奇地看着我，但是我根本不在乎。有生以来第一次，我哭得跟个泪人似的，心里面觉得酣畅淋漓。

妈妈，一路平安！一路平安！

回到了日本的家，我给小姐姐发了一封短信，特地嘱咐她将内容转告给妈妈：其实回妈妈家前我已经跟风生离婚了；我保证在一个月内胖三公斤。

　　小姐姐很快回话，是非常简单的几个字：人生的路很长，重新规划好了。

　　黑孩（日本）日籍华裔女作家。毕业于东北师范大学中文系。历任中国青年出版社《青年文摘》《青年文学》编辑。文学创作开始于1986年。作品见于《收获》《江南》《上海文学》《北京文学》《作家》等杂志，多数作品被《小说选刊》《思南文学选刊》《北京文学中篇小说月报》、《小说月报》等选刊选载。出版了十《故乡在路上》等散文集、《海豚的鼻子》等中短篇小说集和《贝尔蒙特公园》《菜菜子，恋爱吧》《上野不忍池》等长篇小说。东京三部曲中的《惠比寿花园广场》获第五届华侨华人中山文学奖。《对门》获第八届《作家》金短篇小说奖。

我们互相消失

虹影

一

　　傍晚雾气翻卷，尹修竹奔回学校时，她头发都披散了，本来用了一条丝绢绾住，现在丝绢不在了，风一吹，头发就乱如野草。她心里肯定，陆川躲开了她，早已回了学校，有意让她在外面乱找整整三个小时！她气喘吁吁地奔进学校大门，校园依然是空空如也，没一个人影。这是暑假，学生全都回家了，老师也走了，就他们两人借个理由晚走，留下两个人在一起。

　　尹修竹朝教师宿舍那一头奔去，两棵桦树后的一片黑瓦的平房，四周有围廊，藤蔓依架延伸。中间是个小天井，玫瑰依墙爬着，开着粉红的花。在二十年代，师范学校的老师待遇算是比较好的，在这个偏远的北方省份，这是最高的学府之一。她朝陆川的房门怦怦怦打了一阵，没有任何回音。那么陆川真不在？她背靠廊柱，一着急，气都接不上，心跳得急促，眼前冒出金星。

　　这时她感觉背后有人，那缓慢的脚步不陌生，紧跟着声音就到了：

　　"尹老师，怎么啦？"

　　不必看，她就知道那是门房老李头，她一直想躲开的人。整个校园一时全部留给她和陆川，偏偏这里还有一个老李头和他瘫痪的老婆。人说老李头是校长家的老仆人，他做事仔细负责，对人也不错。不过在这个特殊时期，对尹修竹和陆川来说，老李头有点碍事，他们平时装作看不见老李头，老李头也知趣地装着看不见他们，大家避了解释的窘态，也算过得去。不过现在，尹修竹想，只能问他了。

"你看见陆老师吗？"

老李头说："今天中午起没有看见。"他的脸色挺认真的。今天中午当然是他们俩一道出去的。

"我是问他有没有回来。"尹修竹急急忙忙地说，她转过围廊，到天井里。

老李头看到她真的着急了，直截了当地说："我没有看见，我没有看见他回来。"

当时，是她叫陆川躲起来的。她说，"我背过身三分钟，你好好躲起来，我肯定不要三分钟就可以把你找出来。"

陆川说，"不行，你得闭上眼睛，捂住耳朵，不然你还是听得出我藏在哪里。"

尹修竹说，"没问题，全按你的做。我一样还能把你找出来，你别想躲过我！"

可是尹修竹来在山上来回回搜寻，就是没能找到陆川。她喉咙都喊哑了，脚也走痛了，一身是汗。

尹修竹与老李头把事情原原本本这么讲了一遍后，站了起来。若是平日，怎么会与这个守门老头说呢。

老李头说："就这样？"

"就这样。不见了！"

"是玩闹？你们没有吵架？"看来这个老李头不傻。

尹修竹脸红了。不仅没吵架，他们正好得恨不得捏成一个人。"当然没有吵架。"尹修竹几乎要嚷起来。"怎么办呢？怎么办呢？"她心慌意乱地说。

老李头同情地看着这个年轻的女教师，他想想说："到街上叫人帮着找？"

"镇上有警察。"尹修竹有气无力地说，这事她早就想过。

<h1 style="text-align:center">二</h1>

第二天早晨，她坐在干净的石阶上，她的旗袍很素静，浅蓝，镶了同色丝边，当瓦楞上麻雀一只不剩时，她发现天色已晚，便站起身来，脑子里虽然一团浆糊，心里却清楚极了：陆川确实不在了，被她"玩掉"了。

尹修竹与陆川热恋才一个星期，这之前两人都未打破这层茧。放假后，周围的熟人不在了，他们才鼓起勇气。这一星期天天厮守在一起。她已经忘记了没有陆川在身边的日子是怎么样的。

她甚至已经忘记了最初见到陆川的情形：她和一个女同事从食堂把午饭拿回来，在路上同事捅捅她的腰，说前面那人，是新来的英文老师，北大毕业的，或许只是借这地方暂时落脚吧，肯定不会久呆。真是一表人材啊！

听到这话，她抬头朝左前方看去，正好看到陆川朝她投过来的眼光，那种特有的劲敛眼神，她拿着锅子的手一颤，她急忙垂下眼帘。他们互相走过，没有打招呼。

她在育婴堂里长大，孤儿大都这性格。一个人习惯了，并不觉得有什么必要改变生活，天天教她的地理课，兼代两节国文，大部分时间关起门来写作。实际上她已经给上海的一个刊物寄出一个中篇，编者回信表示鼓励，说是"暂存待用"，她看着那信，虽未说一定会用，但是心里充满了期待。

不过与陆川天天遇见，之后就熟了。陆川也喜欢文学，而且偶尔也做文学批评，写了好几篇介绍普罗文学理论的文章，发表在报刊上。她要来看了，看得似懂非懂，不过还是给他看了刚写好的新作，一个惨情故事。

陆川把小说拿去了，过了半小时，就送回来，一声不响地还给她。

她本以为陆川会说什么，可他就告辞了。他前脚跨出门槛，她后脚就跟上了，叫住他。他停下来，她却不说话，只是疑惑地看着他。陆川笑了，走了回来，说："我总以为女作家难看，尤其是能写爱情的女作家都难看 —— 乔治桑那样的人 —— 没想到像你这么漂亮，能写出动人的爱情故事。"

她完全没有思想准备，脸一下子绯红。她知道男人喜欢朝她看，已习以为常，不过从来还没有男人敢直截了当地对她说"挑逗"话。她羞得几乎要赶他出去，但是看到他那张俊美的脸上真诚的笑容，心里一酸，突然想哭。

仅是这么一想，泪水就盈满眼睛，她赶快转过身，不想让陆川看到。几乎同时一双宽大的手臂抱住了她，她急得转过头来，正好撞到陆川下巴，吓得尖叫起来。幸亏声音不太响。陆川赶忙将她拉入胸口，等她平静下来，他才松开了手。

"我还没有说完呢，"他说。"有爱情，还应当有理想 —— 革命理想。"

陆川说得那么平静，尹修竹觉得他恐怕爱过许多女人，一点没有她身体碰到时那种要晕倒的感觉。可是她对此没有反感。对他的"教训"话，也没有不高兴。她心里暗暗吃惊，为什么不反感呢？

好几天，陆川与尹修竹连手都未握，不过，每天晚上他都来她的屋里，在她的书桌边坐着，直到月上树梢。窗外有脚步声，人影走过，又走回来 —— 不久来回走的人增多了。她的同事有两次还借故拿书，来逗笑。等同事走了，尹修竹有点紧张，但是陆川不当一回事，眼睛都没有斜一下，她也就镇定下来，不去管那些干扰的杂音。

那天夜里，陆川走后，尹修竹在漆黑之中，听着那打更声渐渐远去，突然觉得怀里空空荡荡，她必须紧紧抱着被子，腿裹住被子，才能压住内心的躁动。真是丢人：她想那个男人，不管她愿意不愿意，她的身体完全不受控制。原来真正的恋爱竟然是这个样子！她很吃惊自己这种神魂颠倒如痴如醉的状态，这简直不是她，一个从小没父母，一向独立不依赖任何感情的人。

第二天早晨尹修竹在天井见到陆川，她什么也没说，不过更像熟知多年的好朋友。有机会还是只谈文学，他们的眼神已经商定：等暑假来临。有等待，日子过得也快。

陆川与尹修竹不同，他有一个大家族，在南方福建，但是家里没有什么人等他回去，母亲已经去世，父亲妻妾多得很。尹修竹本是无家之人，以前暑假都是朋友或同事怜惜她这孤儿，邀她到家里住一阵，换个环境。大概都知道尹修竹与陆川的事儿，今年谁也没来请她。

等到校园里差不多走空了，陆川早就半夜潜进她屋子。那场面虽然在心里已经演习过许多次，一旦亲临，还是让尹修竹摧心折骨地浑身瘫倒。待到校园完全走空，他们就住在一起了。原先说好用功时各人回各人屋子，但是整整一个星期根本就没有用功的时间，甚至根本没有两人身体分开的时间。

终于到这天中午，陆川看见窗外太阳不错，他建议他们到学校背后的山上树林去散步。

才走进树林不久，陆川就把她抱住了，狂热地吻她，并开始解她旗袍的扣子，她只好躺下来：这样即使有人经过，也未必能看见。草深，梗痛了她，陆川脱下衣服铺在草地上。陆川说他在下面，男人皮厚，不怕刺。尹修竹看到他在下面目不转睛地看着她那身体，那喜不自胜的样子，才知道上了当，赶紧伏在他身上，用手盖住他的眼睛。

她太放纵了，不守妇道，这是报应。尹修竹想，她真的把陆川玩掉了。

三

一连下了几日雨，尹修竹足不出户，既不梳妆，也不换衣服，人傻了一般躺在床上睁眼瞪着天花板。这天夜里打更的声音响起时，她听到了一个孩子的哭泣，好奇心使她走到窗前，发现蹲在黑暗中的老李头，他在小天井里蹲着抽叶子烟。她缩回脑袋，等再去看时，那儿已空无一人。她突然发现这个世界非常陌生。

陆川在那个下午突然消失，前后院子几十间教室的校园就只剩下她和守门人老李头两人。"他突然就不在了，我怎么想也不对劲。"她重复地说这话，意识到自己的头脑出了问题。

现在尹修竹只能吃老李头送来的饭菜，他在自家的锅灶上烧的，她也不觉得不卫生了。她吃得相当少，不停地喝茶，那茶叶是陆川给她的，每天她只上老李头那儿提开水瓶回来，她塞给老李头老婆钱，她说，就算搭伙食吧。

奇怪的是，她喝了那么多茶，还是能睡着，每天大部分时间都在睡觉，似乎在补上那一个星期缺失的睡眠。

有时昏睡之中，她潜意识地想，那么，为什么不是她消失，而是陆川消失呢？

或许，在陆川那里，是她尹修竹消失了。完全可能是这样，两个互相消失的人如何才能听到对方的声音，够得到对方呢？

四

院子里突然有脚步声，很慢，但不迟疑，重重的，不是老李头。尹修竹从床上撑起身体，屏息仔细听，的确是脚步声。她睁开眼睛，看到满屋子的阳光。这是第几天了？也许过了几个星期，她想，这个沉寂得可怕的世界怎么还有脚步声，可能完全是幻觉，她复又躺下。

可是那脚步声更近了，尹修竹猛地从床上跳起来，撩起竹帘，正好来人在窗口，像是往里看，他们弄了个脸对脸。尹修竹呆住了，那脸好象是陆川，一个男人。但是，不，并不是陆川。这能是谁呢？

外面阳光太强，那个人看不清屋里，正在眨着眼调整瞳孔。尹修竹突然意识到她只穿了一条短内裤，天气已经进入三伏，哪怕这个北方内陆，正午也很热。她半睡着时肯定把睡衣脱掉了，自己也没有察觉。

她"哗"地一下盖下竹帘，赶紧退到柜子里抓了件薄黑麻纱裙子。那个人一定什么都没有看清楚，只知道窗后面露出一张脸。她想，才多久，她已经不像一个姑娘家了！

她再去看那人，他退到廊柱边，咳嗽了一声，耐心地站着。

"就是这间，"是老李头的声音。

"尹小姐在家。"一个声音说，不像是问题，而是肯定。

尹修竹飞快地倒水到盆里，洗了一下脸，对着墙上一面已经开始脱斑的镜子抚了一抚头发。许久没梳头发，没整理自己，这么大热天，这屋子肯定有味了，看到桌上碗碟筷子脏成一气，她急得团团围。

"尹小姐方便吗？"门外的声音问。

老李头不知咕哝什么，他压低嗓子说话。

"不急，我没事，等等不妨。"那个声音说。

这次尹修竹听出来，外面那人是北方口音，声音很圆润。她觉得很难为情，怎么能如此放任自己颓唐到如此地步。她赶紧整理屋子，把脏衣服朝床底推，又推开后窗，找出扇子狠狠赶屋子里的空气。

然后，她看了一下镜子，头发还是太乱，便用梳子稍稍理了头发，飞快地拢了一下，心里挺感激那个不速之客，明白人情。

都弄好了，她这才走过去打开门，脸上挂着歉意的笑容。

的确是老李头陪着一个青年男子。那人穿着中式长衫，干干净净的蓝布，像个大学生，或是药铺学徒的样子，和蔼地看着她，带着微笑。他的脸很秀气，几乎有一种文雅女子的周正，换种说法，像个男孩子脸俏皮地长在成人的身体上，实际上他身材高大，老李头比他矮一大截，只是不像陆川那样棱角分明的英俊。

老李头对尹修竹解释说，"这是凌先生，是学校刚来的老师。"那意思是不得不来打扰你。

"凌老师，你好。"

"尹老师，你好。"

两人寒暄着，却没有握手，注意力在老李头离去的身影上。

"凌风。冰激凌的凌，凉风的风。"他转过身来　说，"都是当令的好东西。"

尹修竹笑起来，突然她觉得背脊发痒，但是她从不愿当着人做不雅的动作，同时她又觉得不应该笑，已经好久没有笑过了。她没有这权利，因为她闯了一个无法弥补的大祸，一个活生生的人消失在她的手中，一个比对面的男子更有生活激情，更应该有资格活着的男人被她杀死了。突然，她意识到现有的一切，好久以来的麻木消沉，突然被心里的一阵绞痛替代。

"尹小姐怎么啦？"凌风关切地问。

可是她难受得要命，人如一张薄纸软软地往地上倒，凌风跨上一步，正好接住她。

等尹修竹醒来，她已经躺在自己的床上，床上的脏被单枕头套子毛巾都没有了，身下垫了一张干净的席子。凌风正在给她摇扇子，看到她睁开眼睛，他问：

"尹小姐好一点了吧？"

尹修竹霍地坐了起来，说："太不好意思了，我这样子。"

"再喝两口凉水。"他递给半杯水。桌子上放着一碟酸菜，还有一碗绿豆粥，飘过一股香味。这个陌生男人竟然就给她递水递食了。

尹修竹怎么看凌风都像她的弟弟，听育婴堂的嬷嬷说，她有过一个弟弟，两人是双胞胎，这是当初放在他们身上的纸条上说的。但是那个弟弟早年夭折了，她对他完全没有印象，因此从来不觉得缺失什么。现在这个小青年从天而降，她才感到自己缺一个家人，一个可以把什么话都说出来的亲人。

但是这个人，这个娃娃脸秀气的男人，她一无所知。刚认识，这个人就已在照顾她，在搀扶她，她又有什么理由认为这个人不值得相信呢？在这个世界上，有人关心她，这本身不就是太好太好的事吗？

她喝了两口水，抬起头来，用眼睛谢谢凌风，凌风似乎松了一口气。她把腿蜷起来，抱着，靠在床柱子上，看着凌风到桌子上去端那碗粥。他那账房先生式的长褂应当很碍事，可是他真的像做过药铺学徒出身，什么东西都不滴洒出来。

她想想，不想再与他客气，现在再作自我介绍，未免有点装傻。于是她把题目引到职业上："凌老师教什么？"

"说是让我教国文，"他说。"其实我刚从师范毕业，师范毕业不能教师范。大学毕业才能教师范。"

"不会吧？"尹修竹说，"我就是师范毕业，到这里教国文，我也没资格。"

"哪里，"凌风笑着说，他的声音放得低低的，挺文静，虽然话说得没有他的脸相那么孩子气。"尹小姐是女作家，有才情的人，不能以学历论之。"

尹修竹把端到手里的碗放在一旁的独柜上。这凌风有点奇怪，才来第一天，把她打听得如此详细。

"你怎么知道我写作？"

"刚读到的，"凌风很轻松地说。"我让寄到这个地址，果然今天在老李头那里取到了，刚出的第七期《新生》上面有你的小说。编者按说是文坛新秀初鸣不凡，我看不是不凡，是好生了得，写情写人，都是大手笔。"

尹修竹双眼发直，看着面前这个人，他转过身，然后从袖子里变戏法似地拿出一本杂志，不急不忙地翻开，递到她跟前。果然，是她的中篇《逆门》，在编辑部那里放了大半年，她早已置诸脑后不抱任何希望了。拿起杂志，看看又合上，她的名字打在封面上。这真是一个奇迹，看着自己的名字变成了公众的名字。

第一次看见自己的文字排成铅字，感觉很不一样，可是当着这个捧她为大作家的人，她又不能失态，所以就未打开读。

她拿起碗，下床来坐到桌子前，那碟酸菜也可口，很快就吃完了。

"还要吗，锅里还有，我去街上小店里买的，有一大锅，尽管吃好了。"凌风说。

"我好久没这么吃得尽兴。请再来一点吧。"尹修竹说。

她走回床边，拿起杂志，抬起头，正看到凌风的眼光，没有一点嘲弄，反而非常温和而亲切，好像是鼓励她读下去。于是她就翻开读了起来。

五

这天夜里尹修竹睡得很沉，但是天朦朦亮时，她就醒了——半梦半醒时突然想起一件事，把她唬得梦影全无。那篇小说，在刊物上署名尹玲，并不是她的本名尹修竹。尹玲就是她，这件事没有一个人知道，只有陆川。

凌风怎么会知道这是她的小说？

她出了一身冷汗，反胃，想吐，可又吐不出。这事情太神秘，她本能地觉得这与陆川突然消失有关。她太大意了，这世界危险四伏，到处有人在准备算计她，而她竟然粗心到对陌生人完全没有防范之心。

她赶快去天井的水龙头提了一桶水回屋，洗了个凉水澡：凌风昨天扶她的地方，他的手碰过的地方——她的肩膀和腰，特别不舒服，好像有肮脏的东西粘在上面。一股怒气往上冒，往她头脑上冲，她的创口不仅重新打开了，而且还有人在上面撒盐。

　　尹修竹心急火燎地往围廊石墙那边走。天青灰，院子里悄无人声，东面的天空还有几颗微星在闪光。她长吸了口气，停下来一秒钟，已经看见凌风昨天住进的那间宿舍了，与陆川相隔一个房间，老李头晚上帮他张罗搬定的，还替他烧了开水，并提到他屋里。

　　尹修竹一心想要揭穿凌风的诡计：这个娃娃脸的家伙，肯定不是好人，知道陆川失踪的事，害了一个不够，还来进一步害她。

　　尹修竹举起手要敲门，却发现凌风宿舍的窗帘下透出灯光来——这个人竟然醒着！他在干什么，在这么一个安静的凌晨，在这个新来乍到的地方？她不由得放轻了脚步，蹑手蹑脚到窗下，慢慢抬起头，透过窗帘的缝隙往里张望，她简直不能相信自己的眼睛：这个叫凌风的人坐在窗前的书桌旁，虽然没穿长衫，但还是整洁地坐着，桌上摊开的是一本杂志，再凑近一些看，还是那本《新生》，而且翻开的是印有她小说的部分。再看了一眼，她几乎要尖叫了，赶紧捂住自己的嘴，搁在杂志上的竟是她那天遗落的绾头发的丝绢，牙白中有点点浅黄的梅瓣！

　　她记忆迅速恢复了，想起来，那丝绢并非弄掉了，而是被陆川抢走的，他们正在闹得高兴时，头发散了，她停下来重新绾头发——哪怕在最狂乱时，她也不愿意自己不整洁。陆川一把抢了这条丝绢，塞在自己的裤袋里，不让她再为头发分神。

　　这个人杀了陆川！

　　她脑子轰地一响，本应该找到对策再行动，可是她什么也未想，就冲到门前，猛地推门，门没有关，她一个跟跄跌进屋里。但是屋里那个人一步跨在门口，正好把她接住，她几乎是一跤跌进他的怀里。

　　那个男人很轻柔地捧住她，乘势让她坐进他刚才坐的那张藤椅里。

　　尹修竹努力镇定下来，她拿起桌上的丝绢，问道："你是谁，你从哪里弄来的？"

　　"陆川给我的。"凌风半蹲在地上，眼睛望着她说。

"什么?"折磨了尹修竹这么长时间的问题，没想到竟如此直截了当地得到了回答，这令她非常吃惊。她脸色苍白，嘴唇发青。"他在哪里?"

凌风站了起来，拿了一张凳子过来，坐在尹修竹的对面。他皱着眉，似乎很不情愿地说：

"他被捕了。关在市警第三监狱——就是老虎桥那个地方。"

完全出乎尹修竹的预料，她本以为陆川死了，听见他还活着，她的眼睛都亮了光，可是马上那亮光就不见了，再没有比被捕更糟的了。只是她的声音没有先前那么尖利，理智回到她的身上。

"陆川怎么会被捕呢?"未等凌风回答，她又说了一句："陆川怎么被捕的?"陆川以这样的方式消失——她曾经想到过这一层，陆川没有说过，但她猜得到陆川肯定是革命党，但是这与他们玩的迷藏怎么联系得上呢?一个人不能因为不想玩就被捕呀！尹修竹一脸不解的神情。

"那天，"凌风说，"那天中午在后山树林。"

"你怎么知道，"尹修竹猛地站起来。"是你把他抓走的?你这个反动派！"

"是的，我是反动派。"凌风摆手让她坐下。他一点不绕弯地承认了，反而使尹修竹无言以对，不知如何说下去为好。想想，还是坐了下来，她想知道到底出了什么事。

"已经盯了他很久，"凌风说。"怕进学校抓人，会引起学潮风波，这个师范学校闹学潮有名。所以一直等到那天中午你们俩出去散步，就有人来报告了。"

"谁，谁报告的?"

"我不知道，真的不知道——或许以后会打听到。"凌风摊摊手，"我只是市三监狱的看守，本轮不上我们这批人，不过那天突然调我们出动，他们认为要抓一个革命党要人，而且在野外，人要多一些。"

"我的天！"尹修竹在心里叫道。她想起那天静谧的树林，他们像在天国伊甸园一样放肆裸戏，可爱的蝉鸣声中，只有摇曳的树叶间露出的白云看着他们。真是胡扯，一大群人在盯着呢！

"上峰指示，此事惊动的人越少越好，所以我们只是在远处，想等你们两人分开再动手。有人带着望远镜，但是我没有看。"

他的话一说完，尹修竹脸涨得通红，这个凌风真会凌辱人！她能想象这批反动派狗警在那里拿她开心的情形，顿时觉得气都喘不过来。整个场面太脏，太恶心，还不如他们一枪把她打死痛快。如其那样，还不如把她和陆川统统打死在那林子里，不让他们知道，也不让他们有悔恨的机会。

"我真的没有看，"凌风说。他的话可能是诚恳的，他可能没看，他一人是个害臊的男孩子，那就证明大部分人都看了，尹修竹气恼得差一点呛住。她平生最要的是纯净，最见不得脏事，不料自己成了脏话的靶子！

凌风很体谅地等她平静下来才继续说："等到他一离开你，藏到你看不见的地方 —— 一棵泡桐后面，他们就把他捂着嘴扭倒了，他想挣脱，当然未能成功，更多的人扑上去按住他，把他带走。你一点没被惊动。不知为什么你站在那里闭着眼睛，捂着耳朵足足有三分钟，那时间足够把他带走。"

尹修竹嘴都张大了，原来还真是她把陆川玩掉了。她站在那里闭着眼手堵着耳朵，样子肯定傻极了，肯定让这批狗王八回去后笑疼肚子。

"那么，你怎么会到这里来？"尹修竹回过神来，终于想到眼前的人没有必要把这一切告诉她，如果这真是秘密逮捕的话。于是她换了一句话："我的丝绢怎么到你手里的？"

"我在老虎桥当看守，"凌风的语气还是那么平和，不慌不忙地说，"我非常钦佩陆川先生的道德人格和革命理想。承他看得起，把我当作朋友，他在狱中给我讲了很多革命道理。"

"他现在还活着？"尹修竹问，她早就应当问陆川现在的情况。被秘密逮捕，那就是说，要处决他太容易，没有人会知道，也不需要审判之类的过场戏，所以，她潜意识里就断了这个心思。现在经凌风这么一说，她即刻追问上去。

凌风站了起来，拉起窗帘一角看看外面，院子里依然无一人，只有晨鸟在啁啾，天空已经开始变成玫瑰红。

"前天他被押走了。"凌风放下帘子，坐回尹修竹身边，声音放得更轻一些。"我也不知道押到哪里？"看到尹修竹紧张的眼光，他说："不像押赴刑场，因为审问还没有好好开始——他们在等中央来什么人，亲自过问。我估计是想问出北方一带的组织关系。秘密逮捕，可能就是为了这个原因。我认为陆川先生可能被押到省党办去了。"

"那里会拿他怎么样呢？"

"陆先生不招供，恐怕会就义成仁 —— 我不想瞒你，陆先生叫我不必瞒你。临走他只有跟我说一二句话的机会，在我帮他收拾东西的时候，他把这丝绢交给我，让我一定要带给你 ——"

尹修竹已经泪流满面，泣不成声。她已经无法坐着，她倒在凌风的床上，伏在床上痛哭。听到凌风最后咽下的半句话，她完全明白了：

"我知道，他叫我不要等他。"

"对。他先前谈你谈得很多。他说你是一个很纯洁有才能的女孩，他告诉我你的写作，说你应当有好前途。"

"他不会活着回来了？"

"恐怕这是陆川先生心中的夙志。"凌风仔细想了一下，"我已经决定跳出火坑，一个星期之前，我已经去找了他说的另一个接头地点，把情况转告了组织。我想一切都已经补救上。我告诉陆川先生组织上已经作了相应布置。他很宽慰，但是他说，供不供，有关他的人格，他还是一字不能吐。"

“你是说他们会拷打他，上毒刑？”尹修竹从床上坐起来，恐怖地叫起来。

“是的，”凌风说，“这是肯定的。所以陆川先生让我给他买了砒霜，他说他会及早从容就义。”

“你——”尹修竹尖叫起来，凌风急忙把她的嘴捂住。可还是听得见她闷着声音说：“你害死了他！”她激动地用双手想扳开凌风的手，想跳起来，凌风不得不用身体把她压倒在床上。

“尹小姐，你镇静一些，”凌风轻声说。他的手松了一点，还是随时准备捂住她，因此还是压在她身上。“我是陆川先生的朋友，我没有害他，正如那天你与他一道出去，也不能说是你害了他。”

这一句话把尹修竹说得哑口无言了。的确这一阵子，她一直都认为自己害得陆川失踪，只有她有给陆川带来灾祸的可能。看来她自怨自艾过份了。如果他们一直没有分开，那又怎么样？陆川早晚还是会被抓走！只是不会把她弄得这样疯癫癫，整整几个星期悬在空中，几乎要把自己折磨死。

这一切，这一切对于她来说都来得太快太急，她不知道怎么想才好。而凌风还是怕她会突发歇斯底里，一直躺在她身边，手按住她的肩膀。但是尹修竹已经不再挣扎，她又是一夜没睡，事情来回反复剧变，把她弄得筋疲力尽。

“平静下来就好，”凌风的声音几乎像来自空中，很遥远。“平静下来，一切都会好好的。”

尹修竹听到自己的声音在说，“平静了，我已经平静了。”

“平静就好，”还是那个遥远的声音。

渐渐她感到眼睛在自动合上。“我要睡着了，”

她终于在凌风的床上睡着了。

六

此后，她每夜睡在凌风的旁边，她害怕：世界上这一切变故与残忍，不是一个小女子能承受的。凌风有时候出去打听消息，一直没有任何消息。他回来就到尹修竹那里，详详细细告诉她情况。没有死刑消息，哪怕秘密处死，他的旧日同事也会知道。但以前的同事看见他，只叫他快走。

两人分析，最有可能是陆川已经吞下砒霜，这恐怕也是对任何方面都合适的办法。

尹修竹已经不抱任何希望，凌风不管什么变故都平静镇定，这态度也影响了她。她坐下来重新写作。《新生》刊出的那个小说，反响出乎意料地好，报上有评论，也有许多读者来信，有的人感动得声泪俱下。

小说里写到育婴堂的孤儿，嬷嬷写信来，说前来问候的人很多，他们看了她的小说后，开始关心孤儿们长大之后的感情生活。

她的小说的确是半自传的，像所有开始写作的人一样，当时自己完全没有恋爱过，只是凭空虚构。

她新写的这一篇，也带半自传色彩，这次有理想，有革命，也有激情——这些以前陌生的东西现在溶进了她的血液。她已经看到理想如何感染人，陆川的理想精神和宁死不屈，从容就义的崇高感染了凌风，也感染了她。小说未写完，凌风便读了，非常感动，对尹修竹说："你变得成熟了。"

这天晚上他们相拥在床上，互相安慰。凌风从来不要求做那个事，她也不想，虽然她很喜欢凌风，喜欢他对一切事的镇定自如，还有他的善良和正直。他们似乎有一个不必言明的约定：只有他们知道了陆川的确切消息后，才能真正互相献给对方，他们不能背着陆川做什么事，这样不公平，主要是他们内心感到不公平 —— 陆川是他们的偶像，他们不能玷污这理想精神。虽然陆川留下遗言让凌风来找她，但只有陆川真正不在人世了，他们才可以执行他的遗言。他们每夜亲密地睡在一起：这夏天还没过去，他们衣衫单薄，露胳膊露腿的，听着对方的心跳，呼吸到对方的气息。这种肉欲折磨，好像是一种净化仪式，一种给他们的考验。

尹修竹每天早上醒来，睁开眼睛前，心里就祈祷：但愿这个暑假再长一些！再长一些！在一周后，在学生老师陆续回来之前，他们必须知道下一步怎么办。

一连两天，尹修竹闷闷不乐。看到她不高兴，凌风也很焦急。

这天晚上尹修竹对凌风说，"能不能快点弄清楚情况？马上就要开学了。"她忍不住了，首先她希望自己很快就写完新的革命爱情小说，同时也很快就应当结束这种悬挂在回忆中的生活。凌风也非常赞同。这天夜里他们的拥抱变得热烈，尹修竹亲吻凌风时，久久不肯放开，她感到周身的血液沸腾起来，她也感到他的身体在颤抖不已。他们的身体不受他们控制，紧紧地贴在一起，开始摇动起来。

最后还是凌风停住了，他挣扎出尹修竹的长吻，默默下了床，轻轻走出去。过了好一阵，他才回来，对尹修竹说："我明天再出去，我想这次一定会打听到陆川的下落。"

尹修竹已知凌风是个说到能做到的人。他让她平静，她就会平静下来，实际上只要凌风在，只要想到凌风在，她就能镇定下来，继续写她的小说，生活中的所有事也都有了次序。

七

只是小说结尾，尹修竹写得很慢，她似乎长久地在考虑小说中的人物应当如何对付命运，替他们设身处地安排各种可能的方案，给全书作结。

　　但是她整天也没有安排出一个合适的结局。

　　这天天黑了，凌风还没有回来。尹修竹拿着碗筷到水龙管子盛水时，她听到院子里有脚步声。"凌风，"她轻轻唤了一声，把水桶拎下地。可是凌风并没有走过来，可能是没有听见，尹修竹用碗去接水，抬起头来，吃惊地看到一个陌生男人往围廊那边走，背稍稍有点驼，似乎是个儿太高了。

　　再仔细一看，竟然是陆川，那走路的动作和姿势，尹修竹太熟悉了，只是最近忘掉了而已。

　　她呆住了，手里的碗掉在地上，叭嗒一声碎成两瓣，筷子却一直滚下去，落入水槽。

　　陆川顺声回头，看见尹修竹，就快步走过来。

　　"你回来了？"尹修竹轻声说。

　　"我回来了，"陆川走到天井："你不高兴吗？"

　　残照好像就在这一分钟里把亮度减低，好像是不让她看清陆川的脸。但是她听得出他声音很疲倦，脸上是一种憔悴，人瘦得颧骨极高，胡须也没有刮。

　　陆川靠近她的身边，抓住她湿淋淋的手，她禁不住全身颤抖起来。陆川一把就把她拉到了怀里，紧紧地抱住她，那种熟悉的拥抱，马上让她喘不过气来。

　　"我回来了，你不高兴吗？"陆川还是那样反复地问。

　　"高兴，高兴，"尹修竹说。等了一会儿，她抬起头来看看他："你怎么回来的呢？"

　　"上午搭火车从省城回来的。"陆川说着，拉着尹修竹的手朝围廊走。

　　"噢。他们让你出来了？为什么呢？"尹修竹太想知道，已等不及回到屋里。"究竟出了什么事，你一走就一个月！"

　　陆川急急忙忙说起来，在尹修竹听来，大致与凌风讲得差不多。

这时陆川突然停下来，盯着她的眼睛说："我知道你想问什么，你想问我有没有叛变？"

尹修竹刚想声辩她根本没想到这个问题，陆川已滔滔不绝说了下去。"我告诉你：我没有叛变，我没有什么可叛变的！我已经切断了大部分联系 —— 在暑假之前就切断绝大部分联系，因为我知道我已经被盯上了。"

"被谁盯上了？"

"学校里有人，"陆川轻声说。他转过头，看看四周，这让尹修竹突然想起很早见到的一幕情景：凌风也曾四处看看院子，然后才说话——这个院子里可能有什么人呢？这个学校早就走空了。凌风那天说过，陆川消失的那个中午，他们出去散步，就有人报告了。除了老李头，还有他那个路都走不动的瘫痪的老婆，能是什么人？

陆川说："我暑假不走，就是组织上的安排，让我不要走，以免打草惊蛇。"

"什么？"尹修竹现在见惯不惊了，知道有许许多多的秘密，她永远弄不清楚。"难道你留下不是与我恋爱？"

"当然是。我的意愿正好与得到的命令一致而已。"陆川一清二楚地说。但是尹修竹不明白怎么会那么一致，那么巧合。总有一个是顺带的，趁其便而行之的。革命和爱情，不会两个都一样重要，份量正好一样。

"怎么会放你出来的呢？凌风说 ——"

陆川正好用嘴唇在打她的嘴唇，听见她说凌风，便扫兴地放开了她，但是在她耳边咬牙切齿，一字一字地说："不要提这个人！"

"这个人是谁？"尹修竹有点生气了，她不能再被这些男人蒙在鼓里。"我的事，不是你告诉的吗？"

陆川说，"这个人是刽子手！告诉我，是不是这个人到你这里来过了？"

尹修竹心里更生气了，她其实是想说，"不就是你叫他来的吗？"只不过话一脱口，便变成："关于我，不是你告诉这个人的吗？"所以，当她听到陆川这么问她时，她便不再说话了。

"那么，你们俩有什么事不成？"陆川进一步逼问，口气挺凶的。

尹修竹愣住了。她和凌风的确好上了，又没有真正"好上"。不都是为了陆川吗？为了实行他陆川的嘱咐，两人才相依为命的吗？

陆川看了看尹修竹，已经明白了答复是肯定的。他脸痛苦地抽搐，问道："这个人现在在什么地方？"

尹修竹清清嗓音说："今天去找你了。"她不愿放低声音。"他说今天一定能打探出你的消息。"她朝四周的黑暗看了一下，"该是回来的时候了，他出去了一整天。"

陆川一听，就催尹修竹朝屋里走，看到她脚步没有动。他说："我就是舍不得你，才专门回来接你。"

他没有必要问尹修竹是不是愿意。这是不需要问的事，他对他们的关系有十二分的信心，尹修竹本来就是属于陆川的。

就在这时，凌风的屋子灯突然亮了，门打开，光正好照在他们身上。尹修竹怎么也没料到凌风已经在这里，或许早就在这里，一直在等着。

"陆川先生，"凌风走出来说，依旧是那么宁静的低音，那么真诚。"陆川兄，欢迎你出狱。"他伸出手。

陆川没有去握凌风的手，也没有应声，他对这样突然冒出的戏剧性转折，似乎早有估计。他非常疲惫，现在面对凌风，好像到了表现男子气的时候。他看着凌风悬在半空的手，纹丝不动，鄙视地看着，直到那只手最后缩回去。这时他才以责问的口吻说：

"是你安排我出狱的？"

凌风走上一步，恳切地说："我哪有这样的权力，你弄出了天大的误会！我只是打听到你今天可能释放。"

他又想上来拥抱陆川，但陆川还是避开了。凌风沉矜半晌才说："别忘了，是你把我引上革命道路的，是你让我懂得了革命道理。"

"我起先也是那么想，"陆川清清朗朗地说，好像宣战似的，"但后来，你把交待的事干得那么干脆利落，甚至给我弄来了毒药，把我弄糊涂了。我在被押走的路上，忽然明白了：我没有这么大的感召力，我不可能把一个反动派在几天之内彻底改造过来。"

"所以，你也没有服毒自杀。"凌风说，"你知道组织已经作了应对，你什么关系都交待不出来了，除了一个关系——"

"对，那就是你。我可以供出你，却无法说你在哪里。"陆川说："你拿着我最爱的人作人质，我一清二楚。"

"难道不是你自己请我来照顾小尹的？不是你给我的丝绢？"

凌风称尹修竹"小尹"，把陆川气着了，"你，你是个双面——三面——间谍，你骗了所有的人！"

"并非如此。"凌风说："只是我明白你可能做什么，我也失去了一切组织关系，上级知道我与你有瓜葛，他们要等你的问题全部'解决'，才能恢复联系。我在这里等候你的日日夜夜，却改变了主意——我爱上了小尹，我也相信她爱的是我！"

这两个男人同时转身朝向尹修竹，但是她不见了，在他们正在清算旧账时，尹修竹已经回到她自己的宿舍里，往皮箱里扔东西。当两个男人赶到尹修竹屋前，她正提着皮箱走出来。看到她，他们同时惊叫起来："你上哪里去？"

他们都没想到，最可能消失的，反而是这个女人。

尹修竹停下来，把皮箱搁在地上。她一点也不着急地说："别害怕！我已经听够了你们两人之间的来回倒账，谁欠谁的！可惜，这些乱糟糟的事都卷进了我。其实连我做梦都明白，我早就不是原来那个傻乎乎的女教师了！别以为我是你们可以切开，可以分的财产，错了，我早就明白我应该成为自己！这一个月中我弄懂了许多事，没有白过。"她身子弯下，想去提皮箱，但是停下了。"你们问我爱谁？我也说不清。凌风，我们俩的爱是安宁的，我也爱过你。陆川，我也是爱你的，我们的爱非常热烈。作为男人，你们都很可爱。你们对我的爱情倒不是虚伪的。"

她回过头来，屋子里的挂钟，在这极其安静的夜晚，那嘀嗒声分外响亮。尹修竹身上的旗袍整整齐齐，头发整理得干干净净，仿佛她又回到做姑娘时的洁癖，一切都细致而从容。

陆川吃惊地盯着尹修竹，他顾不上凌风，急得跑上石阶，却只是站在尹修竹旁边，张口想说什么。不过，尹修竹用手止住他，她说：

"爱情不应该被劫持，不管以什么名义。我相信你们各有苦衷，以前的事就算了。我们这场面，也未免太像一出戏。戏总要落幕，我认为我应该走了，今晚八点半有一班火车去南方，我现在赶去。至于你们，你们谁愿意跟我一起走？我就在火车站等着。"

她重新拿起皮箱走下台阶，到天井里，跨上石阶。她不怕远行，上海的《新生》编辑部与她保持通信，她请他们把稿费寄存在那里待取 —— 她早就想过不可能在此地久留。现在她将以一个女作家的身份南下。她突然回过头来：

"其实你们俩可以一道来，我可以稍等一下。这样你们谁都不用害怕对方再使什么绊子，你们背后的人 —— 不管什么人 —— 也不好做什么下作事。哪怕马上有报告上去，说是三个人一起走了，带着行李，我看哪个能明白出了什么事。"

她轻声地笑了出来，招招手说："来吧，我们三人一起走，我说过，你们两个人我都爱。其实你们俩我谁也舍不得，离开你们其中一个，我一生都会懊悔的。我说的是真话。"

这样的结局，比任何小说都有意思，任何争风吃醋的言情小说格局，都不可能有这样出人意表的结局。她带着她的新小说，迎接她新的前程。

尹修竹边走边想，她没有听背后的脚步声，她相信那两个人都会跟上来。她留恋地看了看路上高高的桦树，想象着他们三人一起消失在火车站。两天之后，在那燠热的南方，在竹子摇曳生姿的影子中，她双手分别拉住这两个男人，两个耳朵分别听他们对她倾诉心中无限的怨曲，无尽的遐思。

虹影（英国）1962年生于重庆，享誉世界文坛的著名作家、诗人，中国女性主义文学代表之一。代表作有长篇小说《饥饿的女儿》《K—英国情人》《好儿女花》《罗马》等，以及《上海王》等旧上海系列小说；诗集《我也叫萨朗波》、散文集《小小姑娘》等。近几年完成了"神奇少年桑桑系列"五本、《米米朵拉》等给青少年阅读的小说。六部长篇被译成三十多种文字在欧美以及以色列、澳大利亚、日本和韩国等国出版。多部作品被改编成影视作品，是电影《兰心大剧院》的原著作者，该片入围威尼斯电影节主竞赛单元，由巩俐主演、著名导演娄烨执导；也是电影《上海王》的原著作者。曾获纽约《特尔菲卡》杂志"中国最优秀短篇小说奖"，长篇自传体小说《饥饿的女儿》曾获台湾1997年《联合报》读书人最佳书奖；《K—英国情人》被英国《独立报》（INDEPENDENT）评为2002年十大好书之一。2005年获意大利的奥斯卡文学大奖"罗马文学奖"。2009年被重庆市政府授予"重庆城市形象推广大使"称号。近期，她编剧执导了第一个院线电影作品《月光武士》。

路

李凤群

一

那个瘦瘦的少年紧绷着脸从小区门口出来，瞟了一眼这辆丰田的车牌后，气鼓鼓地拉开车门。怕司机看不见自己给的脸色，猛地把自己和一只耐克双肩包往车里一掼，又"砰"一声大力关上门。

收音机正在播雨季注意事项：

要避免在低洼地带、山体滑坡威胁区域行车。

如果不小心走过低洼积水路段，车辆如果无法行驶，突然熄火，千万不要强行启动车辆……

"收音机关掉！"屁股落定的同时，少年的声音跟着进来，他粗暴地命令，声高气躁，眼皮都懒得抬一下。

司机伸出手一扭，关于暴雨的声音戛然而止。

刚刚下过一场雨，另一场正在蓄势待发，潮湿又黏稠的梅雨天，街上没多少行人。没等司机开口打个招呼，少年的手机就响了。手机铃是剑与剑撞出火花的声音。

"上了。"他没好气地对着手机喊："睡过头了不行啊。"

停顿了一会儿，冷不丁提高音量又一声怒吼："为什么不让老子坐高铁？"

电话里有声音在叽里哇啦地解释。少年掐断电话的时候，那声音像被锅盖一把扣下去似的，焖住了。

少年可以看到司机左胳膊支在开着的车窗上。这司机平头，身矮体窄，侧脸瘦而无肉，椅背显得阔大。少年吼完，掐掉电话，司机动了动身子，开始发动汽车，他皱巴巴的棉T恤蹭在座椅上摩擦出闷闷的声音。

少年的声音再次吼出来："空调呢？"

司机保持着最初的沉默，关上车窗，打开空调。他动作的时候呼气声很轻，好像少年上车的架势使他的呼吸变得更轻似的。

拐过民生路路口时，突然天空炸裂，顿时风雨大作。街上的行人立刻作鸟兽状；支在药店门口的广告牌，翻滚着扑向隔壁面包店。不知道什么人，勇敢地扑过来，还没够到广告牌一角，一阵风又来，广告牌腾地扭转着到了另一家店门前。这个勇敢的人被风牵扯着，摇摇晃晃地追着牌子晃，再一次笨拙地一扑，这次用力过猛，几乎全身压住广告牌，好像那是个无价之宝似的。车子驶过他身边，车里的人看清了他大惊失色的脸，好像风把他灌晕了。车子开过很远，少年还是从车窗里看到他呆在那里，狂风把他的衣服掀起来，雨点打在他裸露的背上。

"呆逼。"像是此人的表现损害了他的利益似的，少年悻悻地骂了一句。

天更闷了，前方施工路段放着红色的雪糕筒，雪糕筒就是做做样子，照样有汽车绕过它一直往前。自行车也等不及，躲躲闪闪地在喧闹的货车和小汽车之间穿行。淋过雨水的车轮闪闪发光。

看到内环高架桥时，少年突然用不同于他自己的声音说："老金，做个交易。"

司机不吭声。

"你把我在前面放下来，我自己坐高铁去我奶奶家，我到时就说你送的。车费不少你，而且我还另给你二百，怎么样？"

司机不吭声。

"三百。"

司机没有吭声。

"五百。"少年气急败坏地喊，嘴巴已经贴到了司机的耳朵边。

绿灯亮起来，司机一脚油门，那孩子被惯性弹回到座椅上。

从福竹公寓到普济圩农场实打实也要六个半小时车程，赶上梅雨季的暴风雨，路上到处有坑洼和积水，从民生路开到高速收费口就已经整整耗掉一个钟头。刚过收费站，路又堵上了。方方正正的厢式货车，跟双层巴士一样高的旅游大巴，盖着防雨布的卡车，越野车，七座小轿车。每辆车都急不可耐紧紧咬合在一起，密密麻麻挤成一团，一指宽的缝隙都不放过。

"老金，你能不能从应急车道过去？这种破车里坐六个钟头，我的腰都会断了。"少年盯住应急车道，别的车都噌噌地开过去，他早就急躁得不行。

老金不吭声。老金的表情很淡漠。车海好像是他的阵地，他倒很享受。

"你不能机灵点吗，我的手机只剩一格电，你的破车上连个苹果数据线都没，啊？"少年气急败坏地叫道。他的屁股在车垫上摩擦，像有什么地方瘙痒难耐。

离始发地还这么近，牢骚已经把车子空气撑得更稀薄了。

"你旁边的塑料袋里是零食和可乐，你吃吃饼干垫一垫。"司机的声音比他的背影看上去要更干巴、更软弱，经过他的口，食物也好像变得干巴巴的。少年嫌弃地皱了下眉头，看都没看一眼身边的食品袋。风在车窗外咆哮的势头很猛，前方的天空云团翻滚，像随意倒在画布上的颜料没有和均匀。

"我要投诉。"

　　司机回头看了少年一眼，像要正式认识一下自己的乘客，之前，他们甚至都没有相互介绍。

　　少年眉眼清秀，皮肤像女孩一样白皙，他理着像鹿晗一样坏坏的发型，纤细的手腕上戴着一只时髦的运动型手表，但他的眼睛可不友善，就那么斜着往下看。对于扫到他脸上的目光，他做出了不能忍受的表情："看个屁，嫌老子话多，你停车啊，你罢工啊！"

　　司机不吭声，他一心专注于雨水。才刚过下午两点，可是天看起来已经是黄昏。水花弥漫到四周的窗户上，雨刷器根本忙不过来。发动机发出嘶嘶的叫声，远处应急车道上一辆汽车抛锚。雾气迅速弥漫，汽车艰难地穿过一个隧道，出来的时候，一侧是悬崖，另一侧是田野，一排排湿漉漉的长条玉米叶上挂着米粒一样的雨点，挂穗的麦苗像波浪不断地翻滚起伏。远处的房子透过雨幕也似乎变得歪歪斜斜。光线比刚才还要暗。水花一阵阵溅进空中，又消失在路面。

　　车到浙江境内，雨比上海下得还大，路上的车流量明显减少，汽车溅起的水花远远高过视野。眼前变得模糊不清，就好像不是隔着一块玻璃而是隔着一片浆糊。悬挂在后视镜上的红色中国结摇晃得厉害。

　　突然司机点踩刹车，车速开始下降。

　　"又没个鸟人，慢什么慢？"那孩子把自己的声音当成车的一部分了。

　　司机继续放缓车速："情况不明，要是开到某条沟里去，到时连命都没有了。"

　　"怕了？那我们就回头。"少年开始使用激将法。

　　"我的任务是把你送到你奶奶家。"

　　"你的任务是拿到我爸的钱。"

　　司机不吭声。滑溜溜的路面，除了隐隐约约向身边滑过的白色虚线，能见度几乎为零。一切都浸泡在剑锋一样的雨柱中了。方向盘在司机的手心里震动，车头一会儿像要偏左，撞上护栏，一会儿又斜到右边。司机手背上的青筋暴突，好像这场战斗要使出全身的力气。

　　"可是我憋死了，"少年哼哼着，"我爸爸让你六个小时不让我上厕所吗？"他凑向前推了一下司机的胳膊。

　　司机没有吱声。

　　下午三点多，司机慢慢驶离主道，开上路肩，拐一个弯，到东亭服务区的岔道很陡，司机再一打方向盘，笔直的峭壁近在眼里，车道旁边是大块的砾石。

　　有没有哪个倒霉家伙被砸死过？

　　司机把车停在服务区的超市门口，他告诉少年："左边是洗手间，你上过厕所可以到超市买你喜欢吃的东西。"

　　等他加完油把车开回来，透过玻璃窗，清楚地看到少年站在超市入口的一排水果面前。里面的人不少，可是每个人都心不在焉，根本没注意到这孩子像根刺一样杵在那里。少顷，这家伙似乎来了一点兴致。他伸了伸脖子，把手伸向面前的水果。他挨个捏着桃子、猕猴桃，像个检查员一样专注地挑选水果。一个顾客指了指货架，趁着服务员转过身去拿顾客要的烟，这孩子大大方方地伸出五指，瞬间夹住一个芒果裹进背包和衣袖之间，还在原地停顿一会儿，等服务员把烟递到顾客手上，才若无其事地出了门。他仰起头看天，雨点清晰地落到他脸上。意识到司机在观望他，他无所谓地挤挤眼，一甩手，就开始把芒果抛向空中，接住，再抛，又接住了，第三次，他举起小臂，把芒果对准立在台阶旁边的不锈钢垃圾桶，狠狠砸去。芒果砸在不锈钢支架上，发出一声巨响。现在，芒果变成一摊金色的垃圾。少年看了一眼，耸耸肩，又回头看了一眼水果超市，没人出来，在雨的声势之下，一切声音都不被重视，他回头看了看，悻悻地走向汽车。

　　汽车默默地在阴森潮湿的路面滚动，驶向一座桥面的时候，可以看见像黑洞一样的桥底，乌黑的河水像墨汁一样向岸边晕染。一辆蓝色的大型客车从超车道呼啸而过，车轮溅起的水花笔直地伸向空中，一声嘶吼，又啪啪浇落到路面上。

车子越大，开过去的动静越响。

司机伸长脖子察看道路，他注意到路中心有一洼水坑，坑边淤泥积塞，坑里的水浑浊，目测不出深浅，眼看就要到跟前了，他轻打方向，擦着坑过去。

车子离开了开阔的平原，向山边驶来，渐入湿雾中。

两辆车撞在一起的车祸现场赫然出现在眼前。一辆面包车的车头完全嵌到一辆中型卡车的底部，道路中间是汽车的碎片和车里散落的物品，应急车道上站着两个神色慌张的人在打电话。无法断定是否有人伤亡。

"死人呢？死人在哪？咋没死人？真怪了去，被大卡车这么干上去。"那孩子频频回头，怒火像解开绳子的狗，一个劲地窜，可是它也并不知道要去哪里，就那么乱撞。

二

司机打开收音机：

驾车行驶在立交桥下或积水路面，首先要查勘积水深度。或者先观察前车是否能安全渡过，再驾驶通过。若水深超过排气筒切不可着急驶过。如果此时已在水中，应降低车速缓慢行驶，不要熄火或者停车，等驶出水面后，先确定刹车有效，再继续行车，如果在水中突然熄火，切不可再启动车辆。

司机把车开下路肩，慢慢停在一个看似废弃不用的加油站。

"怎么，又不走了？没本事接什么单啊，高铁才不会向这屁大的雨认怂。"

少年坐正身体，摆出"开战"的架势，他深谙如何把人激怒之道。

突然，车子摇晃了几下，司机一脚油门，车子冲出加油站回到主路上，继续向前一百米，突然一个急刹车停在了应急车道上。

"我不是老金。"他开口了，这声音冷酷得完全不像刚刚那逆来顺受的声音。

"我爸说你叫老金。"

"老金的单子转包给我了。我现在想往哪开就往哪开。"

少年思考了片刻，冷不丁一只手钳住了司机的T恤。司机的余光看到了什么东西一闪，少年的另一只手上什么东西抵在司机的耳后。他稚嫩的声音可用力了，都喊破音了："快开，别他妈磨蹭！"

司机把握着方向盘的手伸伸直，想做一个耸肩的动作，可是脖子被T恤的前领给勒住了。

他转过头来。这回，这少年才算是看清司机的真面目：整张脸瘦而阴沉，眉心的川字纹又长又深，像是一块水泥模板把这个字贴在上面，他的眼皮和眼袋都突出来，眼角有许多细缝向外扩散，使他的脸看上去很重，但他的面颊像一把小刀笔直地削下去似的，两条像括弧一样的法令纹绳子一样裹住了他的嘴。这张脸上的表情，像是被什么东西硬生生扯走了似的。

"你要是再乱喊乱叫，我就把你开到斗鸡场。听说过吗？小流氓在那里赌架，从早打到晚，打死算输，装进大货车用石子水泥浇铸，过一百年家里人都找不到。到了晚上还能活下来的赢一辆像这样的汽车。"

少年的瞳孔放大，意识到这只是口头上的威胁，可这张脸已经让他不寒而栗。

"我还可以把你拉到打沙船上去，过了江就到。黑心老板坐在船头看着你从早干到晚，等到你身上的肉被他榨干后，他把你扔在江滩上，警察找到你的时候，你饿得皮包骨头，他的船已经跑得无影无踪了。"

一丝夸张的冷笑及时挂在少年嘴角，这可不是认输的时机。

"切，你敢，你晚上不把我送到我奶奶家，我爸就会报警，你插翅难逃。"

　　"这会你倒想起你爸了。你昨天不是要搞死他老婆吗？你昨天不是还拿板凳想砸死那个后妈吗？对了，前天，你不是把那三岁的小孩往浴缸里闷，想让他淹死吗？"

　　"搞死那女的，还有那个小狗东西！"这孩子的怒气像被燃起来了，"霸占我的家，让我去我奶奶家过暑假，他还要带着人家的小孩去国外度假。搞死他们怎么了！你有意见啊，想两肋插刀？"那孩子咆哮着，唾沫喷到了司机的脸上。

　　"你搞不死任何人，除了你自己。"

　　前方一排钢管立柱伸向天空，上面张贴着醒目的广告：故作正经的香烟广告、名人坐阵的楼盘开盘、手机供应商、银行新业务、新款豪车，还有一只广告牌上是一组针织地毯图案，单看，都是好产品，可一股脑挤在一起，远看，就是一团浆糊扑面而来。

　　"你比我想的更难缠。"司机说。

　　"切。"少年说，他把身子往前探了探，手上的硬物在暗暗发力，"快开，不要耍花样，快。"

　　话音刚落，他的手腕已经被司机反手扣住，司机头也没回，双手已经从座椅间向后伸出去，少年的两只手腕已经动弹不得，从指间滑下去的是一只不锈钢叉子。

　　一辆大客车从旁边飞快驶过，一声喇叭，刺破了雾蒙蒙的沉默，雨点击打车身，发出钢镚掷地的声响。

　　"从现在开始，坐好，管好你的情绪，不然，你得领教我的厉害了。"司机甩开少年的手，少年一个趔趄，倒在座位上。

　　"就在这辆车上，我一拳干晕过一个醉鬼，他吭都没吭一声。他本来跟你一样粗鲁，就在刚才，你的粗鲁超过他了。"

　　少年捏着自己的手腕，鼻子里粗气直喘，像在积蓄新力。

　　司机没有给他撒野的机会："我都看到你怎么死的了。离这里不到十公里有一个县城，离你奶奶家也就五十公里，可惜你赶不到那里了。"

少年说："就你？"这个还没有从手腕的剧痛之中缓过来的少年，显然不甘心放过反击的时机，可是过了半分钟冒出这么一句话来，声音还抖动得厉害，疼痛可能还在持续。

"你打算怎么干？"他继续追问。

"我什么也不用干，我把你扔到街边，你自己可能还正高兴呢，你又不想去农场你奶奶家。你一肚子火，又不敢朝我发，就在街上随随便便找一个人发泄。县城里有个县医院，门口有人举个牌子在向人要钱，他的儿子得了白血病，他父亲才刚刚过世，他老婆也顶不住，倒在医院走廊上了，他只好出来要钱。你，走过去问他，为什么骗人？他说他没有骗人。你说你真的有儿子得了白血病吗？他说真的。你说，来，把证据举起来拍一下。你不就喜欢这么干吗？你不是趁你老子不在家，叫你后妈拿出爱你老子的证据吗？你后妈不是拿不出来被你一巴掌撸在地上吗？你那个小弟弟，不是也在你眼前晃来晃去让你瞧着不顺眼，被你往浴缸里摁吗？这街上的乞丐，幸好他把病历带在身上。看上去他比你后妈走运。他把孩子的病历和化验单举起来给你拍。你看都不看一眼就直接说是假的，花几毛钱就能搞到这几张纸。他倒宁愿是假的，他倒宁愿自己是骗子。他不光是对你说，他还对着手机说。对，你那手机整天不离手，你在拍视频。他跟你解释。你不听，你就在那里喊，瞧这个骗子，瞧这个骗子，瞧这个骗子。你在他身上这里摸摸那里捏捏，还说他明天没准就绑起一条腿坐到另一条巷子去装瘸子。你还叫他下跪，向网友道歉。他百口莫辩，只好拿出手机，想给他孩子的医生打个电话让他证明一下，你一把夺过他的手机，说要饭的凭什么还用手机。他早上出门的时候还哭了一场，哭他怎么这么倒霉，可是一转眼的工夫，整个街上人都在看他的笑话，说他是个骗子。你还一个劲地嚷，把附近的人全招来看热闹……你就喜欢这么干，你上个星期在地铁里过安检的时候把一个人的行李顺下来挂在扶梯上，让那人把头钻进传送带找行李，差点让警察铐起来了，你自己录的小视频在朋友圈你还记得不。"

像是自己的生活被别人扒开了一条缝，那少年的脸涨得跟熟过头的桃子一样。

"你在县城里，跟在上海一个样。你还招呼一帮子同学过来玩。这些同学跟你一个德性，也可以说，他们乐意看你笑话，一个劲地叫你扒他的皮。你看到有人围观起哄，就更觉得自己了不起，不知道谁递给你一把水果刀，你就一手拿着手机，一手拿着刀，往那可怜的人脸上比划……那人就躲，身前身后全是人的腿，往哪儿躲呀，就那么任人拿着刀在脸上比划，一会儿，他的脸上就出现了好几道口子，你越来越兴奋，越来越冲动，可怜的人都已经要晕过去了，你还在边比划边摆姿势让人拍照。"

司机回过头来直视着少年的眼睛："你以为谁都知道你其实是个没脑子的蠢蛋吗？你当谁都能给吓唬半天还能保持理智吗？你不知道人被逼到墙角会红眼睛吗？你又怎么知道人家的父亲刚刚去世，儿子又得了癌症生死不明，你自己往死路上走你怪谁，啊！"

好像有军棍要敲下来，这孩子情不自禁地缩了下脖子，司机直瞪瞪地盯着他，发出了一声冷笑。现在轮到他的唾沫溅到少年的脸上。这孩子突然意识到，这人透支了那么多的耐性，已经累得精疲力竭了，可他好像还留着一拳力气等着砸下来。这时的倾盆暴雨里，汽车外边的雨点砸进来，发出"砰砰"的声音，像是在给他助威，鼓励他加把劲。现在，轮到这孩子心里发毛了。

"人家被你逼发了疯，抢过你的刀往你身上戳了几个洞。你猜一猜后来怎么样了？"

"缩什么缩，"司机说，"怕了？刚才那狠样呢？就你这种豆芽菜一样的货，自己有几斤几两心里没点数吗？你顶多是个欺软怕硬的小公鸡。你再喊一声试试？来，我听听！"

捏着还生疼的手腕，少年把脸侧到一边："杀人偿命，谁敢？"

"偿你的命，蠢东西，人家那是正当防卫，你被戳了几个洞还不好意思吱声，自己走到一边倒在角落里就那么不清不楚地死了。"

"我爸不会放过他。"这也是过了一刻钟后这孩子才哑着嗓子半张开嘴斗胆说出一句。

"你老子倒是想替你喊冤，可是网上朋友圈全是你拿着刀往别人脸上戳的小视频。他能怎么着？他哑口无言他！"

说这话的时候，他一拳砸到方向盘上，一声尖刺的喇叭突兀响起，少年吓得从座位上弹了起来。这可是一路上这辆车第一次发出叫唤。

三

雨不知不觉小了许多，可是风声凄厉，黑暗翻卷过来，缠绕着汽车，渐渐只留下这两人彼此的面目。下了高速，路况更差，石子硌在轮胎上嗒嗒作响，路面上的雨在灯光下像刷了一层油。周边的车子都脏兮兮的，廉价的面包车、露出铁皮的货车，甚至还有摩托车和电动车在路上，骑车人裹在呼呼作响的雨衣里。

这样子他很容易跌倒，其实他身上已经湿了，要么不走，要么把脸露出来。少年眼睛跟着那个骑车人看得出了神。风雨里的行车人，黑天里的危险路面，专注的侧影，微微前倾的背，看上去人们都精疲力尽。

"他有自己的主意。"司机简洁地说，把他红色的大手摊开，又放回方向盘上，好像是为刚才的怒斥道歉。他长着一双跟他身材比例不符的大手，粗壮，有力，手背上有疤痕。

少年用舌头舔了舔自己的嘴唇，他开始感觉有那么一点儿尴尬。这感觉可不熟悉，可有点不对劲。

"然后，"好像他没话找话似的："再有十一里到一分场，雨下成这样，不知道那条窄水泥路有没有被冲掉。导航指望不上。地图上那条线，就是做做样子的。"

后座上没有动静。

"耐心一点儿，什么事都得耐心一点儿才好。"

那孩子还是没吭声。

这之后，很长时间车里一片安静，少年竟然沉沉地睡着了。少年不是仰着或者躺着，他向前伏撑着，头顶着驾驶员的座椅。

小孩做了一个梦，梦见有个人拿把刀捅过来。就像延续刚才司机的话。他躺在一只绿色的垃圾桶背面，看到巷子上方一条雾罩的窄天。

他死的时候，倒在地上最后一刻，他瞧见的是他以前瞧不见的东西 —— 那巷子上的石砖竟然会膨胀，一直胀大一直胀大，直到把整个眼眶塞满，它又突然开始变形。他慢慢转过脸，巷子顶上的瓦也在旋转，好像要对着他的脸砸下来似的。他闭上眼，再睁开的时候，垃圾桶在晃动。不知过了多久，似乎有千万条腿在拖着它远离他，他只能看到行人的腿，各种各样的腿，粗的，细的，紧身裤的，短裙的，向他走来，要踩到他似的，终究拐向一旁，渐渐远离。他想呼喊，可是发不出声音，就连眨眨眼都好像做不到，眼前像是飘浮着木屑。他看着自己往下坠，往下坠，扒拉着，扒拉着，终于，他扒拉到一块什么东西，一把攥在手上，发出一声惊呼。他醒了过来。

司机回头瞧他一眼，似乎在说，你也知道害怕啊！

"我爸尽找我麻烦。"孩子吸着鼻子，发出轻轻的抽泣声。

"你爸不希望你闯祸。"

"你听他胡说，那女人就是个害人精，她别的都不会，就会拿甜言蜜语哄我爸，找我麻烦，哄我爸带她跟她儿子到处游山玩水。"这会儿他的口气像个女孩似的。看司机不吭声，他继续说，"你说我妈倒霉不倒霉，好好的家被人霸占，她自己只能住我姥姥家，一天到晚受我舅妈的气……难道就由着她霸占我的家，不行！"他的喉咙堵住了。

汽车开进一个桥洞。桥洞的路坑洼不平，车子颠簸得厉害，刚刚的山影和田地都消失不见了，前后左右一辆汽车都没有，蒙蒙浓雾之中，只听见水泥两壁呼啸的回音，汽车仿佛往黑暗的深处开去……

"过一会儿就没那么黑了……"果然，不一会，汽车平稳起来，天和地重新出现在眼前。

天一露出来，司机就闭了嘴，好像他对语言出自肺腑地厌恶。

"我觉得我们今晚到不了普济圩了。"意识到气氛有点古怪，少年岔开话题，不停地朝窗外看，外面的路一点儿也看不清了。他疑心这不是到奶奶家的必经之路。他心里没底，又不想让人觉得他在任人摆布。

"不，"司机说，"我们要赶回去，只要雨小一点。"他看了看少年。少年又装出一副无所谓的样子，摆弄着完全没有电的手机，把它在手上抛过来一下又抛过去一下。在他偷偷睥睨的间隙，他发现了司机跟刚才不一样的模样：头发贴在他的额头，有些脏，像是淌了整整一下午的汗，透支过度似的。

八点钟刚过，他们驶过了最后一个拐角。在一座水泥房子旁边的铺着沥青的停车场前，道路中断了。周围房屋低矮，像是一片田野。

村口一根细细的电线杆下亮着微弱的路灯，一把黑伞撑在那里。车子慢慢靠近伞边，司机摇下车窗。伞下探过来一张苍老的脸，她的银白色头发在脑后扎成一束，她的脸上忧虑重重，一看到司机，立刻眉头舒展，笑着打了招呼："老金，你到啦！"

少年已经从另一侧推开车门，面无表情地看着奶奶。

"今天的雨下得跟打仗一样，不过我不担心你。老金，饭菜现成的，吃了再走？"

"不了。"老金回头看了看车座位，轻轻打了把方向，车轮慢慢滑动，开走了。少年跟在奶奶身后。四下里静悄悄的，只有风在树梢磨砺，雾气在侵蚀。

"他不是老金，"少年瓮声瓮气地说，"他不是好人。"

"我认识老金都四十年了，"奶奶说，"他家就住在五分场。"

汽车的尾灯都看不见了，少年仍然不肯转过他的头："你瞧瞧他那样子。"

"老金是好人。不要看脸，他不笑，是因为他心里苦。"像是对他俩在路上干了一仗了然于心似的，奶奶什么也没问。

少年想跟她说说家里的事：后妈，后妈带来的儿子，挑拨父子感情，父亲的巴掌如此等等……他又要上火的感觉。

奶奶回头瞅了他一眼，眼光在他脸上停了一会，像在抚摸他的饥饿和疲倦，然后，她轻声说："孩子，不要看表面，人比你想象的善。"

"不是说相由心生吗？"

"那你这会儿的样子看着也够呛呢！"她笑了一下，又收住，明明开孙子的玩笑又不想让他觉得是玩笑的样子。她岔开话题："他赶回去陪女儿，我不留他吃饭是因为我知道他想快点赶回去看女儿。"

"他女儿多大了？"

"一岁了。"奶奶说。看到奶奶家的房子了，门前挂着雨滴的晒衣杆上，还是前年看到的那只竹竿，他熟悉这支竹竿上的纹理，奶奶家的大门，也是油漆斑驳，上面还有他用圆珠笔涂的鸦。

她抖了抖伞上的雨珠，推开了亮着灯光的门，让孩子往里去。

房间小小的，里面摆着一张四方桌和两条木头长凳，墙上挂着一只大大的镜框，里面有少年小时候的光头照，还有他父母还恩爱时相拥在油菜花地里的照片。一只温暖的灯泡吊在屋梁上轻轻晃荡，可口的饭菜，奶奶温暖的怀抱，他熟悉这一切胜过熟悉他现在的生活。

从这个窗户里，可以看到邻居家的灯光，他家门前滴水坡上的煤渣填的人行道。以前这个房子是青砖简易房，现在变成两层洋楼，墙上贴着乳白色瓷砖，他曾经在那里和邻居家的孩子玩过游戏，也打过架，后来和好了。

一种空间和时间的错觉，少年感到一阵眩晕。

"他这个年纪，小孩才一岁，是太小了点。"奶奶还在轻声说着话，"大的要是不出事，他也不会再要这个。"

"他那大孩子长得很讨喜，就是缺管教，遇事莽撞，不为个什么事，在街上跟人闹起来，被人刺了一刀。他不占理，也没吭声，他可能觉得不好意思喊疼。"奶奶自顾自说着，不管孙子在不在听。在不在听她都要说出来的架势。她的话语像柱子上系的缎带那样飘出来，却不容插嘴和打断。"我没见着，但是他们说暴风雨中他像一把大摇椅那样前后摇晃着走到一个巷子里，倒在地上。他蜷缩在那里，又不露出脸，让人看了害怕。没人知道怎么回事，经过他身边，都是躲得远远的。他也没喊救命。等倒垃圾的发现不对劲，送到医院的时候，血都流干了。我到现在还能听到他妈在清明冬至哭他的声音，这声音我这辈子都忘不掉。"

可是，从这里离开之后，好像一切都变了。他和爸爸妈妈一起去公园划船，在小船上，妈妈拿水往爸爸的脸上泼，他都笑得透不过气来，可是爸爸一脸茫然——可能从那时起，他的心就不在妈妈身上了。也是在这里，奶奶打了爸爸——她威风凛凛，保证帮妈妈讨公道，威胁爸爸说要离婚就不准他回老家，她让人觉得可以依靠。

可过年时她又当妈妈的面改口，说什么"有些事，当时懂；有些事，老了也不懂，再想一想……"他和妈妈都像被抛弃了第二回，妈妈因此一直很憋屈，连带他也不太想来了。

"大的出事快两年了，他总算能说几句话了。想想当时，他把手上的买卖放下，回来葬他的儿子，那真是雷打在心上啊！他听了来龙去脉，一句也没有责怪别人，一句大话都没有说过。"

房子包裹在风眼里。呼啦一声，又呼啦一下，什么东西撞在窗户上，劲道听着大，可是奶奶站在跟前，这风也不像白天那么让人发怵了。

　　"老金一分钱也没要人家赔。他还到医院去看了人家生病的孩子，那人没坐牢，上面说是正当防卫。"

　　墙上有只旧年的蜂巢，由于年深日久，风吹雨淋，已经残缺不全，或许还有留守的黄蜂缩在暗里注视着这阴沉沉的暴雨天气。

　　"让老金把眼珠子抠出来，把身上的肉割下来，把里里外外七七八八全拿出来，换他儿子，他也肯。可惜，也是妄想。"

　　少年望着黑漆漆的夜空，心里在翻滚，面上却显得有点呆萌，白天某种蛮横的痕迹悄悄在隐退。

　　"不要怕，"奶奶说，"每年都有这样的雨季。明天太阳出来，你去找你的好朋友们玩。他们都还记得你。"桌子上已经摆好了他小时候最爱吃的冬瓜炖排骨，香味刺激了少年的味蕾，这才想起自己其实已经整整一天没好好吃饭了。

　　乡村的夜，摆脱了汽车的轰鸣和人群的涌动，单调、深沉、恬静，屋檐滴下水珠，窗外有不知名的小动物的低语声。少年侧过身睡着了，耳边闪着湿漉漉的光泽。奶奶俯过身看着他，也不知过了多久，他回身仰卧。少年的脸静如晨光，雾气尚未完全消散，青春的轮廓正在渐渐清晰。

　　李凤群（美国）已发表《大野》《大风》《大江》《大望》等十多部长篇小说。曾获第三、第四届紫金山文学奖，安徽省首届鲁彦周文学奖长篇小说奖，第七届鲁迅文学奖中篇小说奖提名，2018年度人民文学奖长篇小说奖，南方文学盛典2020年度小说家提名奖，2021年度"中国好书"奖，《北京文学》2021年度优秀作品奖等奖项，现旅居美国。

一个陌生女人的来信

黎紫书

收到信。

是信。不是电子邮件。既有实体，便如同肉身降世，得走过一封信必须经历的所有程序，才终于在这个冷不见雪的冬日，与其他信件一起被邮局的投递员塞进了你家门外的黑色信箱里。你把那一堆乱七八糟的信件从邮箱里掏出来，几乎便马上发现了它。胀鼓鼓的，虽然只是个普通不过的白色长条信封，但它毕竟与其他信件不同。那些由医院、电讯公司、保险公司或银行寄来的账单和月结单，信封上总开着小窗口，而且已预付邮资，毋须贴上邮票；至于其他的，比如各种环保组织、人权或慈善机构寄来的劝捐信和宣传单，格式也相差不远，信封左上角总印着组织名号；收件人的姓名、地址都是工工整整地打印上去的，还印了一列条形码，无非在说明，你呀，只是万千收件者之一。

这封信却不一样。信封右上角可是实实在在又方方正正地贴了邮票的，盖上去的红色邮戳看着一丝不苟，仿佛邮局对待这信特别郑重其事。若真如此，当然是因为信封上那一笔手写字吧。虽说字迹有点蹒跚，却仍不失苍劲，可以看出写字的人曾正襟危坐，竭力要把字写好。这时代，光看这么个信封一五一十地将所有仪式做好做满，你就不免内心一阵激动了。

　　谁呢？是谁在白信封上用黑色走珠笔写下这几串拉丁字母？

　　收件人是你。姓名拼写无误，你自然认得。尽管在美国这里住下来不久以后，因为听不得人们四声不全，一再把你名字里的“兰”念成“烂”或“练”什么的，你索性给自己取了个宜东宜西的英文名。那名字说来普遍，不过是夏日时看见人家花圃里君影草开得铃铃铛铛，便来了灵感，信手从花名中摘下“Lily”一词，等于给“兰”字英译。此后这名字常用，多年下来已广为人知，再难得有人这么用拼音来直呼你的中文原名。因而乍见信封上的名字，你一时感到陌生，竟不能马上意识到，那是你。

　　是你没错。认出你自己，这感觉就像被谁开声指认，才想起来自己一直戴着面具，让你没来由地感到忐忑。你在厨房中岛那里找了把水果刀，裁开信封，抽出里面的信笺。好几张纸呢，折叠起来厚厚的一沓。那纸可不是常见的办公室打印纸，摸上去似乎比较轻薄，而且都已发黄，快成卡其色了，像是什么猴年马月的古物。你摊开纸张，说意外其实也不出意料，上面密密麻麻，都是打字机打出来的文字。天呀，这该是货真价实的打字机字体吧？你忍不住伸出手指触碰那些文字，它们高矮参差，墨迹不匀，当中许多弧形都怀抱一团油墨，或浅或深，看着像公立学校操场上勉力列队的那些邋邋遢遢的孩子。

　　一封用打字机敲出的信。一、二、三、四……满满的五张纸。这可比信封上的手写字更让你吃惊。然而手指头的触感是真的。那些油印字，每一个都力透纸背，快要凹入纸张里了。你想了想，要是在电影或电视里看过的不算，你还真没见过这么古色古香的书简。你几乎以为这信本身是一件旧物，便飞快地瞥一眼信头。不对啊，上面标明的日期距今不过区区数日。你心里嘀咕，怀疑这会不会是恶作剧，有人想要捉弄你？可圣诞节刚过，愚人节尚远，况且你在美国这儿结交的朋友，即便不算有头有脸，也都是受过高等教育的殷实人。谁？谁会有这种玩兴？

信确实是写给你的。对方以最常见的"亲爱的女士"开头，依然正确无误地拼写出你的名字。你像考场上刚拿到考卷的考生，迫不及待地翻到信末查看落款，那里写着：

您诚挚的，

内奥米·弗里德曼

内奥米，内奥米。即便写信的人不说，你也知道这是犹太女性常用的名字。就连"弗里德曼"这姓氏，也让你不期然想起《资本主义与自由》的作者，那不正是个犹太裔经济学家吗？信里的内奥米对此没想隐瞒，开头她直接报上名来，说再过两个月呀，她就要庆祝一百零三岁生日了。

若还能再坚持一年，我也就像你的小说里那位房东太太，活成个一百零四岁的犹太人瑞。

"你的小说"——她这么说，你立即意会到她指的是哪个作品。毕竟你写作这几年来，虽然作品不少，却唯独那个短篇写过这么个人物——年逾百岁的犹太裔房东太太。说来你还为写了这人物而沾沾自喜过，觉得她形象立体生动，别具历史感和沧桑味，与小说里年轻的华裔女主人公相映成趣，两人间的互动也饶富兴味。有了她，你觉得这作品完成得特别好，因而在完稿以后，你将作品略微修改，把两个版本分别交给了国内两家不同的刊物，并且都被刊用了。然而这是个中文小说呀。虽说现如今这时代，有互联网勾连，地理之隔已不算回事，但语文是人类通天不成换来的诅咒。从古至今，各语文之间始终隔着千山万水，内奥米怎么会知道它呢？难道说，这位自称犹太人的内奥米·弗里德曼懂得中文？

当然，我与你笔下那位房东太太毕竟是不一样的。我比她幸运多了，我的父母在一战之前，随着移民潮经水陆路从俄罗斯迁移到美国。他们来了以后才相识和结婚，我和我的姐姐及一个弟弟也都在纽约出生，因此没有经历过欧洲那可怕的黑暗时期，不像你笔下的房东太太，举家被押到纳粹集中营，死伤惨重，唯有她和她的姐姐存活下来。

实话说，你这篇小说写到结尾了才端出这位老太太悲惨的身世，身为读者，我觉得真是一大败笔。这世上有太多作家（尤其是非犹太裔作家）但凡写到那个时代的犹太人，总不得不牵连上纳粹的恶行，硬要给小说注入一点从历史借来的悲情。这种陈腔滥调，只会使得小说不可避免地流于平庸。我这话不是无凭无据说的，我可是个十分资深的小说读者。我从小喜欢看书，父母虽然都是工人阶级，没受过多少教育，却特别纵容我这嗜好，而且就和你们中国人一样，即便是劳工出身，他们也都胼手胝足要让孩子上大学，希望下一代过上好生活。后来我嫁的丈夫是个会计，虽然与数字为伍，却也是个书迷。壮年时我尝试写小说，也给舞台剧写过剧本，我的先生则到死都梦想着要当个诗人，因此我们家里总是不缺书的。即便到了今天，我的先生去世十多年了，我依然每晚都得先读点书才愿意熄灯就寝。我的耳朵不太行了，眼睛倒还管用，看电视时听力跟不上视力，难免有所缺失，这才觉悟到文字的天地有多圆满——它总能做到自给自足、有声有色。

至于你的小说，那当然不是我的睡前读物。我可真希望自己能懂得中文呢。真可惜，作为移民第二代，我连俄语都不懂，只依稀记得一些意第绪语单词，那是我的父亲和母亲之间交谈用的语言；那是说悄悄话的语言，是争执的语言，也是倾诉的语言，可对着孩子，他们都只说英语，而且一辈子都说得磕磕绊绊。

说起来，我们家的成员似乎都没有特别强的语言能力。固然有些人能掌握双语，比如我们在以色列的一些亲戚，英语说得就和希伯来语一样流利，但那是学校的双语教育使然。至于美国这边，唯有我的小儿子因为年轻时在德国短暂留学，后来持续自修，迄今还能读写德语；其他人嘛，也就仅仅能用粗浅的西班牙语跟我的墨西哥帮佣聊上几句了。好在啊，我的一个孙儿两年前娶了个中国太太，弥补了我们家一直缺乏的东方元素。我的这位孙媳妇中英语双全，据说以前在大学里经常当口译员，一口英语说得比我们近两届的总统好太多了。正是她，因为我说只读过赛珍珠写的中国，她便说："那你该读读这年代中国人写的美国。"于是她就在网上找来一些中文作品，直接口译，一句一句，给我念成了有声书。你的小说，我就是通过这方式"读"到的。

"一个中英语双全的孙媳妇"—— 这多么醒目！看在你眼里几乎像道路施工点上常见的那些警示板上的LED字幕，一字一字闪着红光。你没来由地感到一阵心悸，只觉得呼吸和心跳加速，拿不准该不该往下读，便移开目光四下察看，甚至瞥一眼橱柜上方的摄像头，像是要查看周围有没有目击者。没有。当然没有。这么个冬日午后，丈夫上班去了，说是下午有个重要会议；儿子已在两个月前远赴法国开始他的新生活，就连往年最让全家人雀跃的家庭活动 —— 到基灵顿滑雪 —— 也不能把他诱回来；女儿青春少艾，一大早便随几个同学打闹着出门。偌大的房子一尘不染，落地玻璃门外的庭院一片清幽，只有门上挂着的圣诞花环还绽放着节日残余的喧腾。你移开目光再往远些看，天空干净得像是被庭院边缘一排高耸的香柏树打扫过似的，说是一片蔚蓝吧，可那蓝却是不通透的，犹似倒转过来的尼斯湖，越看越觉得深不见底，越要怀疑那里头藏着水怪。

你不由得又往橱柜上的摄像头看了一眼。

这种节后的日子最无聊了，本该有些活动的，偏是疫情连续两年下来，许多人已意兴阑珊，都提不起劲儿办聚会了。城里的一群写作同道，过去常有各种名堂和节目，要不在公众图书馆里办新书分享会，要不趁国内哪个知名作家出游美国，便张罗个交流会一尽地主之谊，或者干脆弄个圣诞或新年聚餐，好歹也叫人文荟萃，来年会有衣香鬓影的照片印在会刊里。你那时三天两头便往皇后区那一带跑，毕竟法拉盛多的是中餐馆，文友们到了那里就像解开一件穿了太久又束缚太过的紧身衣，纷纷敞开胸怀用比英语高八度的普通话交谈，南腔北调，乡音不改。

在这群人当中，你知道自己的自觉性比较高。无论到了哪里，无论在什么情况之下，你都不至于捏着嗓子说话。别说身处美国社会，即便以前在国内，从小到大，你那么优秀，受到那么多师长夸赞，甚至后来在中美两地上了最顶尖的学校，你也未曾有一刻得意忘形，反而时时警惕着，不让自己沦落到蛙鸣蝉噪中。文友们无不觉得你文静低调、言行得体、不爱抢风头，甚至还不怎么打扮，却又不失体面。你的一身衣着和手里拎的包包，包括赴会时穿的鞋子，看似朴素，可圈里的女士们只要有点见识，便能认出来那些都是十分低调的名牌。她们因而对你有好感，但凡有活动必然把你叫上，只因满堂花枝招展，最少不得你这样堂皇的绿叶。

你当然不以为自己是绿叶，反而觉得与这些人为伍会衬得你出淤泥而不染。谁说不是呢？这些同道们写的作品你多少看过一些（私底下发给你"鉴评"的有，微信群里公开分享链接的也有），多半不过尔尔，许多连国内高中优等作文都比不上。就一面移民文学的旗帜张扬几十年了，搬来弄去不外乎电影《爱在别乡的季节》里藏着的老三样：离婚、疯癫、杀人。你还知道这些同侪其实都不怎么看书，就算有吧，阅读的视野也都止于1980年代先锋派小说，从此不思进取，更别说外国作品了。这些人落地多年，把美国这边各种社会福利、税法和股票都摸了个透，现当代作家的名字却是叫不出一个半个来。你跟他们不一样，尽管起步晚，等到孩子都长大了才开始写作，但毕竟科班出身，也一直保持阅读习惯，加上英语底子好，中英文书都涉猎不少。这几年矢志写作，誓要把以前蹉跎了的光阴追回来，读书更是加倍用功，差点没回到年少时备战高考的状态。有了这些积累，无论学问或眼界，抑或是创作水平，无一不凌驾这些坐井观天者。

这时候，你不免想到，倘若这"内奥米"真有其人，并且她真如信上所说，一辈子醉心阅读；你要能早几年遇上她，大有可能与她结交，那么这些年你发奋写作，也许就能事半功倍。当然，若真是那样，你应该不会写出这个关于房东太太的作品了。退一万步说，就算写的还是这个小说，里头的老房东太太必然会是个不同的人。再退一万步吧，即便房东太太非得是个犹太人不可，想必也不会是个纳粹集中营里的生还者。内奥米说得对，这么写流于俗套，显得平庸了。

对于这篇小说的结尾，我固然不太满意，当时忍不住摇头，脸上必定也显出不以为然的神情，以至我的孙媳妇住口不念了，问我怎么啦？是作者写错了什么吗？

"我原以为这部分你一定会产生共鸣呢。"她说。

我得承认，小说这样写，尽管落入窠臼，却不能说"写错"什么。那年代一个居住在德国的犹太妇女，自然是躲不过那一场历史浩劫的。"可是老房东太太不是生于1908年吗？1939年她三十一岁了，她的姐姐又更年长一些。姐妹俩都没结婚吗？怎么会和弟弟以及父母一起被送到集中营？"我这么回答。我的孙媳妇瞪大着眼睛，也许脑子里在数算我提到的那些数字，也可能心里在嘀咕，以为我故意挑刺儿。

"没错，这有点怪，"她反应过来，"但它连'瑕疵'都算不上啊。"她语气有点急，似乎自觉有义务为你的小说辩解——就好像我在她面前也总觉得自己有义务为民主党辩解——

一再强调你写的这位老房东太太，形象特别生动，特别饱满：
"简直栩栩如生！"

　　我只好向她解释：小说后面这么写，像打补丁似的看着碍眼，一点儿没有使得人物更丰满，反而令小说变得油腻可笑。

　　"正应了你们中国人那句谚语：画了蛇还给它画上脚。"我见孙媳妇神色不悦，便用这话转移话题。她果然惊讶，问我怎么知道这谚语。那是以前我从一位病人那里学来的——过去我是个心理咨询师，在曼哈顿下城执业超过半个世纪，九十岁才退休呢。虽然吉尼斯世界纪录没有记载，我却一直相信自己是人类历史上出现过的、年资最高的心理咨询师。这位病人与她的丈夫都来自台湾，夫妇俩在美国落脚多年，有过一番苦尽甘来的经历，如今两人生活富裕，在纽约和佛罗里达都买了房子。她成为了我的好朋友，每年总会特地过来探望，还招呼过我在佛罗里达小住。我在曼哈顿有一座小公寓，自从先生逝世后便一个人守在这里。我倒是不像你写的房东太太，需要腾出房间来出租给外人。即便我想这么做也不行——这房子里东西太多了，它们多是我过去旅游时采集回来的宝贝。而且我这儿访客不断，儿孙和亲戚朋友们常来，加上墨西哥帮佣每周两次登门，除了打扫卫生以外，也陪我到楼下小超市里采买，或是扶我到隔一条街的发廊以及美甲中心。甚至呢，在不让我的儿孙们知道的前提下，我还会推着助步车，与她结伙，慢悠悠地踱步到再远一些的法式咖啡馆去喝下午茶。

　　人活到了我这把年纪，多少是个奇迹吧，也就自然而然成为了后辈眼中的智者；好像年龄可以使人自动升级，变成白袍巫师或红衣主教什么的。譬如说这公寓有个年轻英俊的波多黎各保安员，上个月领着他的新婚太太来敲门，夫妇俩说要碰碰我的手，好得到我的祝福。也曾经有一位高头大马的俄罗斯女人刚搬进这栋大楼，因为听说楼上住了个百岁长者，便特地来叩门，想要与我聊聊天。哎，有时候我真希望他们能多给我一点个人空间，好让我安安静静地看一会儿书呢。所以啊，我并不像你笔下的那位老房东，成日坐在客厅，像被钉牢在椅子上；除了与房客偶有互动，便只能等着头发花白的女儿一个月开车过来两趟。

我明白我不该拿自己与你笔下的人物相比，更不该对小说里一个虚构的人物较真。而且我也无法否认：不是每个住在美国的犹太女人，上了一百岁，还会有和我一样的晚年。她们容或也有孙儿正好娶了个中国太太，却不至于也刚好有个在电视台工作的孙女婿，会拜托雷切尔·玛多[1]在电视节目上给一百零一岁生日的老人祝寿。但老实说，我总怀疑你小说里这位房东太太并不是凭空杜撰的，很可能真有其人——毕竟在另一个小说里，有另一个人也当过她的房客，与她相处了六个星期。

读到这儿，你的心仿佛含羞草受惊，霍地收缩。你不由得抽了一口凉气，这吸进去的一口气又让你的心房再收拢了些，几乎绞出些痛感来。你觉得这信不能读下去了，再读恐怕心脏会承受不住，然而信里字字句句如有引力，硬把你的目光拽到下一个段落：

就像不同画家画的两幅肖像，虽然笔法不同，但太多细节如出一辙，让我一眼认出来，画里画的是同一个人。只是啊，尽管来自同一个原型，然而两个小说里，我喜欢的是另一位老房东。

信哪能这么写呢？这读起来不就像小说了吗？你忍不住回头细读，又禁不住喃喃自语，怎么有人会在信里置入人物对话，平添一种剧场效果和虚构性，使得信不像是信了。你愈

---

[1] Rachel Anne Maddow，美国电视主持人，时事评论员和作家。MSNBC频道晚间节目主持人，也是美国第一位公开自己是同性恋的黄金时段新闻主播。

发怀疑这是个拙劣的恶作剧，有人要整你；也就愈发觉得这位"内奥米"故作文雅的言辞怀藏着某种粗暴的恶意。是谁呢？谁是内奥米？你脑子里将那些于城中笔会或各种聚餐上寒暄过的、交谈过的、握过手的、碰过杯的、相视而笑过的、交换过微信号的、互赠过著作的写作同侪们粗略地过了一遍。每一张超载了笑容的脸都乖张地向你凑过来，堵住回忆的出口。你越想越感到透不过气，越觉得房子里莫名地闷热。面前的落地门犹如玻璃幕墙，上面播映着明晃晃的阳光与风过树梢的景象。你再看看头上那摄像头，隐隐觉得这像是《楚门的世界》，你被放到了一个做实验用的玻璃箱里。

你把信放下，走过去一把推开落地门。凉飕飕的空气钻进来，像是你打开了一台巨型冰箱，里头放着一个冷藏许久、已经有点干枯了、不怎么新鲜的世界。你把头探到门外大口大口吸气。随着几次深呼吸，心跳逐渐平复，脑子里翻滚的思潮缓缓停歇，你逐渐看清楚了一个事实：你的那些城中文友，没有一个会是"内奥米"。

并非他们不可能整你——你出道迟，但几年里在国内连着出版了两本口碑不错的集子，又上过些采访，还有杂志请你写专栏，文友们难说不会眼红。只是你很清楚这些人的资质，他们当中不乏口蜜腹剑者，但缺少创意，绝对想不出来这么复杂的点子，也不会有耐性跟你玩这种拐弯抹角的把戏。再说，他们若能用英语写出这信来，自当全心全意当英语作家，瞄准普利策奖冲刺得了，又何须被贬谪到"华语写作圈"，流落成外室一般、永远入不得宗祠的海外华文作家？

所以，内奥米难道就真的是内奥米？一个与你素不相识、几乎像是跟你活在两个平行世界里的犹太裔老妇人？她就那么闲，因为在你的小说里遇见了另一个年逾百岁的犹太女人，就洋洋洒洒地给你写信，要跟你讨论这位老房东？这当然不对劲儿，可你在美国这么多年了，还真知道这国家有不少怪人，他们的价值观和行为方式异于常人，而且都特别执拗，会做出许多不可理喻之事。要说疯狂的读者，比内奥米更出格的应该大有人在，否则斯蒂芬·金哪来的灵感写出《头号书迷》，让卡西·贝兹直接把作家敲碎脚骨，绑回家里？

好吧，权当内奥米就只是个爱管闲事的老太婆，你也不敢说这是否值得庆幸。毕竟她在你的小说里发现蹊跷，把老房东太太指认出来了。你怀疑她是来敲诈你的，可仔细想想，一时觉得她字里行间有种返老还童般的率直，几乎诙谐可喜；一时又想起来文字的欺瞒性，便觉得那是一个饶富写作经验者在故作天真，正卖力演出她用第一人称给自己画定的人设。是的，内奥米的表演欲如此旺盛（她还给剧场写过剧本！），怎么可能只满足于仅对你一个人卖弄？会不会呢？她会不会同时也给"另一个小说"的作者写信，将她在你这小说里的重大发现告诉对方，好向对方邀功？

> 亲爱的裘帕·拉希莉女士，我是内奥米，来自纽约曼哈顿。我年纪很大了，比世上绝大多数人都多享了些岁数，但我不会说自己老得超乎你的想象，毕竟你写过比我更老的老人。那是一个非常动人的作品，我不得不说你把那位老房东太太写得十分鲜活。而我，再过几个月，就要和她一样，也活到一百零三岁了。

内奥米的笔调在你的脑海里盘旋，没错，就是这么一副倚老卖老的口吻！你几乎可以肯定，她若给另一个作者也写了信，信的开场白必然是这么写的。这样想的时候，你觉得自己看见了一个满头银发的白人老妪坐在一台打字机前，一脸自喜。她的背不免佝偻，脸上不免满布皱纹，苍白的皮肤也不免泛着犹如咖啡渍的老人斑，但她一身衣着光鲜亮丽，深陷在眼窝里的一对眼珠透着尼斯湖那样的蓝；额上是发廊里刚修剪吹洗过的头发；放在打字机键盘上的手指才做过护理，十片指甲都鲜红油亮。她的形象竟这般清晰，仿佛你今早才见过她本尊。就连她的所在——一所敞亮的小公寓，布置得像古玩店或者一座小型私人美术馆；墙上挂着大大小小的画；书桌上几册大开本精装书放得犹似书店里的陈列品；面目模糊、姿态乖张的人形雕塑随处可见，每一尊都像爱德华·蒙克画的掩耳战栗者[1]；周围的柜子里和架子上密密麻麻地放满了充斥异国风情的精致小摆件——一切历历在目，活像高清电视里的画面，直让你吓了一跳，然后才想起来这完全是文字搞的鬼！是内奥米的信！她没有一字提起过自己的姿态容貌，却暗地里使了手段引导你，让你这么想象她、"看见"她。

这么看来，内奥米是个写作能人呢。你忽然意识到自己被人用文字给戏弄了，这于你等同羞辱，便觉出对方的傲慢，不由得生气起来。可转念想想，美国民间总不至于遍地写作高手吧？许多美国人街头受访，还会把《白鲸》和《老人与海》搞混呢。那么内奥米会不会是个行家，一个用英语写小说的人？某个创意写作班的导师？又或者……会不会呢？她会不会就是 "另一个作者"？这想法太令人战栗。你打了个哆嗦，身子往后一缩，拉上落地门，转身回到身后的中岛，一把抄起岛台上的信。

你知道我说的是住在波士顿的那一位老房东太太。裘帕真是个极富天赋的作家，写《第三和最后一块大陆》时，她未满三十岁呢，但那小说笔法老练，每一笔都不虚，小说里提到的每一样物事都有它的作用，进而使小说产生意义。就说波士顿吧，那里不是比皇后区有意思吗？我明白你把老房东太太的房子放在皇后区，是为了迁就小说里的华裔女主人公，好把她安排到法拉盛的华人贸易公司去上班，再名正言顺地引进一些中国色彩。而裘帕呢，她倒是选择让一位孟加拉国青年走出他的舒适区，先离开老家加尔各答，再挥别他在伦敦求学时住在一起的一屋子老乡，只身来到美国波士顿，让他遇上 "只把房间租给哈佛或工院的年轻

____

[1] 指挪威画家爱得华·蒙克名作《呐喊》（又译《嚎叫》）中的人物。

人"的老太太。你看到吗？这个房东可不是为了迁就谁或任何一个地方来的移民而存在的；她就像自由女神，她代表美国。人们从四面八方涌向她，只有最上进、最有学识的人才配住进她的房子。虽然啊，她那栋房子其实很简陋，不是吗？

裘帕这部短篇小说集是我每隔三五年就想要重读的书，其中这个老房东太太的故事更是令我着迷。它有着一种魔力，似乎随着岁数越趋近这个小说人物，我对她的言行便多明白一分，心里又要为裘帕的高超笔力多赞叹一下。老实说，我曾经想过给裘帕写信，就是像书迷那样把信寄到出版社，对她说说我对这小说的想法，可想到对方的文笔这般娴熟简练，便觉出自己的文字啰哩啰嗦，一股甩不掉的老人口吻，竟是连她笔下那位房东太太也比不上——她从头到尾没说过几句话，而且句子特别短，句句铿锵有力——顿时兴致索然，一个字也写不出来了。

给你写信却完全是另一回事。这是与裘帕的另一个读者交流。别跟我说你不喜欢裘帕；最起码，我知道你肯定很喜欢《第三和最后一块大陆》。这个短篇，过去二十年里我读过不下十遍了（由于你的关系，我昨天又读了一回）。无论是作为一个读者、一个已活过了一个世纪的老太婆，抑或是一个生于斯长于斯的美国人，我认为自己都够得上资格与你分享我对这作品的看法。而且我确实觉得这是必要的，因为啊，显而易见，你并没有把这作品读透。这话我可是认真说的：你要是读透了它，一定不会另外再写一个小说，把人家的老房东从波士顿给挪到皇后区。

把老太太放到波士顿真是一记妙笔。波士顿是个好地方，那儿是哈佛和麻省理工的所在！她就该雷打不动地守在那里，每天像个大将军似的坐在专属她的那一把椅子上！当然，你也一样写老房东太太整日坐镇在家，可你的写法只让人觉得这老妇人动弹不得、可怜兮兮。在裘帕的作品里，老房东太太的"动也不动"却有着多层意涵。我请求你把它找出来再读一遍，或者两遍、三遍，直到你能感受到那情景所透着的庄严以及老妇人那坚定不移的意志为止。你去看看，看那个"说起话来中气十足，甚至还有点专横跋扈"的老人；看她怎样地对上门来的孟加拉国青年大吼："锁上门！进屋第一件事就是要锁门！听明白吗？"她又是怎样地为美国航天员登月成功而骄傲不已，甚至命令那青年，硬要他承认："美国了不起！"—— 一点不理会人家的感受。你看到了吗，老太太那顽固又近乎无知的傲慢？你看到在一个孟加拉国来的青年眼中，美国这个国家是多么的骄横、强势，同时又是多么的脆弱、自危吗？

哎，搬去了皇后区以后，老房东太太虽然还穿着相同的衣物，也过着跟以前一模一样的生活，却只剩下一个躯壳，没了灵魂。

我读过许多优秀的小说，假如裘帕写的只是我上面说的这些，那我还不至于为它叫好。我的意思是：她若只是借着老房东太太反映第三世界过来的移民眼中的美国，那么这小说终究缺了深度。裘帕写的却是两者之间的交汇，写它们的冲突与和解。小说的叙述者（那一位孟加拉国青年）塑造得可真立体。用第一人称写的小说人物难得有这么含蓄又这般生动的。就连他从老家娶来的那位腼腆拘谨、放到美国这环境里显得落伍，或者说过度庄重的新娘，都意味着"另一种文化"。文化代表着传统，比起波士顿所代表的科学精神和对知识的追求，它人文而古老。它不能把一个民族送上月球，可是它的价值融入到生活里，体现在人的言行态度之中。

你记得那位叙述者第一次交房租的情景吧？那可是小说里一个重大的转折点，有着丰富而深刻的含义。你若想把小说写好，一定得仔细观察！虽然在你的小说里，这情节被大致写了一下，但也因此使我更确信：你没有把《第三和最后一块大陆》读明白。

没错，你在裘帕的作品里拣了一些有意思的细节，将它们打包了，跟随老太太一起搬到皇后区 —— 她的"专座"、她的拐杖，以及那几根伤残的手指。然而把房子移走本身已经是个巨大的失误，至于你搬弄过去的那些细节，恐怕都只是这小说的皮毛。老房东太太再三强调的"锁门"被你写得毫无力道，变成了软绵绵的叮咛；那一屋子破旧的爪脚家具，到你那里就只剩下一根套着橡皮套的脚爪拐杖了。你这般压缩处理，晓得这让小说损失了什么吗？我只能说，就像是好好的一把宝剑，你只取去了剑鞘。

还是请你看看那位加尔各答来的青年吧。尽管老房东凶巴巴地交待过他，每周五交房租，必须把钱放到钢琴的谱架上，可第一次交房租时，这位青年"不习惯把钱一扔了之"。他把八张一元钞票放入信封，外面妥妥写上房东太太的名字。正当他把信封拿到指定之处时，瞥见了老太太坐在楼梯间她的专座上。出于不忍，他走过去把房租递给她。

信里说的这一幕，你当然记得清清楚楚。你甚至仍记得自己写的这场景，节奏虽然明快了不少，最后的处理也做了些改动，但描述的情形大致还是相同的。内奥米怎么竟说得好像你错失了某个重大机关，没有它，小说就撑不起来似的。她说得如此郑重，使得你不禁对自己的记忆产生怀疑。可记性好一直是你的强项啊！阅读能力也是超群的，总是能一目十行马上抓住要点，不然以前在学校里你哪能这般得心应手，顺顺当当考上第一志愿，又毫无悬念地搭上出国大潮？现在呢，这可恶的内奥米在质疑你。她一定不知道这两年你已经在给刊物写书评了，居然敢用这种评论家的调调来跟你谈小说！你咬了咬牙，忍不住抬起头来对那摄像头瞪眼。"好吧，"你说，"我这就去把书找出来！"

书在楼上你的房间里。你抓住内奥米的信，直接往伍尔夫一个世纪以前说的那个"只属于自己的房间"大步走去。楼道很长，一大一小两面镜子以及其他光可鉴人之物，都照见了你咬牙切齿的模样。你那房间自然也安装了摄像头。没办法，这一区住的都是体面人家，所有的房子多少带点庄园风格，表面上都得维持一派悠闲模样，把十二万分戒备之心藏在内里。你虽不至于在床头柜里放着一把格洛克17，或是在衣帽间竖着一管差点超出你身高的雷明登870，可除了浴室和储物室，这房子里里外外没有一个空间逃得过监控。

　　房间里书多，凑得上大半壁书墙。你从上百成千排列得整整齐齐的书脊里精准地掏出《疾病解说者》。这毫无难度，好像所有的书都训练有素，成了待命的战士。你把书拿在手里，扬起下颏看一眼房里的摄像头。它高高在上，仿佛墙本身长出来的一只带柄的复眼，对你冷然凝视，眨也不眨一下。你打开书，翻到书中最后一篇小说，找出那一页：

　　　　我走近她时，老太太抬头瞅着我。

　　　　"你有什么事？"

　　　　"房租，夫人。"

　　　　"放到谱架上去！琴键上头！"

　　　　"我给您拿过来了。"我伸手把信封递给她，可她十指交叉放在腿上，丝毫没有松开的意思。我稍微弯下腰，信封靠在她双手上方。过了好一会儿，她终于接受了，对我点点头。

　　　　晚上我回到家，她没有拍拍琴凳示意我坐下，可是出于习惯，我仍然像往常一样坐到她身边。她照例问我检查过门锁没有，却没有再提起月亮上的那面旗帜，而是说："你心地真好！"

　　　　"我不太明白，夫人。"

　　　　"心地真好！"

　　她手上还拿着那信封。

　　你用目光迅速扫瞄了一遍，只揪出"好心"一个关键词，觉得不够，便又再扫视一回。这回你略为放缓速度，书上的文字便似乎都被放大了些，直至看见老太太"终于接受了，对我点点头"。你的心跳卡顿了一下，目光却依然顺势滑走。你稍微怔忡，把溜过去了的视线收回来，重新再读一遍。

　　这一次你看清楚了老太太一反常态的沉默，而"我"受习惯驱使，无言地在她身边坐下。不，你看见的不是哪个关键词，甚至也不是什么句子，而是这些句子之间的空白，以及这些空白之处某种隐性但坚韧的连接。是的，你隐隐看到了藏于鞘中的、内奥米说的那把剑。

　　你觉得目光变得有重量了，像两颗坠子。可它们也如西西弗斯头顶的巨石，又被推回到老太太跟前。她抬头瞅着"我"。你再读一遍，又一遍；先是心里默读，然后忍不住小声念出每一个词，又循着标点符号调整语调，或稍作停顿，直至书里那幽暗的客厅自眼前浮现。老房东太太的头脸从满室陈旧的家具以及一袭式样朦胧的白衣黑裙中浮起。她个子很小，是被岁月和生活反复压榨了一百年的身躯；可她交叉着放在膝盖上的手仿佛金石，手指那么长，指关节肿大骇人，发黄的指甲看起来那么坚硬，像经历过许多战役的老盔甲。

　　"你有什么事？"她问。声极凛冽，像是在制止你，叫你别靠近。
　　"房租，夫人。"你把信封递过去。

　　你放下书，叹了一口气。这段文字你分明早已读过，甚至在写你的那篇小说时，就曾把书翻开，让这小说像个一览无遗的裸女横陈在计算机旁的看书支架上。那上面的叙述和描写，你没有一处不记得，说明你的记忆力仍然好得很。正如你还清楚记得，你小说里那位女房客的租金是按月算的。她把支票（而不是寒寒碜碜的八张一美元现钞）放进信封，规规矩矩地按照老太太的指示拿到厨房的餐桌上。有一次因事耽误，匆忙下楼，不及细想便把信封塞到了老房东手里。傍晚回家时，老太太仍然坐佛一样呆在原地，手里还捏着早上她给的信封。

"毕竟那是个中国女人呀！"你在心里争辩，"她跟印度青年自然是不一样的！不就因为文化不同、性别不同吗？"你不期然又往那摄像头望去，恶狠狠瞪它，让它把你这副趾高气扬的模样看在眼里。

没错，这绝对是文化差异无疑，所以孟加拉国青年晚上归来，毋需房东示意即安静地在她身旁坐下（那里有张小圆桌，上面有一盏台灯，此时必定已经亮起来了）。老太太再怎么将自己塑造成一座雕像，一颗心毕竟不是铁铸的。她过去可是个钢琴教师啊！内心被音乐浸润过，总有柔软处，能感受到青年那简单的肢体语言所表达的意愿，以及那意愿背后纯粹的善良。在彼时的静谧中，她听到了青年无声的话语："我来陪陪你。"这比阿姆斯特朗说的那一句"我的一小步，人类的一大步"更能触动她。她不再要听他颂扬美国了，而是打从心底叹喟：这人怎么心肠这么好？怎么这么好！

你写的中国女人却不一样。不一样。老太太把她喊过去，温言软语地请她把信封放到餐桌上。女人十分顺从，不明就里但依言照办，并且从此再不敢把房租直接交到老太太手里了。

"这段文字里头，最有力道的一句，是'我不太明白，夫人'。"内奥米在信里说。你不禁撇了撇嘴，把放下的书本又拿起来翻了翻。

　　这一句"不明白"，我觉得太有意思了。它表示这年轻人并未意识到自己付诸行动的美德，他不了解这当中有什么值得赞美。他以为事情本该如此，自己就该这样体恤地对待一个老人。这不是顶级高校或科学精神所能给予的涵养，它来自古老的文化，渗入到人的骨髓里。我相信老太太第二次发出的赞叹，就是冲这一句"我不太明白"而来。

这位老房东过去把不少房客吆喝走了（全是哈佛和工院的学生！）但她私底下对她的女儿说，这个盂加拉国青年不一样，他是一位"绅士"。

如此充满张力又意蕴深刻的一个情节，挪到皇后区上演，就变成了可有可无的一幕。不瞒你说，我的孙媳妇读过这一段后，我打住她，请她再翻译一遍。"你是不是删掉了什么？拜托，我一句都不想漏掉，请你把它完完整整地译出来吧。"她十分不解，却也再念了一遍。虽然换了些用词，也将句式稍作调整，但我总算明白了她确实没有对你的作品私自删节。

面对文学，我不是个死脑筋的老太婆。我尝试过换别的方向去解读。譬如说，我想象这是一个向裴帕致敬的作品，作者照搬同一个场景和情节，目的是要拿它当镜子，以对照出不同民族之间的文化差异。我告诉自己，这么做需要多大的勇气啊！几乎能算得上行为艺术了。然而不管我往哪个方向解读，始终想不明白你把一个一百岁了还在生活自理的独居老妇，写成一个软绵绵黏糊糊、还每次吃上甜食都表现得特别腻歪的老太太；最后笔锋一转，赐给她一个大苦大难的身世，让人物的形象和人格一再产生矛盾并相互抵消，这又是何用意？

要想了整整两天我才能坦白对自己说：老天，这分明纯属花俏，根本没什么特别用意！你呀你，不仅只拿走了剑鞘，还在剑阘上大肆动工，给它雕龙画凤、穿金戴银，想必以为那样就能让它成为另一把剑了。我的意思是：那些最关键也最有深意的细节被轻率掠过了，添上去的枝节却都华而不实，还和小说本身特别不搭调，就好像是把不同属性的枝叶嫁接过来，硬生生把主干拖垮。

我说得这么直白，猜想你一定很不服气。我们不妨回到老太太的住处，让房子来说话。在波士顿的房子里有一台三角钢琴和满屋破旧家具；老太太终日坐在楼梯间，那里有一张小桌子，上面有一盏灯，还有收音机、电话和钱包；她的手杖斜放在一旁，上面积满灰尘。你看明白那些对象吗？对于一个行动不便的老人，它们每一样都不可或缺，加起来的总和是一整个世界。

再看看距离远一些的钢琴吧。老太太过去凭着教钢琴把孩子养大，那是她的谋生工具。你可以想象她的学生是怎样交学费的吗？我猜他们会把学费放到琴键上头的谱架上。

至于在皇后区的那一栋房子，你让在华人商行里工作的女主人公，经常给老太太捎去各种中国食品。这位在纳粹集中营受尽煎熬而幸存下来的老妇人，一百零三岁了，想必做不了什么家务，仍然每天用干净手绢缠住伤残的右手。吃饼时，她左手跷着"兰花指"（多亏我的孙媳妇讲解和示范），还因为要配搭中国糕点，搬出了一套韦奇伍德骨瓷茶具——那很可能只是老太太收藏的许多珍宝之一。

为这一套韦奇伍德茶具，你不吝笔墨，不啻把上面的花花草草详细列出，还把老太太喝茶的所有步骤写得巨细靡遗。你那么费心写这下午茶，老太太不得不配合着拧出点英国贵妇人的做派来，你也就越写越起劲，说到厨房里烧水的茶壶总是擦得铮亮……你越是写得详细、这茶喝得越是讲究，鸟语花香都要从字里行间溢出来了，这小说读来便越荒诞，叫人觉得像在读《爱丽丝梦游仙境》，又不禁怀疑这是从别的什么文章（可能来自《读者文摘》[1]一类的杂志）剪贴过来。

"小说里写这些吃吃喝喝的，有意思吗？"我问我的孙媳妇。她是懂得察颜观色的人，知道我不以为然，便费了些口舌给我讲解中国人的一句老话，大意是食物是人民的生命，是生活中天大的事。

---

[1] Reader's Digest，1922年于美国创刊的家庭月刊。

"这样写格局小了，不是吗？东西方文化差异被写成了茶杯和盘子里的那点事儿。"

我知道这么说有点无礼，但我都一百零二岁了，有了点老人该有的特权，可以偶尔装出脑子实在不好使了的模样，使人不好责怪。果然我的孙媳妇只是稍微瞠目结舌，须臾即把脸色调回原样，笑着对我说："噢，这太好笑了。内奥米！真有你的！"

啊，我把话扯远了。把话扯远无疑也是老人该有的特权。回到你的小说吧。我没忘记自己写这封信，目的就是要跟你谈小说。

谈过了小说里的房子和环境，我们来谈谈食物。裴帕写得不多，就提过两样：主人公在英国深造时跟一群孟加拉国穷光蛋同居，天天都在煮咖喱鸡蛋，周末煮得更多。直至他在波士顿找到工作，把家乡的新婚妻子从机场迎回公寓的那一日，他给她准备的也还是咖喱鸡蛋。

后来主人公的妻子安顿下来，第一次开口向他要钱。那天他回家，看见炉灶上烧着香喷喷的一锅咖喱鸡（每次读到这儿，我都按捺不住深深吸进一口气，想要闻一闻新鲜大蒜和生姜的味道）。裴帕就写了这些。但你看到那充满喜剧性的隐喻吗？从"咖喱鸡蛋"到"咖喱鸡"！那是从穷学生变成了社会人；那是从单身汉变成了丈夫。而不管变成了什么，本色未变。

"够了！"你在心里呐喊。几乎想要把手中的信撕了，或是把它揉成一团，狠狠掷到地上。但那些纸张像是在导电似的，又似乎成了烫手山芋，将一股热力从手心直传到你的耳根，让你两颊发烫，耳朵嗡嗡作响。

你恨死这个内奥米了。你在心里叫她去死吧老太婆，下地狱吧。这一刻你总算明白了，她不把信写到出版社、不写给裴帕，而是把信写给你，为的就是要恫吓你、对你尽情羞辱。你越想越觉得此人邪恶。怎么有人心思这么坏呢？又越想越觉得这如果不是一个国家对另一个国家的蔑视，也绝对是一个民族对另一个民族的侮慢。不行了，你越想越感到五内如焚，心跳加急，耳鼓擂出了隆隆巨响，似乎连呼吸都变得困难了，便也觉得身体这里那里不妥，四肢发软，有点站不住。这才兀地想起来前两年去做身体检查，医生诊出你此前悄悄发过一次心脏病，毫无症状，连你自己也不觉有异，却从此有了病发猝死的风险。你忽然感到害怕起来，家里没其他人呢。你急忙要掏出手机，才发现身边没带着，想必是留在厨房里了。你提醒自己莫慌莫慌，可手已经在发抖，拿在手上的信微微颤动，像是内奥米对你频频眨眼。你回想医生之前口授的指导，不急，先深呼吸吧。你昂起脸来，与墙上的摄像头对上了眼。

"你不明白。"你对内奥米说。你想到要给她回信。这念头一闪而过，你心里却很清楚自己不会这么做，这事不宜扩张。"可是我若真给她回信，"你遏不住想，"我会让她知道，虽然都是移民题材，用中文写作跟用英文写作完全是两码事！"这念头生起，脑子某处便像有一台不由你控制的打字机，哒哒哒哒，暗地里给这回信拟稿。

　　内奥米，你这信，读到下面这一段，我觉得一口气要咽不下去了：

　　"看看你写的，同样是短篇，却像个野餐篮子。除了茶水鲜奶，里头还有小饼大饼，什么肉粽子、'条头糕'和'利是奶糖'（原谅我只能给这些名字胡乱拼音了），五花八门，效果就如那一套韦奇伍德茶具上的毛地黄、金盏菊、大丽花……让人看得目不暇接。这叫我想起多年前跟随几位台湾太太到旧金山中国餐馆里见识的豪华摆盘。那些雕刻在萝卜、茄子、黄梨和其他蔬果上的腾龙跃虎及十二生肖，还有那些莲藕雕成的奇山峻岭，配上干冰释放烟雾，全摆在一个盘子上，像布置障眼法。我固然惊叹，却也不免要想，这跟一面用餐一面观赏杂技表演有什么不同呢？"

感谢你把话说得这么坦白，让我有幸受教。我在美国待了许多年，对于你这种想法和论调并不感到陌生。毕竟像diner[1]这种美式餐馆我也光顾过，知道美国的饮食文化实在没多久历史，品位还没建立起来，人们只知道把食物铺得盘满钵满，对于最精致最华美，抑或是最原始最野蛮的中国饮食，你们都看不过眼。根据你的来信，我可以判断你对中国文化并非一无所知，然而"知道"不等同"了解"。我必须承认你把我和裘帕的小说分析得头头是道，甚至许多处精辟得像是给我开了天眼，让我感到汗颜。你确实把这两篇小说都看透彻了，某种意义上，也透过小说看穿了我。可是我要提醒你，你终究忽略了最重要的一项事实：

我这小说不是写给你看的。

请你留意一下，我写的是一篇中文小说，而我也只将它发表在中国的刊物上。不同于裘帕，她用英语写作。那是世界语言。在她的祖国印度，英语若不是母语，必定也是广泛通用的官方语言。而我，既然选择了中文，便清楚知道自己在为中文读者写作。我写的移民故事，必须符合中文读者的期待和审美需求。也就是说，我小说里的老房东太太并不是为了迁就在法拉盛商行做事的主人公才住到皇后区。不，她是为了我的读者！

所以，窃以为你拿我的小说跟裘帕的作品相比，既没有意义，对我也不公平。它们是针对东西方两个不同的文学市场打造的作品。裘帕无疑是个了不起的作家，她写的移民文学，是一幅一幅既贡献给美国，也贡献给印度的画像。我呢，我的目标读者本来就不包括像你这样的一个犹太老人，你又凭什么对专门为中国设计，并且只在那里出售的产品指指点点，批评它不符合你的美学要求？

---

[1] 一种常见的美式餐厅，通常吃的是汉堡、薯条、派和饮料等简餐，分量比较大。

我猜啊，之所以我的小说引起你注目，并令你忿然，是因为我把老房东太太写成犹太裔，冒犯你了吧？她还跟你一个年纪呢。你无可避免地对号入座，却不满意我给她塑造的形象（显然你更愿意把自己想象成裴帕笔下的老房东），便写来这信，佯装"论道"，实则是要向我抗议，还借此嘲讽我与践踏我的作品，以宣泄你这不可理喻的恼怒！

是的，信就这么写吧。你闭上眼睛欢快地想象内奥米气极败坏的样子。看在墙上那摄像头眼中，你嘴角上扬，像个使诈得逞的胜利者。奇怪的是，内奥米在浮动着一层薄光的幽暗中浮出，愈渐清晰，你才看清楚了她竟有几分像你写的老房东太太。这么说不对，因为你在写那小说时，分明没去模拟她的长相。裴帕已经提供了个现成的，而你为了避免引起读者的注意和过多的联想（或许会有人以为两位老太太是姐妹俩），刻意不多对她的外观着墨，然而此刻你却看见了这人物如在感光相纸中显影。她个子矮小，穿着裴帕写的一袭老款白衣黑裙，右手捆着你写的洁净手绢；雪白蓬松的短发却是内奥米的，像刚烫过一样。她胸前垂着一副带链子的粗框眼镜；左手拿着你写给她的信，指甲艳红如玫瑰花瓣……她们都在凝视你，面容不一，眼睛却都眨也不眨，多像三个靠在一起、角度终究稍稍不同的摄像头。

你甩了甩头，奋力要把脑中的影像甩开。她们没有消散，你只好睁开眼睛。就那一瞬，只来得及瞥见冬日在窗外悄无声息地掀起白花花的裙摆，这房间当着你的面暗沉下来。

我不是为了批评中国文化，或是为了打击中国移民而给你写这信的。我自己就是移民后裔，而且向来只支持民主党，当然不会仇视移民。再说，对于中国文化，我向来只有景仰而已。那是世上最古老的文明之一，就和印度文明一样古老。更何况，我的前病人（那位从台湾来的太太）还经常向我灌输："你们犹太人和我们中国人有太多相似之处了。"

"是吗？有哪些相似的呢？"我每次都打趣问她。

"这是世界上最聪明的两个民族！"她每次都这么回答。

"都擅于理财！"

"没有别的民族比我们更务实了。"

"都有很重的家庭观念！"

"所以总是招人眼红、被人误解，遭受排挤。"这是她丈夫说的。他总是等到他太太屈起第三或第四根手指，瞪大着眼睛苦苦思索时，才没头没脑地添上一句，使得在场所有人脸上的笑马上松垮下来。

"都在历史上吃了太多苦。"他再补一句。

我写这信，本意是要为裴帕·拉希莉抱不平。我希望能让你醒觉，你使的这点小聪明可是严重地损毁了人家的作品。对于我来说，真正的问题不在于你能不能不问自取，把别人的小说拿来改写成另一个版本（台湾来的前病人对我说这种生产模式寻常得很，就叫"山寨"），而是这样做是否能产生新的价值，或给原来的作品增加新的向度和意义。显然你没有做到这点，让我觉得这种生产小说的方法特别不可接受。可在给你写信的过程中，我想到这事情并非完全没有可喜之处，毕竟是因为遇上你的作品，我才会翻开裴帕的书，再读了一遍《第三和最后一块大陆》。

这应该是我人生中最后一次读它了。因为有你的作品做观照，我像是戴上了一副特制的眼镜，终于真正地、前所未有地看清楚这小说里的各种巧妙，以及那些沉落在细枝末节里的好。譬如说孟加拉国青年主动提议要每天晚上给老太太热汤，老太太的女儿叫他打消这念头，说："那百分百会要了她的命。"——这一句话，不就呼应了斜放在小圆桌旁的那一根随手可及却满积灰尘的手杖？

我可太喜欢这位房东太太了。我完全可以理解她骨子里那股顽强的精神，我甚至怀疑她可能读过《意志的力量》[1]。那是小时候父亲第一次带我到书店，让我自己做主选的书。作者的名字我忘了，只记得他是个卫理公会派的牧师。

原谅我投注了许多想象，硬是把自己与这位老房东连接起来。这完全是不由自主的。上个星期，我的弟弟去世了。他比我迟出生八年，是家里唯一的男孩。五六年前我的姐姐逝于病榻时，这弟弟已经不太能行走了，但仍然坐着轮椅从圣菲过来参加丧礼，那是我和他最后一次见面。其实在过去几年，我的许多亲戚和老朋友，尽管岁数没我大，都逐一离开了。我对此心里早有准备，即便是去年伊丽莎白二世逝世，我还喜滋滋地在电话里对弟弟大喊："你听说了吧？英女王死了！死了！她才活到九十六岁！"

至于弟弟是怎么应答的，我记不起来了，也可能我们俩谁都没听真切对方说什么。

直至接到弟弟的死讯，知道他已不在人世，我才忽然意识到在这世上我已经没有"同代人"了。自从我的先生死后，这还是头一回我感觉到这世界的清冷，像是自己落了单，成为被时代遗弃的人。这感受太可怕了，即便这房子里总有访客上门，儿孙们总是围着我，朝着我的耳朵大声说话，而我环顾他们的笑脸，耳里的声音忽大忽小，心底只觉得自己像溺水似的，已经不属于眼前的情境。

---

[1] Power of Will，1903年出版。作者弗兰克·哈多克（1853—1915）为美国新思想运动代表人物之一，既是牧师也是畅销书作家。

幸好这时候遇上你的小说，它领我回到裘帕的书里，让我再一次走进那一栋在林荫道上的灰白色房子。老房东太太还在屋里，她说："锁上门。"我多高兴能看见她啊！她是我在世间最后一个同辈人和对话者，而且她将长久地活着。在我终于也追随我所思念的人而去以后，人们还可以推开这扇门（记得锁上），一次一次看她对着一个衣着传统、姿容庄重的印度少妇大声宣告 —— 这是个完美的女士！

这几日我在打点自己的后事，算是提前处理遗物吧。这屋里的宝贝物事可多了，当中还真有韦奇伍德的东西，就是几件经典蓝加浮雕器皿，还加上孙媳妇婚前第一次来拜访时带给我的一套中国咖啡具，可美呢，说是叫"西湖蓝"，那是我见过的最温婉高贵的蓝色了。就为这个，我打算把柜子里珍藏了六十年的古驰竹节包留给她。这东西，我的大女儿可是觊觎许久了。

打点这些东西可是粗重活儿，都是上门来的墨西哥帮佣替我做的。她把我以前执业时用的打字机找出来，问我这要留给谁。那是一台列特拉。老东西虽然笨重，远不及新事物便捷，却总是比较可靠。我端详它一阵，忽然就来了兴致，想要听听它敲打的声音。此刻你读的这封信便是这样来的。衷心希望你在读它的时候，也能感受到这台老机器的劲道，一字一句都铿锵有力。

最后，你的邮件地址是我的孙媳妇替我弄来的。她最有办法了，而且行动力十分惊人。她跟我孙儿结婚好几年了，至今还经常以卓越的办事能力与超强的人脉震慑大家——两年前新冠疫情最严重的时候，家人为我庆祝一百零一岁生日，她送来的礼物可稀罕了。那是一大包家庭装二十四卷卫生纸！还居然是我向来在用的牌子！这事情，直到今天还让亲友家人们津津乐道——尽管她有支持共和党的倾向，还曾替川普说过好话，但我还是觉出她有着可贵的品质。只是啊，无论如何，我没有把你这小说里的秘密告诉她。我不会说的。正如我至死也不会对她说，她送来的那一套"西湖蓝"其实颇有些瑕疵，说不定是仿冒品。

就这样吧。祝你新年快乐。

你从房间里出来，已经过了下午五点。冬日阳光短缺，即便有冬令时调整，房子里已有许多局部显得日光配额不足。你走下楼，在幽暗的楼道里碰见一个垂头丧气的妇人，一双浮肿的倦眼让她看来犹如水族箱里养得生无可恋的鱼。你没见过她这么委顿的模样，分明就在昨天，她的一则访谈在朋友圈里广发，配图里的人神采奕奕，标题称她乘风破浪的姐姐。

你回到厨房，正好丈夫打开前门走进客厅。他看见你坐在中岛那里的高脚椅上，支肘托腮，像在守着一艘触礁了开不动的船。他向你走来，顺手亮灯，问你怎么啦，又斜睨一眼你手中的信。你说没事。他说怎会没事，说你古古怪怪的，有点吓人。又问你手上拿着什么，看着像打字机打的文件，好古老。

"是个小说。"你说着把信半折，摁在岛台上，"我好端端的，怎么说我吓着你了？"

他当然察觉你目光游移，也一定知道被你压在手掌下的不是一篇小说。但他迟疑良久，看样子像是把一句话放在脑子里做了一百款词句重组，又像在寻思该不该从你手上夺过那封信，又该怎样夺。最终他叹一口气，说你写作别太投入了，伤脑子。说完提起放下了的公文包，瞄你一眼再转身走开，经过你身旁时他稍微放缓脚步。

"你自己看看家里这下午的监控录像，看看吓人不。"

你咬着牙不语，心脏里像有一只野物被囚，扑通扑通乱跳。直至丈夫走到房子另一头，听到关门的声响，你知道他在书房里了。你移开手掌，多希望这由头到尾是一个幻象，或者这信会因为被释放了而变成一只白鸽飞走，但它没有。你沉吟一阵儿，见它动也不动，便忍不住打开它，在头顶上那摄像头的注视下，默默把它读完。

  Ps:昨日我向孙媳妇讨教"山寨"一词。她略显警戒，拿起手机来搜了一下，跟我解释说这个词并非简单地指抄袭。"它指的是一种带有反权威和反主流的精神，也带有狂欢性、解构性、反智性以及后现代表征的大众文化现象。"——当然，我没听明白。

  您诚挚的，

  内奥米·弗里德曼

黎紫书（马来西亚）1971年生于马来西亚。多次赢得马来西亚花踪文学奖、台湾联合报与时报等各项文学奖，也曾获得单向街书店文学奖年度优秀青年作家奖、南洋华文文学奖，以及马华文学奖等。已出版长篇小说、短篇小说集与散文集等十余部，现居马来西亚。

山中宫阙

倪湛舸

一

　　莱娅想要搬去足够远的地方，夏威夷或者阿拉斯加，月球可能是更好的选择。早起刷牙的时候，她含着满口白沫哼歌，手机里泰勒·斯威夫特慷慨激昂地唱着"You need to calm down"，莱娅跟着哼哼"You're being too loud"。在哗哗水声的伴奏下，她其实根本听不见自己，就像她虽然想要搬去足够远的地方，却没有足够多的钱和动力把自己从熟悉里的环境里拔出来。没有壳的蜗牛能活多久？她曾经问过身边的几个好朋友，她们都喝醉了，懒得搭理她。

　　大学毕业后，莉莉安飞去西海岸给科技公司编程，苏珊找了份在首尔教英文的工作，派屈克跟着和平队做志愿者去了非洲救助野生长颈鹿，只有莱娅从她们四个人合租的房子搬到了车程半小时外的邻城，在郡政府开办的危机中心当上了监护工。毕业前的那个春天，她在公交车的灯管上看到郡政府的招聘广告，递交申请，被录用，用暑假的时间准备考试拿到培训证书，顺利地进驻"快乐之家"。

　　完全无需考虑，这就是她想要的工作，虽然这份工作并不能把她送去遥远的地方，去到没有人认识她，没有人知道她所经历的一切，没有人会用多出那么一点点同情的眼光看待她的地方。那里也许炎热潮湿，比方说夏威夷，但好处是每天都可以穿花团锦簇的长裙遮住腿上的伤疤。终年大雪封城的地方也好，她在网飞看过介绍邻近北极的小镇生活的纪录片，还上网查过电动雪橇的价钱。"你得练好枪法"——莉莉安喜欢北极，所以在莱娅看纪录片的时候也来凑热闹。莉莉安小时候读过很多探险队的故事，她郑重其事地告诫莱娅："你得学会杀海豹、驯鹿、北极熊，对了，还有拉雪橇的狗。"

莉莉安的父母从印度来，经营连锁旅店，他们有三个女儿，最小的莉莉安从小就是优秀生，经常出现在鼓励女生投身STEM专业的宣传单上。她自己是这样解释的：我这样的有色女生是学校需要的多元主义招牌，我这样的IT人才更可以摆脱父母的控制。你们根本想象不到他们为我的两个姐姐准备嫁妆有多辛苦，我绝对不要重复姐姐的生活。出生在美国难道只意味着可以嫁给同样出生在美国的印度人？如果不是有满柜子的竞赛奖杯和六位数薪水的工作邀约，我哪可能挺直腰板对父母说：嫁人不是我的选择，我值得更好的生活？

我是否值得更好的生活？莱娅好像从未思考过这个问题。她没有雪橇和探险的勇气，她只有一辆二手马自达，每个工作日六点五十从简陋的一居室公寓出发，七点半准时到达建在山谷里的"快乐之家"。那是一栋红白相间的大房子，被郁郁葱葱的花园所围绕，房子左侧的阳光房修成圆筒形，还有着童话风格的尖顶。七点半是夜班人员离岗的时间，莱娅在停车场同新来的女孩打招呼，她们还在接受医疗培训，要考到证书才能开始值白班，也就是不再做夜间的打扫工作，开始为临床医师做辅助工作。莱娅做了四个多月的夜班"灰姑娘"，这是她给自己起的绰号。那时她的工作就是在厨房洗碗扫地，在起居室擦灰扫地，在盥洗室消毒扫地，与朋友合住时总也不愿好好做家务的她终于受到了应有的惩罚。

十三岁之后，莱娅是跟着奶奶长大的，奶奶总是能安排好一切。奶奶名叫宝莉，退休前是蛋糕店的裱花师傅，自己设计了很多花样，把图纸和实物照片都收集在剪贴簿里，还去电视台参加过剪贴簿比赛，赢来的奖杯放在厨房的碗橱里。受到奶奶的启发，莱娅刚进大学时学工业设计，但她搞不定太过复杂的太阳能社区，又没有耐心钻研矿泉水瓶的曲线，于是转到了"人类发展与社会福利"系。真的有这么个系，虽然名字听起来有点像虚假广告。这个奇怪的系招生年年攀升，就业前景更是颇为乐观。教授们在开学典礼和毕业仪式上说：世界越来越病态，所以才如此需要各种治疗、护理和疏导人员，你们的重任是修复肉体和灵魂！莱娅听到这种大话有点害怕，同系的派屈克见怪不怪地嘲笑她抱着胳膊发抖的样子：你没上过主日学校吗？牧师说话都这架势。

奶奶觉得"人类发展与社会福利"挺适合莱娅，她总是担心莱娅，想要推她出门同各种人多多交往。读奶奶的藏书、听奶奶的唱片长大的莱娅过分安静，周身萦绕着一股被封存在时间胶囊里、近乎与世隔绝的老气。靠着父亲留下的保险金，莱娅在本地读完了大学，奶奶鼓励她搬去足够远的地方，可莱娅工作的危机中心就在邻城。莱娅已经在危机中心工作快两年了，她打算从秋天开始半工半读拿一个社会工作的硕士，这样就可以升职做临床医师。等到积累了足够的经验，她也许就真能搬去足够远的城市。算了，夏威夷或者阿拉斯加太远，只要能离开本州就行，毕竟她还得不定期地回奶奶家。光感恩节和圣诞节是不够的，每年的几个长周末倒是正好，可以从大城市开车回到山里，孤零零的奶奶会很高兴。

奶奶很早就卖掉了家里的房子，搬进了老年公寓。那些紧紧挨着的小楼有着白色围墙、深蓝烟囱和暗红尖顶，同一批建筑师后来又设计了"快乐之家"——莱娅在公共图书馆的数据库里查到了老新闻。他们执着于童话风格，也许是考虑到童话的黑暗本质和鲜妍外壳吧。人这一辈子不过生老病死，因为无可奈何，只能打起精神。"快乐之家"就是这样一个乐观得残忍的名字，"快乐之家"一进门的玄关处挂着一块黑板，黑板上用黄色粉笔画着大大的灯泡，还有红色粉笔写的大字：黑暗中记得要开灯！！！

　　莱娅觉得这简直是恐怖片里的场景，但她知道自己不能延续这错误的思路，于是把注意力集中在黑板旁那占据了大半堵墙的十几副蜡笔画上，画的主角是一只独眼虎斑猫。在"快乐之家"工作了十多年的管理员克莉丝汀告诉她，猫的名字叫虎克船长，是前任精神医生养的，后来跑丢了，但大家至今还保存着它的猫砂盆、猫爬架还有猫睡床，好像虎克船长随时会瞪着它目光炯炯的独眼从门缝里跳进来。

　　可是虎克船长不是缺了一只手用钩子代替了吗，为什么独眼猫要叫做虎克船长？为什么这些年来，"快乐之家"来来往往的客人或者说病人还在画这只他们从未见过的老猫？虎克船长应该早就死了——克莉丝汀说，逃出去只有死路一条。"快乐之家"的任务就是确保想死的人死不掉，至少呆在这里的三五天之内死不掉。可是这里真正的主人虎克船长已经死了，莱娅设想过天黑后幽灵猫在山间高速公路上闲逛的模样，幽灵猫不怕被车撞，幽灵猫也许能飘进被封死的福特车里，也许还能照亮莱娅总是梦见却总也看不清的那辆福特车里的方向盘和饮料架。

　　"快乐之家"改变不了已经发生的一切，但它至少可以为莱娅提供一种错觉，以为自己终于在无休无止的坠落过程中抓住了树枝。树枝一根又一根地显现，让她以为自己正减速甚至能够控制坠落的姿势。刚开始工作那会，莱娅兴奋地向奶奶描绘那栋整洁漂亮的大房子，还在拍纸簿上画了平面图。"快乐之家"原来是个头重脚轻的T字，更确切的说是由两个巨大的长方形搭成的T字。底下的那一竖是连成一线的起居室和厨房，起居室左侧还贴着一间探进花园的阳光房。上面那一横的核心是会议室和控制室，两旁是彼此对称的客房和位于最外端的办公室。

　　莱娅等了很久，今年年初才终于和另两个监护工搬进了共享的办公室，可郡政府忽然给了拨款翻修"快乐之家"，右边的客房和办公室暂时都清空了重修做地板粉刷墙壁置办家具，大家只好都挤在控制室里。左边的两间办公室属于管理员克莉丝汀和帕特尔医生。克莉丝汀是个留着栗色卷发的中年妇女，帕特尔医生是在这里兼职的精神科大夫。莱娅看着他们就好像看到了自己的两种未来：留在当地，从监护工做到管理员；出去读书，背着一屁股学生贷款拿到博士学位再做住院医，然后拿着比别人高的工资去还比别人多的债。不是无聊就是辛苦，不如死了算了。

可是莱娅不敢说什么，她不想被同事们抓住做自杀评估。每天七点半来到"快乐之家"，她的工作就是准备好晨间目标问卷放在靠近厨房的大餐桌上，等着给刚起床的客人们——哦不病人们——打开厨房门，在他们挑拣速冻食品的时候用自己的屁股抵着门，同时小心谨慎地盯着他们的一举一动，直到他们端着用微波炉加热过的早餐走出厨房坐到餐桌旁，才能把门重新关上。来填晨间目标问卷啊——莱娅故作欢快地招呼他们，被牛肉派、奶酪杯和墨西哥鸡肉卷的味道熏得直想打嗝。

"今天有什么目标？需要怎样的帮助？自我感觉如何？用一个词形容此刻情绪？昨天的饮食状况？昨晚的睡眠质量？最近二十四小时内有几次自杀念头？想要留下还是离开？"这样的问卷在控制室的抽屉里大约有几千份，如果算上全州或者全国的康复中心，想必会是天文数字。每天早晨八点左右，全郡、全州、全国的病人们全都坐在餐桌前填表，再硬着头皮互相交流，日复一日、年复一年。他们绝大多数人根本不知道目标是什么，但那也许是因为大家太清楚目标是什么：活下去，再多活一天，哪怕这世界是个屎坑，伟大的美国就是个伟大的屎坑，大家一定要像蛆虫那样跳着舞挣扎下去。

危机中心好比章鱼，有一堆各自为政的触须：危机热线、戒毒所、心理治疗所、自杀救助所等等，这些童话风格的房子散落在本郡的大城小镇，半新不旧，若隐若现，被附近居民刻意忽视。他们有时会取笑叫做"新天地"的戒毒所和"旅行伴侣"的心理治疗所，而用来收容经急诊精神大夫鉴定、有明显自杀倾向和危险的求助人的小医院，有着"快乐之家"这个不合时宜的名字。这里的病人睡觉不能关门，吃饭不能独自进入厨房，如果带着手机会被没收，想打电话只能在规定时间里向监护员申请，去会议室使用座机。莱娅和其他监护员轮流值班，提供二十四小时监护和服务。自由和生命孰轻孰重？自愿或不自愿地来到"快乐之家"的人无权选择。

莱娅有时候也悄悄试着回答问卷上的问题，然后发现自己满脑子都是空白，沉甸甸、硬梆梆、好像北极冰山那样巨大的空白。出于羞愧，她告诉自己，想要去足够遥远的地方，但这显然是哪个"今天"都实现不了的目标。如果她给马自达加满油拼命拼命地开，在今天结束的时候，能到达哪里？俄亥俄、阿拉巴马、科罗拉多？可"今天"是个移动的目标，当"今天"变成"昨天"的时候，"明天"就成了"今天"；同样地，原本离她遥远的地方，一旦到达，岂非就丧失了所谓的"遥远"？苏珊曾经纠正过莱娅：韩国不是远东，只有欧洲中心的视角才会把亚洲叫做远东，地球是圆的，到头来东就是西。

莱娅的手机上有苏珊发来的消息，曾经群租的她们在毕业后仍然保持着联系，四个人虽然分布在四个时区，时不时地撞到一起群聊倒也不是不可能。发放完问卷，莱娅在Snapchat上发了张自己屁股的自拍照，期待着有谁帮她鉴定一下减肥的紧要程度。苏珊拍了首尔地铁站电梯扶手旁的明星海报回复她，那些长发长腿的美女漂亮得就像是精心制作的玩偶。她们都曾整容，还要经过多年训练，生活的方方面面都被监控着，完全就是工业化产品。苏珊又加了一句：我的屁股应该比你的更肥，石锅拌饭太好吃了。莱娅盯着女子偶像团队的翘臀使劲看了一会，不无嫉妒地想：光鲜美丽的她们也需要填调查问卷吗？她们的今日目标是什么？她们想要离开什么地方吗？比方说，这个操蛋的世界？

二

麦迪是"快乐之家"的常客，她喜欢找莱娅说话。莱娅到岗的第一件事就是去撕墙上的日历，这才五月初，麦迪已经来住过两次了。麦迪可能是那些韩国美女的对立面，人和人的差距大约能有地球和冥王星之间那么遥远？她又高又胖，满头棕发，大概比莱娅高出一个头，多出几十磅肉，说笑时露出黄垢斑斑的门牙，牙与牙之间有明显的缝隙，双眼也分得很开，松松垮垮的乳房几乎垂到腰间，腰的下方，屁股突然膨胀起来，连接着粗壮的下肢。因为是常客，她甚至带着装日用品的背包来，所以此刻，她竟然套着家居服，那是紫红色汗衫和印满企鹅图案的抓绒睡裤，使得她整个人看起来就像是被看不见的命运之手硬生生往两边扯的巨型娃娃。整容和训练也是命运之手吧，命运之手果然很任性呢，又是挤压又是拉扯，变美变丑都把人往死里折腾。

麦迪还不到三十岁，住在高速公路观景台旁的拖车里，已经生过三个孩子，都被人领养走了。上个月她忽然打算结婚，嫁给高速公路旁某个小镇上的建筑工。不可思议的是，对新生活的恐惧压过了对新生活的憧憬，她太害怕尚未实现的幸福在眼前灰飞烟灭，于是逃回自己的拖车里，于是忍不住没日没夜地喝酒，于是在醉醺醺的时候拿起厨房里的餐刀开始自残，于是捂着血淋淋的手腕跑到公路中央求过路的车辆停下来给危机中心打电话。她没有被撞死并不是奇迹，她并不想死所以小心躲闪，她只是必须借到电话向"快乐之家"求助，她知道当地警察会尽可能地及时出现，赶在求助者丧失理智之前把他们送去安全的地方，接受监护、评估和治疗。

麦迪懂得使用生命线，她感激"快乐之家"的存在，就像是那些比她幸运得多的人依赖度假酒店。她能够在早餐时间第一个出现在起居室，隔着落地窗朝明晃晃的阳光房里张望，笑着请求莱娅用门卡为她打开厨房门，还毫不见外地开玩笑："我也想要这份当门桩的工作。"莱娅也喜欢跟麦迪说话，这些年的这么多病人里，只有麦迪愿意找监护工说话，她甚至是开朗风趣的，莱娅每次都由衷地认定她出院后再也不会回来了，可她还是像回旋镖那样精神抖擞地又出现在"快乐之家"，胃口总是奇佳，光早餐要吃掉一大盘炸鸡翅和两只苹果。

对了，她的今日目标很明确：准备出院。回收问卷时莱娅的手机又响了，那是坐地铁无聊的苏珊在找人聊天；加州还没天亮，莉莉安想必还蜷缩在她的国王尺码大床上；派屈克难得冒泡，手机没信号是南苏丹的常态。麦迪听见了莱娅的手机在响，咧着嘴露出她的黄牙微笑：真羡慕你有朋友。莱娅友善地回应：今天下午你的朋友就来接你了！所谓的朋友其实是附近小镇上的社工，近乎无家可归的麦迪没有家人和朋友，她开着拖车在这一带游荡，打零工，领救济，睡男人，觉得累了就寻死，真要去死却又舍不得这条命。好在政府还在供养危机中心，只要"快乐之家"不至于关门大吉，麦迪们就还能苟延残喘。苏珊和莉莉安曾经为了福利制度吵过很多次架，苏珊以为国家提供的福利太少，麦迪们之所以会沦落到这般惨状全都怪新自由主义对社会保障体制的瓦解，莉莉安坚定地主张优胜劣汰，拖垮福利国家的就是自甘堕落的麦迪们和头脑简单的苏珊们。

苏珊和莉莉安一旦吵起来，莱娅就把手机静音扔到一旁，她宁可看麦迪们趴在旧杂志堆里拿着剪刀剪漂亮图片，或是翻出抽屉里的彩色铅笔画为虎克船长的幽灵画像。人和人之间的距离很遥远，可是苏珊和莉莉安距离麦迪和其他自暴自弃却又拖着不死的自杀者其实很近，她们之间只隔着莱娅，在危机中心工作了两年的莱娅。克莉丝汀说，成为监护工都是有缘由的，没有人心血来潮地对这份低薪工作感兴趣。克莉丝汀原先是当地超市的经理，十五岁的女儿自杀后，她来到"快乐之家"，用"我在救助陌生人"的现实来安慰自己。

"快乐之家"有五名常驻监护员，还有十几名轮流值夜班做打扫工作的"灰姑娘"。莱娅的同事们是头发花白的丽兹，才五十出头的她看起来比奶奶年轻不了几岁；任何时候都衣冠楚楚的蓝眼睛乔治原先是高中历史教师；瑞克在搬来这小城之前在芝加哥的爵士乐酒吧做酒保；对了，克莉丝汀也是监护员，她是在监护员和病人们的各种表格上签字的管理员。不定期地来到"快乐之家"的还有帕特尔医生和布里特法官。帕特尔医生在大学附属医院工作，他来这里是为病人们做精神鉴定；而布里特法官是曾经的嬉皮士，至今还留着齐肩长发穿着类似长袍的麻布衣裳。病人一旦被送来"快乐之家"就会被值班的监护员接待，通过简短的谈话收集基本信息。第二天的流程是与帕特尔医生见面，由他做出专业鉴定。第三天，在管理员克莉丝汀的陪同下与另一名精神科医生、布里特法官还有与他合作的律师开会。布里特法官会根据两位医生的建议和自己的观察做出判断，如果有自杀倾向的病人对自己和身边的人不再构成威胁，那么她/他可以离开"快乐之家"；如果病人仍然处在危险期，那么她/他就只能继续下一个周期；如果第二个周期后情况仍然没有好转，她/他会被送去更为专业的精神病院。

十点左右帕特尔医生和布里特法官会来，克莉丝汀的办公室将要变成小小的法庭，判决病人的去留。对此麦迪充满向往，她坚信自己在莱娅下班前就能回家；吉米却惶恐不安着，目标问卷就摊在他面前的餐桌上，他抓着圆珠笔磨蹭了很久还是不知道该写什么。吉米穿着黑漆漆的连帽衫和卡其色短裤，裸露的小腿上布满刺青，莱娅好奇那是什么图案，却又不好意思盯着人家看。吉米的心情倒是一目了然得很——如果把帽子抹到脑后，那么他大致是想要与人交流的；如果拉起帽子遮住头，那就意味着"我很糟需要躲一躲"。躲在帽子里的吉米看起来像是个刚做了什么错事的小孩，满脸的络腮胡并没有使得他显得凶恶，倒是平添了几分虚张声势的滑稽。他太讨厌晨间目标问卷了，他讨厌一切需要写字的活动。

有拼写障碍的吉米叹着气偷望莱娅，这已经是他在"快乐之家"住的第六天，如果还是通不过帕特尔医生的鉴定，布里特法官就要下令把他送去教会开的精神病院"玫瑰山丘"。他只是讨厌写字而已，他却是真的痛恨教会，他在问卷上歪歪斜斜地写"我想要留在这里"，觉得每个字母都张牙舞爪，随时都可能从纸上跳起来抓他的脸，这种太过活生生的恐惧令他更为恐惧。帕特尔医生如果知道了，会悄悄地认为他是疯的，会悄悄地在鉴定单上签名，医生和法官会悄悄地给精神病院打电话，穿黑衣的神父会悄悄地开着叮当作响的老破车来抓他，看起来就像是此刻问卷上他黑漆漆硬邦邦的字母，他为什么要画这些字母，趁还能攥着笔，他要赶紧把这些字母都划掉。字母太可怕了，他要赶紧躲起来，躲在自己的帽子里。

餐桌靠阳光房的一侧被先到的麦迪占据了，吉米顺势坐到另一头，那里朝北，窗外是停车场，窗的两边都有书橱，靠窗台搭着一把老吉他，旁边是乐谱架，地上还有猫食盆。这是吉米喜欢的角落。他也算是莱娅的熟人，去年已经见过一次，莱娅清楚地记得，那时正在接受临床医师训练的乔治给他做过鉴定单，上面写着"双相情感障碍"。莱娅不知道吉米狂躁起来是怎样的，躲在"快乐之家"里的他消沉得很。如果起居室里没有别人，他就会去打开音响听当地的另类摇滚电台。如果别人出现，他就把帽子抹到脑后，用哀求的语调询问自己是不是可以继续听另类摇滚电台。这时候他是不会直视人家的，他宁可盯着地板或是自己的脚踝。

出于好意，莱娅说电台里的歌都挺好听。吉米对莱娅的好意很感激，因为乔治说集体活动一旦开始，吉米就只能去关掉音响。起居室连着另一个长方形的那堵墙上有电视、音响、游戏机和各种DVD，但莱娅从没见过有谁坐在与餐桌隔着一段距离的沙发上看电视或者玩游戏，而愿意打开音响的只有吉米，他需要音乐，好像那是一顶融化在空气中无形无迹的帽子，是用来保护自己的又一层薄膜。吉米似乎很在意这层薄膜，可别人根本不在乎他沉迷其中的是怎样的噪音。

莱娅就不曾听过这些哑着喉咙呻吟的所谓音乐，她从小听小甜甜布里特尼·斯皮尔斯，现在喜欢泰勒·斯威夫特。苏珊和莉莉安嘲笑她品味庸俗，大家更关心小甜甜和她父亲的世纪官司。派屈克则什么都不在乎，他好像不喜欢任何女生，所以他与很多女生都相处和谐。派屈克和莱娅是同系同学，他在英文系的创意写作课上认识了苏珊，他和苏珊、莉莉安又一起修了亚洲电影课，所以派屈克才是合租小集体的核心人物。莱娅莫名其妙地觉得派屈克可能会喜欢另类摇滚，他那副什么都不在乎的样子跟这种自暴自弃的调子很般配，大家刚认识他那会他就时常半死不活地眯着眼睛哼唧：我要去非洲，我要去给大象拣大便，大象的屎有这么大一坨！他双手凭空抱圆，假装怀里有坨巨物，再恶作剧地把不存在的这么大一坨往身边人的头上砸。他吓唬不了苏珊和莉莉安，她俩伶牙俐齿眼疾手快，更重要的是，她们从不配合派屈克玩游戏，他只能去学校酒吧找人玩"龙与地下城"。

吉米似乎是会跟着派屈克喝酒喝到烂醉的那种陌生人，他们似乎很相似又明显天差地别。莱娅早就意识到自己像是道旋转门。转到这边，呈现出被种种隐秘的特权加持所以才能散布到地球各个角落的年轻人，转到那边，却只能撞见搞不清楚自己到底想死还是想活的麦迪和吉米和更多"快乐之家"里不快乐的家人。他们再努力都走不远，他们被虎克船长的幽灵所诅咒，注定要回到这里来。究竟什么才是不幸？不幸大概就是没有足够的运气摆脱命运之手的恶意设置吧。莱娅看过麦迪和吉米的档案，麦迪是被领养的弃婴，十几岁就开始怀孕，她以为这是在重复想象中的生母的命运。吉米的父母是虔诚的教徒，他们无法面对自己的孩子曾经在教堂被性侵的事实，吉米因此而无法处理心理创伤。莱娅留意过麦迪和吉米是怎样互相打招呼的。先开口的人说：习惯了就好。后开口的人附和：是的，习惯了就好。

他们习惯了什么？进进出出"快乐之家"？与那些没有抽中这种叫做"不幸"的彩票的人类分享这个地球？也许自杀并不是最坏的选择，也许结束了这次人生，他们（或者说我们）才有机会分配到不一样的设定？莱娅承认自己不该看派屈克打游戏，她知道游戏里的小人如果掉血掉光了还有重来的机会。吉米也说过天堂地狱或是永生永劫都是胡扯，这次结束，可以重来。所以他才尝试过安眠药或是剃须刀或是尼龙绳的解脱吗？好在他还有父母，他们终日提心吊胆地监视他，觉察到情绪波动就会打电话给"快乐之家"。吉米并不讨厌这里，他在这里的生活可能比在家更快乐，可是这里的流程会把想要留下的他送去别处。此刻，吉米近乎绝望地渴望着留在"快乐之家"，他不想回家，他也不想去"玫瑰山丘"，哪怕帕特尔医生和监护员们早就再三解释过，教会开办的精神病院不是他头脑中的地狱，他应该理性地对待自己非理性的恐惧。就连脑子不太灵光的吉米都觉察到了这里的荒谬：如果能够理性地控制情绪，他妈的我会被押送来"快乐之家"吗？

三

"快乐之家"每天都排满各种集体活动，从早晨九点到下午六点。生活需要结构。在莱娅的印象中，这句话简直是她所能见识到的世界里的圣训，大学教授这么说，培训课程这么教，她也是这样对病人们解释的：我们的大脑其实就像硬盘，需要装软件，有了这些预先设定好的程序，我们才不会陷入混乱，所谓的精神疾病就是混乱的状态，如果慢慢地加以清理，就能够重新建立起秩序，有了基本的秩序，就能够应付生活中的种种问题。

朋友们都说莱娅的声音好听，甜甜的，说话有点慢，讲起道理来既耐心又清晰。这可能见证了她的确适合现在这份工作。莉莉安喜欢野心勃勃地做规划，她鼓励莱娅去读博士做心理咨询师。苏珊想必是读书读傻了，她非得提醒大家现代社会的"心理化"是个问题，在日常生活中对"结构"的重视其实遮蔽了真正的结构性问题。吵架归吵架，莉莉安和苏珊一致认为莱娅应该跟着她们四处游荡四海为家，派屈克阴阳怪气地打断她们：这个世界之所以不是彻底的灾难，难道不是因为并非所有人都像你俩那样叽叽喳喳？

　　莱娅并没有对派屈克表示感激，因为她确实想要成为莉莉安和苏珊那样的人，就好像莉莉安和苏珊确实想要下辈子投胎做宠物猫狗。可是谁都没有足够多的运气去对抗命运的随机分配。为什么那么多人可以完全无需考虑自己的背景而活？在游戏里，她们可能生来就有优越的配置，扛得起耐得住种种考验。考验本身就是配置的一部分，我们所担心的艰难困苦说到底是个概率问题。如果你从未拥有过什么，如果你不可避免地失去了本就岌岌可危的幸福平静，那么硬盘和软件可能都要失灵，就好像钉子被砸的结果是嵌入木头或者石头里再也拔不出来。

　　如果硬盘被一根长长的铁钉贯穿，如果软件的代码里有病毒弥散，那么"索性毁了这一切不管之后能不能重启"的确是最简单的选项。可是在压力之下崩溃的人需要一点点帮助，莱娅很感激"快乐之家"的存在，虽然它改变不了那些已经发生的惨剧。丽兹的丈夫因长期抑郁服用过量安眠药，乔治的学生在学校更衣室里吊死了自己，瑞克的妻子抱着新生儿在芝加哥的寒冬投河，莱娅在金融危机那年失去了父亲。这些人原本散落在这个国家的各个角落，他们都不曾料想过这些全无交集的轨迹最终汇聚在 "快乐之家"。

　　"快乐之家"很小，即便满员也只能接待八名病人，莱娅的短暂记忆里，这里总是神奇地维持着两到四人的客流量，几乎没有轮空的日子，也很少有床位不足的问题。求助者来来去去络绎不绝，莱娅从不担心信息超载，接受过专业培训的她知道分离工作空间和生活空间的必要性。她喜欢表格的存在，经她录入的表格承载着他人的痛苦，却只能默默地积压在控制中心的材料柜里。与病人的故事相比，终日共处的同事们的遭遇才是难以回避的。他们彼此什么都不说，却总有第三方来帮助沟通，小心翼翼地揭开他人也许尚未愈合的伤口。这里的风险是双重的，既不能在伦理层面伤害被讲述者，又不能刺激到听讲人的感情，同样失去亲人的她/他太容易对这样的经历共情因而失控。好在监护员都有丰富的理论知识和实践经验，她们更是构成了一个完美的闭环。我们在一起，我们成为彼此的结构。只有这样，她们才能为麦迪们和吉米们搭建起类似结构的东西。

麦迪们和吉米们早就熟悉了"快乐之家"的简单课程。每节课四十五分钟，由一名监护员负责，讲解如何控制情绪、与人交流或是处理压力。十五分钟的休息时间之外，病人们还有专门的手工时段和室外活动。麦迪热衷于填图游戏，她从书橱底层的纸盒里翻出彩色铅笔，给填图本上白惨惨的摩天大厦涂满歪歪扭扭的色块。莱娅问她为什么不选更漂亮的珊瑚礁。麦迪回答：我想去纽约，我还没去过纽约。莱娅真诚地叹气：我也没去过。那时蹲在音响前听低音量另类摇滚乐的吉米忽然也来插话：我也没去过。

麦迪好像很聪明——这是莱娅的印象，麦迪却觉得自己太笨，笨到只能难以自制地看穿很多东西以致心情低落。她对每名监护员都很友好，好几次忍耐了他们照本宣科的无聊授课之后，她的态度也没有任何改变。她很笨，学了什么压根就记不住，脑回路、安全网、情绪阀门之类的词汇就像是一群长得一模一样的羊走进了看起来跟羊一模一样的朵朵白云，但她喜欢唠叨着这些词汇的监护员，原因不是这些人的好心唠叨。麦迪的嗅觉很灵敏，她能闻到悲伤的气息，每名监护员在唠叨的时候都情不自禁地悲伤着。丽兹的发梢是甘草菊味的，乔治散发着洗衣机里蓝色被罩的味道，瑞克像是一枚刚被拔出酒瓶的软木塞，克莉丝汀走近时让她想起满地落叶被阳光照亮，至于莱娅嘛，莱娅的悲伤和树林有关，那是被强行闯入、覆盖了整片山谷的浓密森林。麦迪从监护员身上嗅到了同类的味道，与死亡无限接近的味道，她甚至在与克莉丝汀的交谈中得知了监护员来这里工作的初衷都是为了纾解亲人自杀离世的伤痛。

这才是能帮到我们的，麦迪说，我们需要的只是彼此陪伴。她的意思是：满满当当的课程没什么用，但有人愿意对着我们说话很重要。她对监护员们感激异常，她甚至一针见血地指出：帮助我们是你们的工作，这样多好啊，如果不是工作，谁会愿意同我们这些奇形怪状的人说话？莱娅想要补充却终究没能说出口的话是：不，我们愿意这样说话只是为了拯救自己，看起来利他的行为本就是自私的，我需要你们也许远胜于你们需要我？莱娅知道，麦迪又在故作乐观，吉米的忐忑越来越糟，而她一如既往地迷惘着，与其说让帕特尔医生的鉴定和布里特法官的裁决成为头顶阴影，我们还不如去阳光房外的小花园透口气。当然，逃跑是不可能的，无论推拉栅栏还是门锁都会触发刺耳的警报。没有人从这里逃跑，除了虎克船长。

莱娅的任务是带着麦迪和吉米做"着地"练习，这是针对负面情绪的一种心理治疗。现在是五月，花园里盛开着杜鹃和大花葱，两种紫红很接近，六七月开花的萱草是橙红色的，八九月的石蒜就像是一蓬蓬血红的丝线。莱娅邀请麦迪和吉米细心地观察身边的环境，然后描述五种看见的形象，四种听见的声音，三种闻到的气味，两种触摸到的物体，还有一种口腔里的味觉。如果我们把注意力集中于此时此刻的切身感受和认知，大脑就能暂时摆脱创伤瞬间的闪回。如果我们努力地让自己着地，就像手脚抓紧铁环那样让感官吸附于实实在在的物质世界，那么记忆的风暴就无法撕碎岌岌可危的意识。

晨间的阳光照亮莱娅颊上细密透明的绒毛，她的皮肤因此显得更为白皙，她浓密而蜷曲的长发是砖红色的，她柔声解释"着地"是什么的神情在肃穆中透出些许恍惚。麦迪小心翼翼地向她伸出手："我可以摸你身上的毛衣吗？"莱娅友善地点头，拉起毛衣的下摆递给麦迪。吉米悄悄地把连帽衫的帽子抹到颈后，尽管满脸胡苴，他的五官线条还是显而易见地稚嫩，他的声音更是柔软："我可以摘一瓣花尝它的味道吗？""这未必是个好主意，因为有些花是有毒的，但你可以去餐桌上的零食罐里拿一根棒棒糖。""我们有多长时间来收集这些……这些数字？"吉米还在试图理解到底该怎样"着地"。莱娅在花园里走动，深呼吸，伸展手脚，并示意麦迪和吉米也跟着做："不着急，慢慢来。"

麦迪和吉米忙于"着地"的时候，莱娅忽然打算做一个冒险的尝试，她想要"起飞"，飞进重重云雾和风暴，飞进那些活生生的场景，它们构成了她短暂的、仍在徐徐展开的人生。从哪里开始呢？回到刚洗漱完的清晨吧，嘴里还有漱口水的薄荷味，双手捧起刚从冰箱里取出的大罐牛奶倒入玻璃碗，淹没五彩缤纷的麦圈。甜，她想要描述的味觉是甜，来自被牛奶浸润后仍保持着酥脆的麦圈，她的舌尖抵着上颚，抵着一小颗麦圈缓缓摩擦，她只想永远陷在那把巨大的靠背椅里，永远被困在十三岁前的身体里，她的手臂细瘦而柔韧，向两旁伸展时如同纸做的空心花蕊被吹直，她伸手去抓餐桌两旁的父亲和母亲。曾经，他们都在她身边。

她的名字是莱娅，《星球大战》里的公主叫做莱娅，父亲和母亲第一次约会时看的电影就是《星球大战》，如果生为男孩，她很可能会被叫做卢克。毕业时大家互赠礼物，莉莉安、苏珊和派屈克给她合买了一条挂着L字母的银项链，L字母上镶着水钻，摸起来有细微的刺痛感。她把项链收在奶奶家贴着她名字的储物盒里，那里还有一套《星球大战》三部曲的DVD，是十岁那年父母亲给她的圣诞礼物。那年父亲送给母亲一条肉桂色的丝绸连衣裙，摸起来……就像是流水被切成了接近不存在的薄片。她经常独自去森林，那里的小溪只有在雨天才会暂时膨胀起来，但水总在流逝，她喜欢穿过灌木和草丛去水边蹲着，静静地蹲着看水，清澈得近乎虚无的水。如果天气不是太寒冷，她会把手覆盖在水流上，皮肤的触感像是手掌下的丝绸被迅速抽走。母亲的连衣裙美丽得令人屏息，肉桂是种温暖的颜色，撒了肉桂粉的蛋糕充满口腔时，那种苦涩而微辣的香气确实能够召唤来所有的注意力。再微小的拯救也是拯救，关键是我们是否想要被拯救。

母亲选择不告而别，她放弃了莱娅，也并没有带走那条肉桂色的丝绸连衣裙。父亲在金融危机那年破产自杀，他把车开进山谷深处，关闭门窗，把尾气导入车内，用一氧化碳结束了自己的生命。2008年，莱娅十三岁，她不知道自己该责怪谁，父亲和母亲都善于逃避现实，父亲死了，母亲走了，奶奶收留了她。黑暗中记得要开灯。奶奶没有说过这样的话，却这样做了。那几年莱娅总是披散着砖红色的长发在森林里独自奔跑，赤裸的双脚连同小腿被蕨类植物划得鲜血淋漓。气味，还需要两种气味，漂浮在空气中的微粒令人消沉，它们链接着千疮百孔的身体与无处不在的波动，星群爆炸的光来自很久很久之前，地球上振翅的蝴蝶、燃烧的雨林和飓风中倾斜的巨轮有着渐趋一致的频率，此刻，她正凭空召唤轮胎和薰衣草。

母亲开走了家里的斯巴鲁，留下车库门前挂在橡树上做装饰的备用轮胎，被阳光曝晒的轮胎散发着淡淡的橡胶气味。母亲走前做了一大盒提拉米苏，撒了厚得出奇的肉桂粉，这是她对莱娅的唯一补偿。听到斯巴鲁启动的声响时，莱娅在后院修剪父亲的薰衣草，据说剪掉待放的花苞能够催生更多的花苞，也许结束了自己生命的父亲能够收获去其他世界冒险的机会？可是，为什么父亲和母亲的世界里，都不再有她的位置？我究竟做错了什么？我如此年轻，什么都没来得及做。

我应该做些什么才能让自己的世界渐趋平静、日益稳定？莱娅问自己。答案是"快乐之家"。她坐在花园的长椅上，闭上眼睛时眼帘被阳光照得通红，麦迪粗重的呼吸声在她身后十几步的地方浮动，吉米正在靠近阳光房玻璃门的地方喃喃自语，他在数数，一、二、三、四，莱娅也需要聆听四种声音，她知道开满杜鹃和大花葱的山坡在栅栏的外面持续延伸，快乐之家坐落在山谷里，她如果睁开眼睛就能望见缠绕着远处山腰的高速公路，那是连接南北的I-95州际公路，能够带她离开的道路之一，但她并没有睁开眼睛，她屏住呼吸想要捕捉集装箱卡车急速摩擦路面发出的噪音，这声音在雨天会因积水而更为刺耳，可是太远了，公路太远，她只能听见自己咚咚的心跳，耳朵深处被这声音充满，十几岁时在森林里跑得筋疲力尽的她经常听见这种声音，她会误以为自己身处雪中小屋，雪在外面飘落，雪也在屋里飘落，然后是她的头颅里，她的耳朵里非常非常冷，心跳声越来越迅疾，这是大脑开始缺氧的迹象。

所以，我去过北极，在自己的头颅里，莱娅笑着想，她用手挡着额头缓缓睁开眼，麦迪和吉米并没有在看她，他们离得很近，却又很远，彼此都有太多的形象、声音、气味、触感和味道要整理。莱娅笑得狡黠，她觉得自己在作弊，她喜欢这种权力赋予的小小快感。她把视线移向头顶的天空，都在这片天空的下面呢，雪橇狗，长颈鹿，名叫虎克船长的独眼猫，童话故事里的虎克船长，还有她脚边色彩斑斓的玩具皮球，那上面印着希望、勇气、爱这些单词。黑暗中记得要开灯，看啊，那只长颈鹿，它一抬头就能觉察世间的危险，它上辈子有可能是某个人的父亲吗？福特车里硬得像石头的父亲，而今去了哪里，他已经拥有了新的游戏设定吧？莱娅低低地叹了口气，被麦迪听见了，麦迪探询地把头转向她："我们可以开始了吗？"莱娅深呼吸平息脑海里本就子虚乌有的风暴，吉米同情地望向她，一言不发。望着天空的莱娅终于开口了，她的声音从甜美中透着一丝沙哑："我在，我就在这里，我哪里都不去。"

倪湛舸（美国）青年作家、诗人、学者。芝加哥大学神学院宗教与文学博士（2009），哈佛神学院"宗教中的女性研究"研究员（2010-11），现为弗吉尼亚理工大学宗教与文化系副教授，研究课题为"宗教"构建、批评理论、以及当代小说与抒情诗。出版有散文集《黑暗中相逢》《人间深河》《夏与西伯利亚》，小说《异旅人》，诗集《真空家乡》《白刃的海》，学术专著 *The Pagan Writes Back: When World Religion Meets World Literature*。曾获2010年刘丽安诗歌奖、2015年张枣诗歌奖。

在哥特兰岛

孙未

六年后回到瑞典的哥特兰岛，文学中心的那栋房子今非昔比。当初那一双一见钟情的作家早已离开了，还记得他们的存在点亮了整栋房子的六月，他们在大树下拥吻，在房子后面的森林里晨跑，在厨房里一起做晚餐，在海边紧紧相拥眺望永不熄灭的夕阳，在教堂的废墟中毫无目的地彻夜漫步，在六月的白夜里，他们闪闪发光。

尽管那只是一个幻觉。

来自英国的男作家有一张和科林·菲尔斯很相似的脸。挪威的女诗人身材纤小，暗金色的齐耳短发像缎子一样。一年以后，这位挪威姑娘生了个漂亮的男孩，脸书上和她共结连理的男士是个陌生人。

今夏的这栋房子里黯淡无光，陈设一点没变，只是这里来来往往都是孤独的人。这才是所有文学中心真正的样子吧。

一个人的时候，我喜欢一边做饭一边吃，站在电磁炉餐台边直接吃完了事，省得坐下来矫情地摆弄刀叉酒杯，还得多洗好几个盘子。我正吃着的时候，就有个金发碧眼的男青年端坐在餐桌上，面前什么食物都没有，只有一份报纸，他也不看报纸，满脸兴致盎然地观察我咀嚼的全过程。

他叫埃里克，是芬兰作家。应该非常年轻吧，浅金色的头发照耀着厨房背阴的那一半。厨房很大，住在房子里的作家们随时都可以用。然而埃里克坐在那个位置已经很多天了，每天晚餐时间自己不吃饭，光看别人吃饭，乐在其中的样子。

"你这么看着我吃饭，我不太舒服。"我没好气地说。

"噢，对不起。"他假装把头埋进报纸里，过一小会儿又偷偷挑起眉毛来看。

我严肃地指出："我理解看着别人吃饭是一件有趣的事，比如说我们养宠物，就喜欢看着它们在盆子里吃吃吃。但是请注意，我不是你养的小猫或是小狗。"

他叹息："我就这么点小小的爱好！"接着他又试图跟我聊天，他是这厨房里的"聊天男神"，连同母语在内总共会十一种语言，成天缠着人用不同的语言交谈。途经此地的各国作家都可以证明，他的任何一种语言都讲得神乎其神，发音和用词无可挑剔，听力也是一流。然而没人喜欢跟他说话，来这里的作家大多数偏爱一个人静静。

我也是。

我抗议道："你们芬兰人不是很内向的吗？"芬兰公交站上，每个人之间的距离不少于两米。电梯里只要有一个人进去了，另一个人肯定自觉地选择爬楼梯。

埃里克哈哈大笑："我是个变异。"

瑞典女作家古妮拉就特别不喜欢搭理他。古妮拉五十几岁了，一直单身，有极为自律的生活节奏，勤勉严肃寡言。不过她倒是挺愿意跟我说话的，这让我即便对此有点心烦，也不得不接受这份荣幸。

这天晚上，古妮拉肿着一双眼睛，像是哭过了似的。她把我拉到摆满罗勒和百里香盆栽的窗口，背对着窗外海平面上的教堂剪影，压低着声音告诉我今天清晨的倒霉事。

古妮拉有个千年不变的习惯，清晨五点半起床，六点吃早餐，六点半去海边游泳，在波罗的海这个时刻冰镇一般的水里欣赏朝阳熹微。今天当她走上通往海水深处的栈桥，还没脱下外套，就看到栈桥尽头站着个男人。男人朝她走过来，毫不避讳地脱掉浴袍，里面一丝不挂。

"太恶心了，这么美好的早晨变成了一个噩梦。"古妮拉捂住脸。

"他肯定是个疯子。"我把她揽在怀里使劲抱了抱，她的肩膀硬得不像个女人。

"我再也不会早上去游泳了。"她哽咽了。

"他不会每天在那里的。"

"谁知道呢？总之我不能再去游泳了，但是 —— 如果我早上不去游泳，我的一天该怎么开始呢？我接下来的日子该怎么过？"

我想起有一位国内的女性朋友，深夜回家，坐电梯上楼，电梯门打开的一刹那，她看到几个农民工坐在楼道里喝啤酒打扑克，她立刻按了关门键，乘着电梯下楼，在京城霓虹不灭的街道上走了整整一个通宵，直到天亮才返回自己的住所，吃下安眠药，躺倒昏睡到夜幕再次降临，醒来后裹着被子坐在大床的一角，觉得身心俱疲。

我对古妮拉说："明天早上六点半，我在厨房等你，陪你一起去游泳。"

话说出口，我就挺后悔的。她是百灵鸟生物钟，我是猫头鹰，六点半对我而言还是睡眠上半场。再说我从没试过一早就参加社交 —— 让另一个人类扰乱大清早我的心神，接下来的一整天我该怎么过？

"明天六点半，我也一起去。"埃里克又偷听到了。

我还是第一次见识六点半的哥特兰岛，厨房周围的大海与森林深处有几千只鸟儿在不同的方位歌唱，那声音有如夏天午后的蝉鸣振聋发聩。日出的时间早就过了，晨光与黑暗的战斗却并不顺利，看上去好像是幽暗的天边裂开了一条口子似的。我喝了一小杯古妮拉煮的咖啡，觉得大脑的清醒的部分也像是在混沌中裂开了一条口子。

埃里克的情形并不比我好多少。他裹着个睡袋似的厚大衣，四肢缩在里面，还强作活力四射，蹦蹦跳跳的。我则套在长羽绒服里，幻想自己仍然身在被子里，只有灵魂在梦里顶风步行，参加这一场怪异的清晨聚会。

我们三个人一言不发沿着一段兴建于十六世纪的古城墙往前走，走出残破的城门，经过一座曾用作麻风病院的废弃教堂，穿过漫长的森林步道，追随着海面的光芒，直到又沿着海边走了半个小时，古妮拉终于止步在一处僻静的海滩前。我和埃里克都松了一口气，看着她走上栈桥，脱掉外衣，露出一身惨白的赘肉，高高兴兴地跳进了海水里，整个过程中并没有其他危险人物的出现。

打开手机，天气软件显示，此刻是九摄氏度，海水温度估计还不足五度，这就是北欧的八月。不争气的苹果手机害怕低温，被海风吹着就忽然死机了，我裹紧羽绒服，把手机也捂到口袋里，就听埃里克说："我给你拍张照吧？"

"为什么？不要。"我警惕地瞪着他。

他讪讪的："……难得一大早到这里，留个念，大家不都喜欢这样吗？"

"那我给你拍……"我尴尬地掏手机，手机还没焐热，不知道复活了没。

"不要。"他倒退几步。

瞬间我们就不再相互说话了，知晓彼此是同类之后，说话已经没有必要。

如果要在人群中画一道线，线那边是"大家"，线这边就是不爱拍照的人，我们这些人自觉有如陌生人途经这个世界，最好是不留下一丝痕迹，仿佛我们从未来过。但愿我们从未来过。

古妮拉从大海里重新爬上栈桥的时候，并没有像大多数人那样客套一句："哎呀，你们怎么不游泳呀？"这是她可爱的地方。她看上去神清气爽，脸蛋红扑扑的，一边穿衣服，一边嗫嚅着跟我们解释，按照她的习惯，晨泳之后，她要坐在海滩上做半小时的冥想，在此期间，她希望是一个人，周围没有人干扰。

这么快就卸磨杀驴了。

埃里克如蒙大赦，欢快地答道："好哇，那我回去补觉了，回见哈。"他居然没问我要不要一起走回去。

对于我这个拒绝障碍症患者而言，最轻松的莫过于和他们相处，完全不用我来说"不"。我顿时周身轻快，说声"再见"，就脚步如飞地离开这个让我神经紧张的临时社交场所，去往另一处更为人迹罕至的海滩，享受一个人难得的海边晨光。

此时阳光渐盛，海水的颜色却变得更加深暗，有如黑夜里的蓝宝石一般光泽难测，这是北欧大海特有的颜色。我的眼睛沉浸于这样的色泽中，耳中听着波澜安详的节奏，几乎要在漫步中入定了。

这是小城辖区内最开阔的一处海域，几乎是地图上的边界。大海在我这一个人类面前展露了超过270度的视野，我的四周被海鸟环绕，它们此刻都很寂静，每一只鸟各自站在一块海水中央单独的礁石上，互相不说话，歪着脑袋在冥想。有几只成年海鸥翅膀非常狭长，它们背对着我，在脖颈上方合拢翅膀，白色长外套，橘红色的袜子，看上去活生生像几个身材瘦削的人类站在海边埋头沉思。

我站在这一片奇境中，蹑手蹑脚走上栈桥，向着大海深处走去，蓝宝石在我脚下安静如斯，璀璨发光。

栈桥的起点是金黄色的沙滩与玫瑰红绿相间的植被，直通入海，长度大约有一百米左右，二人并行的宽度，全程凌空于海面上，尽头是一条板凳与一架入水的游泳梯，连接着无穷无尽的深色海域。

正当我走出八十米左右的时候，海水仿佛瞬间苏醒了，仿佛它看见我的到来，蓦然起身张开双臂拥我入怀，前后仅几秒钟的时间，巨浪从海天交界的远方从容地推涌而来，化作无边无际的惊涛骇浪，与整个世界一同放声呼喊，大自然久久沸腾不息。我忍不住也张开双臂，长长地呼应了一声，忍不住大笑起来。

忽然很想告诉谁此刻的心情，摸了摸口袋里的手机，觉得没有人会懂。

于是一个人笑着自己，欢喜地走向栈桥的更远处。一排海浪迎面而来，给我来了个淋浴，用袖子擦头发流下的海水，坐在板凳上，望着合抱着我的这片海，辽阔如斯，优美而性情。海风里，衣服很快就干透了。

夜里我一个人在卧室里打坐的时候，正好能望见底楼厨房的一间窗户，将近十点，古妮拉刚开始着手烹饪她这一天的正餐，备菜，切块切丝，在砧板上与盘子里分成一堆堆，有条不紊。

她走得和钟一样准。我懂得，这种严格的习惯往往更有效率地替代了一个生活伴侣。在生命的河流中漂浮，总需要有一个锚，以免我们被不可控制的情绪冲走，生活伴侣可以是这个锚，自律的生活程序也是一样的，且变数更小。我们不会有别的干扰和敌人，我们只有一个敌人，那就是自己。

用毕晚餐，古妮拉从桌上拿起一张纸，仔细读过之后，在上面写了两个字，随后将这张纸端正地贴到冰箱门上，用磁铁小心地固定好了。

一个钟头之后，我觉得我可能需要一点尼古丁，裹上羽绒外衣，我下楼穿过走道去厨房。我的口含烟草存在冰箱里。

冰箱门上贴着的那张纸上写着：

桑拿派对，周五。晚上七点半到九点，女性。九点半到十一点，男性。请填写您的出席信息：您的姓名，肯定来、可能来或者肯定不来。自己带上点冰啤酒啥的别忘了。

通知下方的署名毋庸置疑又是埃里克，他这么爱热闹，他写的书真的能读吗？

我在那张纸上找到了古妮拉的签名，她写的是"可能来"。

事实上，所有人写的都是"可能来"。

唯独一个人写着"肯定不来"，签名是安娜斯塔西娅。

安娜斯塔西娅来自俄国，记者，纪实文学作家，年轻得像一杯烈酒。她总是一个人桑拿。房子的地下室有阔气的洗衣间和桑拿房，有几个夜里我拾级而下去取烘干的衣裳，要是看见安娜斯塔西娅的红衬衫挂在晾衣房里，就知道她又在桑拿房里了。

那个桑拿房需要预先开一个小时才能达到理想温度，从节能角度而言，一个人桑拿显然是对地球有害的，不过谁喜欢和另一个人裸裎相对呢？尤其还得在内间的桑拿房和外间的冷水淋浴之间不停地走来走去，到底是围着毛巾还是不围着呢，各种尴尬。尤其明明是异性恋者，偏偏要面对裸体的同性。

我尝试过一个人桑拿，然而，我不行。这令我莫名地佩服安娜斯塔西娅。

谁都不会想到，在这里独自桑拿，其所需的心理承受能力大过一个人做任何事。

北欧的桑拿温度实在太高，根本调不低，把门一关就跟进烤箱没太大差别，往木炭上浇水比往煮沸的油锅里倒冰块的反应还大，一两分钟后我就觉得皮肤都脆了，肌肉里还没能感到暖意，等肌肉都能闻到烤肉香了，骨头里还是冰凉的。

这种环境比一个人烧炭自杀恐怖多了，因为你永远不知道自己会死得多惨。比如说，发现毛巾忘记在冷水淋浴间，那你就等着被活生生烤熟吧。那扇木门太烫了，手上不裹着毛巾根本触碰不了，推门有如去摸铁板烧，感觉立刻会被烫得骨肉分离，这门怎么推得开？

最糟糕的是，谁也不会把衣服带进桑拿房里是吧？谁也不会事先准备好要去死在桑拿房里。同理，近年来我一直想改掉裸睡的习惯，就是担心死后被陌生人发现的尴尬。不过也许烤熟之后也就没有这份尴尬了，毕竟没有人笑话过烤鸭是裸体的，人们懂得欣赏它们的皮色与口感。

据说安娜斯塔西娅每天一个人做一次桑拿，她没有因此患上幽闭恐怖症，恰恰相反，她爱上了独自享用整个密闭无人的桑拿房，这已经成为她旅居此地的最大乐趣。记得有一次波兰的两名作家即将回国，亲手做了苹果派，买了卡尔瓦多斯酒。大家坐在厨房里喝着喝着，安娜就不见踪影了，足足过了两个多小时她才再次出现，脸蛋红扑扑的，敢情是嫌大家凑在一起喝酒浪费时间，瞅了空一个人到地下室烤桑拿去了。

所以说安娜是不可能参加什么桑拿派对的，她只会暗自嗟叹有人占了桑拿房。

甲之蜜糖，乙之砒霜。

住在文学中心的作家若要以婚姻状况分类，总有一部分单身的，一部分有家庭的，和现实生活中的状况一样，只不过鄙视链的排列顺序不同。

来这里的人，单身的决计不肯结婚，若是你要祝福他早结良缘，堪比最恶毒的诅咒，大忌。偶尔大家一起吃饭，共享几瓶莎当妮或黑皮诺，酒瓶里最后一滴酒是决计没有人喝，也没有人胆敢往另一个人的酒杯里斟。

"谁会是幸运的那个人呐？谁喝了那酒瓶的最后一滴酒，谁就会是下一个新郎或新娘……"听过这首歌谣没？太可怕了，虽说我们都不迷信，但是这种倒霉的事情一定要避免。

至于那些有家庭的作家呢，其余人等对他们嗤之以鼻，在家里呆着好好的，为什么偏要特地申请到这与世隔绝的小岛上来？孤身住在单人间里，一住就几个月，也不通勤赚钱养家，也不带孩子，也不分担远方的家务，连电话都不怎么打回家。哼哼。

这些人要是胆敢在这栋房子里谈论幸福的家庭，晒丈夫，晒妻子，晒孩子，晒房子，肯定会招来"呵呵呵"的回应，遇到安娜那样的，还会利落地甩下一句："我妈不让我跟傻子多说话。"所以这些人最好是省下了世俗生活中的谎话，直接承认家庭是个错误，申请来这里绝逼是为了逃避家庭，逃避生活，图个清静，在不受家人鄙视和干扰的环境中重拾自我，偷偷写几百页所谓著作。

有的人还会夸张地补上一句："只有躲在这栋房子里写作的时候，我才重新觉得我做回了真正的自己，可惜这时间太局促了，一年一个月，十二年才凑满我一年的日子。我这一生中养家糊口带孩子伺候老婆，满足各种社会标准与周围人的愿望，剔除这些要命的所谓现实生活，就只给我自己剩了这么点时间码字，还必须躲得远远的，免遭他们闲言碎语冷嘲热讽。"

够真诚，大多数人都满脸谅解地望着他，指出问题的核心："活该！"

有家庭的作家按年龄和辈分的区别，我们叫他们作"祖父祖母""大妈大叔"。没有家庭的，无论年龄如何，都不称"大妈"，因为在词汇之海的概念中，没有自甘孤独的"大妈"，只有贪图热闹没有别人活不下去的"大妈"。

这栋房子今年的八月里，有四位"祖父祖母""大叔大妈"，他们偶尔也会炫耀一下内心的孤独，比如说，有些午后，在坐在厨房的餐桌前喝咖啡、吃超市里买回来的廉价蛋糕时，一位祖父年龄的男作家汉斯曾经有过惊人之语。他来自德国，是个产量不高的小说家，很多年前还颇有点名气。

汉斯望着空荡荡的灶台，幽幽地说："真希望妈妈在这里啊。"

"……"古妮拉、安娜斯塔西娅、埃里克和我当时的表情是这样的。

其余人等居然颇多应和者。比如来自丹麦的祖母立刻点头称是："这么多年照顾家里人，年纪大了，都忘记被人照顾的感觉了，难得在这里偷个清闲……是的，现在就缺一个妈妈在灶台边忙着，多希望有人照顾啊。"

他们年纪太大了，恐怕已经忘记，有妈妈照顾是挺好的，但是相应的，必须陪着妈妈聊天的时间不会比自己给自己烤一个蛋糕更短。

周五晚上七点半，桑拿派对时间。

埃里克早已提早一个小时启动了桑拿房，此刻地下室里热气腾腾，坐在厨房里都能听到气流和电源的脉动。不过那里面一个人都没有。写下"可能来"的意思，自然就是婉拒咯，肯定不会来又不好意思明确说"不"才这么写的，安娜是唯一足够诚实的人。

神奇的是，埃里克期待的派对居然开起来了，就在桑拿房的天花板之上——厨房里。

为了避开不去桑拿排队的尴尬，绝大多数人都提前来厨房做晚餐，打算早早用餐完毕，躲进各自的房间，蛰伏到桑拿结束的时间，结果就彼此遇上了。难得这么多人凑巧聚在一起，择日不如撞日，便打开几瓶存在壁橱里的酒，在餐后一同喝起酒来。

连安娜斯塔西娅也在这里，不能晚上一个人去桑拿房消磨时光，她坐在厨房里握着一盏酒，怅然若失。

丹麦祖母从壁橱里找出一本旧趴趴的拍纸本，摸出半截铅笔，醉醺醺地挨个儿问每一个人："哎，说说，你最亲密的人是谁？我给你记下来。"

埃里克举手："我最亲密的人，是我的前女友。"

哎哟，没想到埃里克还是个情圣。

"别误会，我说的前女友，就是泛指前一个女友呐。"埃里克拿起各种酒瓶给每个人斟酒，一副希望大家都洗耳恭听的姿态。他这么需要别人的关注，真是让人瞧不起。

埃里克自承是一个特别害怕孤独的人，他觉得自己是"卵生"的，

　　而且至今没有被"孵化"。他活在一个与生俱来的厚厚的蛋壳之中，从里面无法击破。

　　他掌握十一种语言的驱动力全然来自于此。他想要一种更深入的交流，在自己小小的国度中找不到这样的人，还有这个星球上数不清的人类。出于对灵魂沟通的执着，他还要越过英语这一堵所谓国际语言虚伪的墙，用他人的母语去交流。

　　学到第十一种语言之后，他觉得语言原来是多么虚弱无力的媒介啊。所有的误解都因语言而起，所有的心领神会只来自于沉默。这种沉默究竟是怎样的呢？他只在小说和宗教典籍中读到过。

　　埃里克是个容易讨女孩子欢心的家伙，有一度，他发觉性爱是孤独绝好的止痛药，跟用阿司匹林对付偏头疼似的，至少每四小时一片是管用的，药效过了可以继续服用，有点伤身体就是了。当然性爱不是药房里的标准片剂，有无感的，有无聊的，也有绝妙的。遇到后者，埃里克就会有一种错觉，仿佛他与生俱来的壳有一瞬间消失了。

　　当他的手掌触摸那具让他感受非凡的躯体，肌肤背后的温度在微妙地变化，微小的血管轻轻跳动，"我和这个人类之间距离为零了"，他被这种强大的幻觉淹没了片刻，就像是潜入浴缸温热的水底躲藏上一两分钟的时间，然后他又得回到正常的呼吸中，水面上的世界边界生硬。

　　过了些年之后他厌倦了这种循环，一切都是徒劳无益，他开始进入漫长的禁欲期，省下更多的时间博览群书以及埋头码字。

　　没有前赴后继的新女友之后，伴随有一些日渐严重的戒断反应，比如说，以往，他并不介意一个人大摇大摆去餐厅享用美食，后来他便无法去一些环境优雅的餐厅，他看不得其他餐桌上情侣耳语微笑，受不了那些不慎飘入他耳中的无聊言语，他觉得侍者看他的眼神带着同情。不想做饭的时候，他落得只能去肯德基和麦当劳解决肚子的问题。后来他连这些快餐店也不想去了，孩子们成群结队的身影让他觉得想哭。

自己做饭总有气馁的时候，一个人煮给一个人吃，过于精致的话总觉得有点伤感，草草了事则违反了饮食审美。最后他的饮食审美还是向无谓的伤感妥协了。他只买组合好的冷冻原料，他一天烹饪整整两天的食物，这使得他的食物摄取降低到一种维持生存的行为，若是使用东方式的调侃，这简直有点"修仙"的意思了。

"多么奇怪，我居然还为了失去了异性关系而减肥成功了哎。"埃里克自嘲地说，"虽然我知道我要的根本不是这么回事。"

他要的那个东西是否存在于这个世界上？他不知道，至少他深知不会有人来拯救他。正如他曾迷恋的异性关系，是一种普世的幻觉，总有人错觉这种关系可以治愈一切水土不服，事实上不过是一点与灵魂毫无关系的荷尔蒙。从这个角度而言，无论是朋友、同事、家人还是异性，所谓建立亲密关系乃至灵魂对话，都是一桩让人绝望的尝试。

"我是一个陌生人哎，我偶尔经过了这个世界……"有一首爱沙尼亚的歌谣好像是这么唱的。

丹麦祖母将铅笔转了个圈，铅笔停下来的时候，笔尖恰好指向安娜斯塔西娅。

安娜大大方方地答道："噢，那个最亲密的人嘛，是我丈夫。"

她看上去不像有丈夫的样子。

"我们已经分居了。"安娜从容地面对众人脸上怀疑的神情。

分居的原因颇为高大上。"我们的政治观点不同。"她耸耸肩。

如果我没记错的话，我在微信朋友圈看到的状态通常如下：恋爱中的年轻人考虑分手是因为月经期间男友回复"自己多喝热水"，结婚前是因为买房的时候房本上只写一方的名字，婚后则肯定不是因为"坐在宝马上哭"，而是因为没有宝马。

安娜斯塔西娅不喜欢普京的政策，她丈夫也不喜欢。

安娜认为，不喜欢就得写点什么。她为瑞典媒体写本国民生现状，为本国媒体写俄罗斯流亡作家在瑞典的生活现状。拿破仑认为，如果当初他拥有《真理报》，那么全世界都不会知道有滑铁卢这回事儿。安娜的丈夫则认为，写点什么又不能改变世界，反而会惹来麻烦，不如保持沉默，生活在《真理报》的太平盛世中，脑袋足够机灵，日子又过得足够小的话，没准也能活得安逸长久。

安娜与丈夫青梅竹马，相处已有很多年。她爱这个男人，况且他们彼此懂得，他们在智力与见解上是可以对话的。这实在是异性关系中实属罕见的范例了，所谓灵魂伴侣的陈词滥调是真实存在的。

所以安娜想过在一定程度上迁就他，比如说，她向丈夫建议过，至少他们可以一起离开这个国家，她可以在另一片土地上写些无关紧要的报道。

她的丈夫表示，他不相信这个星球上有理想国，任何一片土地都会有自己的问题，也许更糟。在这个国家，他们至少还有自己的房子和二手车、熟悉的人脉、母语。

安娜相信她丈夫的智商，她知道他的想法也许更聪明，她总是更笨拙一些，刚猛有余，幼稚偏激，经常撞得头破血流，还得由他去警察局收拾残局，将她保出来，一次又一次。然而她必须相信有一个更好的世界，不能由她亲手在脚下建造，她也需要去相信，要是让她放弃了心里的这一点火热，她就熄灭了，不再闪闪发光，在这个世界上死去了。

这个男人曾经是最靠近她灵魂的那个人。但是两个人的相互吸引注定两个人是不可能相同的。对于在漫长的时间中一起走下去这回事来说，哪怕最庞大的不同也可能是无害的，哪怕最细小的不同也可能是致命的。

这个全世界可能最懂得她与迁就她的男人，可以与她最亲密的人，她不得不离开他，这样她才能作为自己活下去。一个人活下去。

选择并不难，难的是不可以再回头看。

俄罗斯冬天室外有多冷？据说在大街上步行最好不要掏出手机来看，气温太低，苹果手机当场死机，三星据说可以坚持五分钟，华为可以坚持十五分钟。这并不妨碍我依然在用我的苹果手机，因为我并不生活在俄罗斯。

瑞典的冬天有多冷？据说北部地区可以达到零下四十度。

那么为什么还需要冰箱呢？

因为可以把食物放在零下十八度的冷冻室里保温啊。

还可以打开零上二度的冷藏室来取暖用啊。

如果人与人心中孤独的感受可以比较，这应该是一件非常有趣的事情吧。

总有比想象中更寒冷的地方。然而这并不妨碍我们欣赏雪景。

"我是一个陌生人哎，我偶尔经过了这个世界……"是谁刚才在做饭的时候哼过来着。

丹麦祖母又打算接着问更多的人，我们都知道她是装醉，嬉笑着躲开，有的撺掇她自己先回答。她笑而不语，握着铅笔静待记录。因为德国祖父年龄的汉斯欠了欠身，正在等大家静下来。

汉斯子孙满堂，先后有三任妻子，有一位还在任。我们都觉得，他所谓亲密的人无非两种可能，一种俗套，诸如孙子孙女，或者妻子。一种也不见得有新意，也许还算有趣，比如说，这位老祖父多年来还私藏着一个妙人儿。

"如果当得起'亲密'这个词，这么多年，只有一个人，那就是我妈妈。"汉斯认真地说，"尽管她跟我一点都不亲密，从来都不，我十二岁那年以后就没有再见过她，而且在此前的一些年里，她都很少回家。"

汉斯念出他母亲的名字，苏菲。这个名字的发音听上去有些生疏了，他说得缓慢而笨拙。

"每当我坐在厨房里，看着空无一人的灶台，我总是想，真希望妈妈在这里啊。"

苏菲有八分之一的犹太血统，大多数人并不知情，这让她在第二次世界大战中一度处境还算安全。苏菲的丈夫——也就是汉斯的父亲自然是知道的，他尽力隐瞒，并且筹划带着苏菲与汉斯早日离开德国，举家迁往瑞士。因为苏菲的父母亲早已移居到了那里。

苏菲在交响乐团就职，曾经是首席小提琴手，她是一位年轻美丽的母亲，有广阔的社交圈，有不少狂热的音乐崇拜者，还长期参加好几个慈善基金会的活动。那段日子，丈夫劝告她低飞，尽量少出现在任何公众场合，与人交往尤其要慎重，切不可与犹太人接触，以免引起当局的联想与怀疑。

有一回，乐团公事的缘故，苏菲接受邀请去一家儿童基金会参观。这家基金会有一群热心的编外志愿者，他们都是年轻的工程师，业余时间的爱好是给孩子们研发最新的益智玩具，还经常带着新发明去孤儿院，陪孩子们做游戏。

这些年轻的科学家中不乏苏菲的崇拜者，他们恳求苏菲去孤儿院做一场义演。其中最热心的是一个叫做伊莱的年轻人，从名字便能看出，他是一名犹太人。

只是一场义演而已，苏菲这么对丈夫说，她还带着汉斯一同前往，孤儿院里都是与汉斯几乎同龄的孩子们。那是一个非常快乐的下午，汉斯至今还记得阳光闪耀在教堂的尖顶与母亲的琴弓上，孩子们的脸上满满的笑容，各种形状奇怪的模型飞机在天空中滑翔和坠落。

伊莱的热情超出了苏菲的想象，他开始给苏菲送花，将系着邮票的玫瑰插在苏菲家的信箱里。他送来会说话的塑料娃娃，显然是按照他自己的模样制作的，五官画得颇为拙劣，对着苏菲滔滔不绝地着讲王子与公主的故事。他送来的八音盒里旋转播放的都是苏菲的照片，是他从报纸和杂志上搜集的彩页。

"他喜欢你喜欢得不得了呢。"苏菲的丈夫说。

"他只是孩子气，年轻，不懂事。"苏菲叹气，这样的人她也见过不少，徒增烦恼。

"可不是，在这个节骨眼上，他知道这么做给你增加了多少危险吗？他会连累你丢了性命。"苏菲的丈夫决定提前逃亡的计划，事实证明他的决策是正确的。

苏菲全家秘密搬家的一周前，伊莱又来找苏菲，他请求苏菲为他录一首儿歌。

"儿歌？"苏菲有点恼怒，她是个古典音乐的首席提琴手，她怎么可能随随便便唱歌，而且还是唱一首童谣。

伊莱说，他想做个娃娃给孩子们，这娃娃会做成她的模样，还会唱歌，孩子们一定会喜欢，因为孩子们和他一样喜欢她。苏菲觉得他看上去傻到家了，真不敢相信这家伙居然是个工程师。

数日之后，就是历史上的"水晶之夜"。一夜之间，数百间犹太教堂与数千家犹太商店被暴力毁坏，数万名犹太男子被送往集中营。苏菲听到消息，伊莱失踪了，不仅是伊莱，儿童基金会的一大半青年志愿者都失踪了。

苏菲幸免于难，翌日一家三口就抵达了瑞士乡间。

如果苏菲就此隐姓埋名地生活下去，她的人生可能是世间人都认同的圆满，夫妇恩爱，子孙满堂，和孤独不会有一毛钱关系。然而苏菲无法忘记那一个名叫伊莱的年轻人。她压根不喜欢他，甚至有点讨厌他，那几乎等同于一个骚扰者。正因如此，她见到过他种种令人生厌的表现，他曾经是这样一个活生生的人，说不见就不见了，这会儿可能正在集中营里做苦力，或者已经被杀死了也说不定。

苏菲想要找到他，她拜托了仍然生活在德国的朋友，给他们频繁地写信、打电话，请他们到处打探，她甚至想要自己回到德国去看看。

"这太危险了。你跟他不应该有任何关系的你不记得了吗？只要你放弃找他，就没有人会怀疑你是个犹太人。"丈夫的劝告依然是正确的。

"可是我们就扔下他们不管了吗？"苏菲问。

苏菲也无法忘记在孤儿院义演时见过的那些年轻人，他们真的一大半都失踪了吗？她记得他们有些人的脸，更多人面目模糊。还有她以前认识的许多犹太朋友，熟识的，或者仅是一面之缘，苏菲不知道他们现在是否已经全部身在集中营。听说在那个地狱里，每天都有人死去，他们遭受虐待和屠杀。

不论是她认识的，还是不认识的，有感情的，还是毫无交集的，当苏菲听闻了这一切， 那些人的痛苦与恐惧，她感同身受，并且为之悲伤不能自持。

直到那个时刻，苏菲第一次感受到她与这个世界的关系是如此紧密，她和这个世界上生活的所有人类，乃至所有陌生人都有深深的关联，她无法控制自己关心他们，为他们难过，想要尽自己所能帮助他们，这件事情是无法用理性来解释的，如果一定要说一个理由，那就是因为他们也是和她一样的人类，他们不是家禽家畜，他们不应该遭到这样的对待。这是一种与生俱来的认识。

苏菲终于决定要回到德国去寻找他们，帮助剩余的人逃出来。她与几家慈善机构的地下组织取得了联系。

临走的时候，丈夫给了她一张冷脸："我不理解，如果那些人是你的父母亲眷，我可以理解，可是我不理解你去为这些跟我们毫无关系的人冒生命危险。我和汉斯难道不是你最重要的家人吗？你忍心就这么离开我们吗，为了那些你根本不认识的人？"

苏菲说，她难以想象，如果她只关心自己过上平安富足的日子，只关心周边最亲密的几个人，闭上眼睛不去理会这个世界变成了什么样子，不去听距离自己并不遥远的那些陌生人的哭泣，这样的她，如何可以由衷地感受快乐。

可能人与人都是不同的，她恰好属于另一种，她感受到的安全、尊严、温暖与得不到这些的陌生人是相连的，与她息息相关的世界很大，远比一般人的世界大，而她明白她的力量很小，这几乎是个绝望的命题，然而她别无选择，她无法让自己变成另一个人，唯有听从内心的指引。

这是汉斯三十岁以后，他的父亲才告诉他的。在此之前，他印象中的母亲极为模糊，因为他对她怀着极其矛盾的心情。

当他还是个孩子，他记得最幸福的日子，莫过于很难得的，母亲回家，有时候间隔几星期，有时候隔得很久，有足足好几个月，他都害怕她不会再回来了。母亲经过长途旅行，一身疲惫地回来，每次回来她总是变换了模样，穿着迥然不同的装束，有时看上去像个艳俗的阔太太，有时候像个村妇。她剪掉了长发，经常更换头发的颜色。他总是认得她。

母亲换掉衣裳，默不作声，无论看上去如何憔悴，她总是先来到厨房里为他做饭。看着母亲走动在灶台前，曾经是汉斯最幸福的时刻。汉斯偷偷望着她，然而他不跟她说话，他很生气，她又离开了这么久，她不够在意他。

汉斯还记得，当他用沉默的武器伤害她的时候，母亲寂寥地在厨房里走来走去，在黑夜降临的时候，她经常一个人轻轻唱歌，唱得都是一些旋律简单的歌谣。这让他觉得非常陌生，母亲以前是从不唱歌的，她是个古典音乐的提琴手，她说自己唱歌不专业，她也不喜欢不够丰富的音乐，总是笑话市面上可以被传唱的歌曲是"耳朵里无聊的虫子"，她甚至连摇篮曲都没有为他唱过。

他曾经以为这是母亲对伊莱依然存有内疚之心，毕竟他最后的要求是请她为孩子们录制一首童谣，之后这个人便消失在人世间，连一块骸骨都没能找到。

他也怀疑过母亲的变化是因为她有了其他亲密的朋友，也许她在照看另一些孩子，她愿意唱给他们听。他满怀嫉妒。

这个歌谣听上去满怀忧伤，怎么听都不像是可以娱乐孩子们的。

"我是一个陌生人哎，我偶尔经过了这个世界……"

直到很多年以后，他终于领悟到，这是应该母亲在为集中营的生活做准备吧。在监狱里，没有了乐器，没有了乐团的其他人，能以音乐慰藉孤单的，恐怕就只有这一些旋律简单的歌谣。这是最适合监狱的音乐啊。

在他十二岁那一年，母亲再也没有回来。

父亲没有能够找到她，直到第二次世界大战结束，也没能找到她的哪怕一块骸骨。

父亲有很多年没有提起母亲，就好像他的妻子从来就没有存在过。他也假装他从没有一个母亲。他们刻意回避着这个话题，假装还在生她的气。直到父亲临终前，他跟汉斯说了很多母亲的故事，很多几乎是琐碎的细节，很多父亲并不理解的细节与絮语。

汉斯并不仅仅从事写作，他教书，更多的人生光阴中，他从事着监狱志愿者的工作，在监狱里教授音乐，辅导囚犯制作自己的音乐。

并不是每个人都可以毫无理由地爱着这个世界上的陌生人，凑巧他也是。

"你们知道监狱音乐是什么样的吗？"汉斯说，"非常简单的旋律，单一的乐器，甚至只是一些敲击的节奏，连旋律都没有。这是狭小空间里，手中空无一物，物资极度匮乏的条件下的音乐。"

可能是得到母亲的遗传，汉斯也是一名音乐家，不怎么成功，没有他身为作家这么出名，只是年轻的时候出过几张唱片。

也是在监狱做义工的时候，汉斯才渐渐回忆起母亲唱过的那些歌谣，意识到当时母亲的心情，一个随时可能被捕、被送进集中营的女人，可能就是明天，就是当她再次离开这座瑞士乡间的房子，提着旅行箱踏入德国边境的那一刻。每一次在厨房里为自己的孩子下厨，都可能是最后一次，时钟滴答作响，最后的时间正在流逝。

她知道自己的命运无法改写，这是她身为她自己的宿命，然而她也是凡人，是个女人，是个母亲，她想过要苟且偷生，放弃她对这个世界的信念吗？她想过留在卑微的生活里，与家人厮守，任凭那些陌生人在世上哭泣与死去，她只是专注于烤箱里一次次即将松脆的小饼干，直至变成一个耄耋妇人吗？每次离开这个家的时候，她曾一个人偷偷哭泣过吗？

当她在学着唱那些陌生的歌谣时，她在想些什么？这不是一些足够高级的音乐，不符合她作为首席提琴手的审美，然而这将会是她仅有的财富，当她被捉住手臂，塞进卡车，送往集中营，凭借这小小的财富，她仍然可以暂时保有她与这个世界相连的灵魂，忍受各种折磨，直到生命的最后一刻。

她准备好了。

汉斯如常人一般结婚生子，这并没有太大用处。可以想象，任凭怎样的家人都很难理解，他们的丈夫与父亲花费绝大部分的时间去监狱陪伴一些囚犯，花费比陪伴家人多得多的时间去与一些危险的陌生人用音乐交流。

坐在人群环绕的沙发上，感觉自己格格不入，这样的一位祖父，应该比一个单身汉更加觉得孤寂吧。

在家人欢快的吵嚷声中，汉斯总是望着厨房的灶台，他看到消失的母亲在灶台边上寂寥地走来走去，面对她沉默的儿子，她独自哼着那个孩子听不懂的歌谣，一支又一支。这是一种怎样的亲密啊，隔着跨越不了的时间，汉斯终究意识到，自己和母亲是同样的人，这种了解，是一种深入骨髓的亲近，却注定是无法对话的。

因为即便懂得，也没有人希望与陌生人分享家人的关注吧。

"唉唉，没想到您老人家还是一个音乐家呐。"有人插科打诨，似乎要打破此刻笨重得要压死人的气氛。

"可不是，要不要给你们开个私人音乐会呐？"汉斯乐呵呵地开始点他那一盏烟斗，手指不太听使唤，点了几次都没点着。

"您老会什么乐器吗？"

"吉他够不够啊？别的都忘得差不多啦。"

"那就下周五晚上怎么样？安排在阁楼上好不好，还是我来召集？"

"没问题，可是这栋房子恐怕是这个世界上最不像监狱的地方了，你知道我擅长监狱音乐，就怕折辱了这里的主人。"

"我倒是觉得活着本身就是一座监狱，所以这音乐只要不带进棺材里，在哪里演奏都是最合适的。"

他们有一搭没一搭地试图把空气中凝固的东西驱散。然而我们依然听到仿佛有人在远处歌唱："我是一个陌生人哎，我偶尔经过了这个世界……"

窗外的树在风中汹涌作响，如同海浪拍打着房子古旧的墙壁。这真的是来自爱沙尼亚的歌谣吗？爱沙尼亚究竟在哪里，似乎就是邻国，一点都不远。

忽然间，我们想起了所有熟悉与陌生的国度，想起了这个世界上所有的陌生人。我们为什么身在此地，这个理由我们心知肚明，只是并不愿意有人真的把它拿出来，放在桌子上审视，这未免显得过于矫情了。

我们靠敲击键盘消磨一生的光阴，我们是可恶的家人，不负责任的情人，行事乖张的朋友，这么看待我们就好了，不要注视我的眼睛，免得让我掉眼泪。我想忘记与这个世界的联系，因为当这广阔世界的任何一根琴弦被拨动时，都会让我神经脆弱。我想忘记我们对这个世界的在意胜过其他任何职业，我想忘记我们对所有陌生人的关心远远超过我们自己的想象。这可真要命。

厨房过道里的黑板上写着，今晚会有一名新作家入住，奥特，来自爱沙尼亚。

喝到半夜里，也并没有听到外面有旅行箱拖过鹅卵石路的声响。

等了足足三天，我依然没有见到这位爱沙尼亚作家。

"他已经到了，我见到他了。"古妮拉没好气地说。原来奥特打呼，彻夜未眠的古妮拉翌日清晨敲开了他的房门，严肃抗议。这以后的两个夜晚，她再也没听到奥特的呼噜声。

"不知道他怎么做到的。没声音了就好。"古妮拉一副不感兴趣的表情。

那天我在厨房隔壁的图书馆连续码字十一个小时，凌晨一点从图书馆走出来，经过厨房的走道，一个庞大的黑影让我吓得差点把电脑给扔出去。这是一位胖乎乎的先生，至少有两百公斤的样子，长着一张胆怯的面孔。我就这么见到了奥特的真身。

"别害怕，我帮你开灯。"我以为他半夜肚子饿，摸到厨房里，找不到电灯开关。

"不用，我挺好的。"他害羞地道歉，嘟哝半天没说出下一句话来。我看见他手里抱着条毯子。

他睡在厨房。事实上，他正打算将被子铺盖搬到地下室的桑拿房里，那里可以躺下，比他临时放在厨房里的那张简易躺椅舒服多了。关上桑拿房的大木门，怎么打呼都没人能听见了，只要没有人在外面打开桑拿加热开关，那里的气温还是很凉爽宜人的。

"那么白天呢？为什么我们白天也从来没有看见过你？"

"白天啊，我一般坐在森林中央的那个木头椅子上码字，几十种小鸟在我周围飞来飞去，有的还特别喜欢停在我的肩上呐。"奥特告诉我，他在爱沙尼亚有一栋小木屋，就在森林中央，周围一个人都没有，他属于森林。

离开哥特兰岛的航班是早上六点，我订了一辆出租车，五点来房子门口接我。

　　几乎所有人都问过我哪一天离开，具体是几点走，这只是一种礼貌，我懂的，大部分人都不会记得来送行这回事的，他们总是被码字的热情折磨得神不守舍。然而我还是特意选了这个在欧洲人看来早得离谱的时间，为的是可以干干净净地走，不要有人特意来送行，站在门口拥抱寒暄半天，没准还会掉眼泪。

　　我不喜欢道别。道别了如果再见，承担道别的伤感就毫无必要。道别了如果不再相见，就更无所谓在意道别的虚礼，反正老死不相往来了嘛。

　　不喜欢道别也是有代价的，比如说，没有人帮着提箱子。我身体孱弱，唯有一个强项，三十公斤的行李，我一个人提上提下五六楼是没问题的，省下了社交的尴尬，特别值得。

　　早上四点，我起床刷牙，手机响了一声，我差点把牙膏咽下去。

　　点开看，居然是奥特。他短信我："你是今天早上走吗？"

　　走廊里漆黑一片，窗外冷雨连绵。只有奥特一个人站在走廊里等我。他帮我提箱子，摇摇晃晃提下楼，想了想，又提到大门外。箱子差点骨碌碌滑走，他一只手按着，伸出另一只手拥抱我，我就像被埋在一座大山的山坳里。随后他笨拙地在身上的大口袋里摸索，摸出一本小小的书，他的书，郑重地递给我。

　　都是作家之间的虚礼。好尴尬。

　　我发现其实奥特是外向型的，别看他经常说不出话来，他属于寡言的外向型人格。比如说，每次他在脸书上发照片，都会同步再给我发一遍短消息。

　　不久之后，天寒地冻，他回到了爱沙尼亚森林中央的小屋里，准备了充足的食物，点起壁炉的熊熊烈火，还搬回来一盆百里香、一盆罗勒，打算在那里蛰伏整个冬季。

　　我看了照片之后问："你不会打算慢慢吃掉你的室友们吧？"我指的是那两盆香草，通常人们总是在厨房里养着几盆这样的香草，烹饪的时候摘下几片叶子，放进煎盘、烤箱或者色拉里。然而在这样的小屋里养着两盆香草，感觉就不太一样，这仿佛相依为命，要是随意砍断它们的手脚，放进餐盘里吃掉，未免太残忍了。

"当然不会啦！我保证我另外准备了调料。"旋即他又拍了一张照片发来，是他的大脸盘和举起的一大口袋风干的各种香草。

原来和我想的一样，他真的是将这两盆香草当做室友看待的。孤独人都是温存的，所以只配跟植物作伴。我默默给他脸书上的新照片点了个赞。

在哥特兰岛遇到的这么多朋友中，我只给他点过赞。虚礼，真是没办法。

孙未（德国）中国作协会员。英国、瑞典、瑞士、爱尔兰、丹麦、新西兰、德国、匈牙利、拉脱维亚、罗马尼亚、美国等多国文学项目成员及学者奖金获得者。目前于德国萨尔大学攻读一般与比较文学博士学位。已出版著作三十部，包括长篇小说及小说集《瓶中人》《大地三部曲》《人可以有多孤独》《卡斯塔里漫游史》《一次远行》《迷路人间》《双面人格的夏天》《岁月有张凶手的脸》等。另在重要文学期刊发表长篇小说及中短篇小说《无常殿》《金腰带》《镜子》《如果猫知道》等四十余部。作品获《北京文学》优秀作品奖，《中国作家》鄂尔多斯文学奖、拉脱维亚国际文学银墨奖等，并被译成英语、德语、西班牙语、保加利亚语、葡萄牙语等多种文字在欧美地区出版与发表。

树在树中老去

唐颖

　　我走进那间屋子，确切地说，是一间极小的画廊，在一栋面街的老公寓楼的一楼，更像是一户人家搬空后的房间。那时候被称为"画廊"的空间屈指可数，或者说，隐蔽在无名街区。如果没有朋友带领，圈外人仿佛也没有其他途径可以得到展览消息。我对艺术连爱好都谈不上，只因为在一家社会杂志任编辑，才会被朋友带来带去的，有时候是地下演出，在一些类似仓库的地方，摇滚乐诗歌朗读小剧场诸如此类，有时候便是这类无名画廊的展览。

　　我答应朋友看展，却拖延到最后一天的最后一小时才赶去画廊，那里寂静无人，或者说，好像寂静无人。

　　正是黄昏，晚霞异常明亮，猛然进入屋子，觉得幽暗。事实上，房间的窗户被黑布遮蔽，因此，即使大白天，光线也被挡住，如此，画廊悬挂的作品才不会被室外不断变化的光线干扰。

　　画廊虽小，灯光布置讲究，营造了气氛，而不仅仅凸显每一件作品。这使我往后回想，总觉得某种更加富有意味的东西被我忽略。

　　这是一位女画家的油画作品，题材是城市景观，它们就在门外：窄街、小楼、梧桐树，唯一的差异是街上无人，或者，人影稀疏。也可以说差异巨大，因为这座城市恰恰分外拥挤。她的画面上，人很次要，成了点缀，他们被树荫遮蔽，有时隐约在街角，常常是背影，是远去的人——将在视线中消失的一刻。

我被她的画吸引，不如说是被画家本人与世无争的态度吸引。那是九十年代初，现代艺术潮流以猛烈的姿态如巨浪拍打到岸上，也就是：著名的当代艺术展览也开始吸引路人成了公众事件，而反对的声浪往往比赞美更加引人关注。

可是这个小画廊，仿佛与世隔绝，画布上，多是阴雨天湿漉漉的街道，偶尔出现淡淡阳光，转瞬即逝。这也是上海的气候特征，阴雨天多，晴天时的阳光却不那么澄澈。她的画色彩沉郁深厚，风格介于写实和印象派之间，因此有了主观调子，却并不抒情。不动声色的细节里描述建筑在时光里蒙尘，房子外墙的斑驳，破损的砖块，时隐时现在梧桐树的阴影里，一些惆怅，以及令人无法放下心的悬念。应该说，是我自己突然悬起一颗心。

我和画家出生成长于同一座城市，她描绘的对象每天在我眼前，我却熟视无睹。此时此刻才发现，它们竟然非同寻常，街区的安静里呈现出我从未发现的某种风格，它们与现实中的城市产生了遥远的距离，在画布上比真实的存在更有个性和故事，就像一个在人群里长久沉默的人，突然发声，不同凡响。

保安在催促，画廊要关门了，几乎是在最后一分钟，我见到画家本人。她之前在送客，在门外站了好久，和客人一起吸烟聊天，好像人们常常是在送客时才开始聊天似的。

她瘦高个子披肩长发微卷，脸庞标致，年轻时是个美人，如今有了中年的憔悴 —— 岁月留下的细微却无法忽视的笔触。她穿了一件1990年的市面上还未出现的黑风衣，风衣下裸露着小腿，想来里面穿了裙子；脚上是一双凉鞋，涂了无色甲油的亮闪闪的脚趾、纤细的脚踝绑着凉鞋带子。这双脚性感，特立独行于她的形象，与她气质不合。她身上散发的气息就像她的画，几分萧瑟，仿佛离群索居在城市的隐秘角落。

　　我们在关闭后的画廊门外聊了几句，节奏很慢，因为她不是多话的人，或者说，她对自己的画展并没有急于表达的理念。与我寒暄一两句便停下来，吸着她的烟。我喜欢看她吸烟，她的食指和中指夹着细细的香烟，姿态优雅。"朋友送我的女士烟。"她回答我询问的目光。她吸烟时是个有力量的女人，从容自在，吐出的烟雾缭绕她的脸。即使这张脸有一天苍老，她吸烟的样子仍然魅人。

　　"我离婚的丈夫为我筹备的画展，是送我的结婚礼物。"这句话我没有一下子听懂，她轻轻吐出烟雾，烟雾后时隐时现的微笑，"离婚很多年，一个人带孩子，没有时间画画，直到儿子上高中，搬去他父亲那里生活，因为我不再有能力指导他功课，这样，我也终于可以随心所欲地画了……"她停顿好几秒，"没想到……又要结婚了。"

　　"又要结婚了"听起来就像"又要开学了"，假期结束时学生们的无奈叹息。

　　"那……可以不结婚……"我不自信地嘀咕了一声，对这种事我没有什么资格发言，我未婚未恋，离开学校两年，二十五岁了。我在十六岁的时候盼望赶快到十八岁，我以为十八岁是开始恋爱的年纪，以为恋爱像月经 —— 到了年龄就来临。我对自己二十五岁还未有过恋爱没有心理准备，我走在街上看见同龄人成双作对，对自己踽踽独行于繁华都市产生严重自卑。有关婚恋的话题，我简直避之不及，但此时两人面对面，我不得不勉强回答。

　　她吸烟吐烟，对着缥缈在空气里的轻烟浅笑一声，"这次结婚是为了出国，他在国外定居。"

　　这话听来有些突兀，虽然是在一个出国潮风涌的年代，连当红女明星都纷纷离去。但我们毕竟刚刚见面，话题太私人，而她的表述太直接。

　　"你很青涩，所以我对你没有戒心。"以后她这么解释。

　　画廊门口的简短交谈，却让我们成了朋友。

她离婚后住回娘家，离我工作的杂志社步行十几分钟。

她和父母住在西区一栋破败的弄堂房子底楼，房间拥挤，她离婚时搬回部分家具，诸如衣橱书橱等，与父母的家具挤在一起。房间里的三张床格外触目：她父母的四尺半大床，她和儿子一人一张钢丝床。她说儿子周末仍然住回来，周中至少也有一晚回来，前夫的家也不宽敞，他结婚了，与新婚妻子得有自己的生活。

这情景并不陌生，我自己的家不也是拥挤的？父母、我和妹妹，四个人两张大床，年幼的弟弟总像多余的，一张两用旧沙发夜晚拉开来是他的床。年少时父母夜深后的性生活偶尔被你听到，会让你感到羞耻，往后还连带厌恶这座城市的市民，他们居然有脸嘲笑外地人？上海的"面子"不过是可数的几条商业街，住在西区又如何？不堪的"里子"还不是藏在弄堂每一栋楼内无数人家？

她的画室在一楼朝南天井，利用天井面积搭出来的一间棚屋。木板沿着两面墙制成的画桌，节省了空间，是前夫为她制作。比起用几条木腿支撑的画桌，画架还复杂一些，做支点的三条木腿要能闭合，还要有凹槽可以搁画板。当然这也是前夫的作品。包括这间棚屋都是前夫帮工人一起搭建。

"恋爱时，他是我们家的主要劳动力。"

她笑了，揶揄的口吻，讲到"恋爱"一词时，好像是刚刚发生不久的事，刚刚从恋爱过渡到婚姻。而她和第二任丈夫没有恋爱过程，他们从相亲到结婚，一个月里完成。她告诉我，第二任丈夫出生广东，住在美国堪萨斯州的一个小镇，是餐馆老板，此时正在美国为她申请移民。

她的画桌上摊满绘画工具，一大堆颜料和画笔，以及调色板松节油刮刀乳胶等，墙边堆着画框画布画箱，画框上绷着画布，画布上是画到一半的女人肖像，女人就像坐在照相馆，正面对着镜头。面孔五官只有轮廓，但能看出形状奇特并且巨大，像要把面颊撑破，眼睛快完成了，像丰满的乳房，眸子宛若凸出的乳头，顶着两朵烈焰，我悚然一惊，还未回过神，她已迅速用布幔遮住画布。

她说："画廊里的那些画只能算是练笔，是愉悦自己的小品，我很庆幸我有愉悦自己的方式，没有想过展览，也没有想到都卖了。"瞥一眼被遮蔽的画板，"移民申请刚批下，顶多还有三个月就要离开上海，也只有这段时间可以画，我自己看重的那些画绝对不会拿出来，永远留在身边。"

她轻声说，像对自己发誓。我附和地点点头，毕竟我是外行，对不上话。

"只怕以后又没有时间画画，你想，跟着做餐馆的男人……"

"他要你去餐馆帮忙？"

"一定要，这是预先说好的。"

"喔……"

她好像听到我内心在叹息，笑说："我宁愿去美国餐馆端盘子，也不要留在上海画画。"

我一惊，却不由自主点点头。

她带我离开画室回到房间。这是星期五傍晚，她说父母去她弟弟家，为他们做一顿晚饭，晚饭后把孙子接回家。

"每个礼拜六弟弟的儿子都过来，他今年十岁，所有的周末、寒暑假和节假日都到这里过。"

顺着她的目光，我看到这间房里还有一张床，也是钢丝床，折叠起来靠着墙。

我们在一只缝线处因脱线而修补过的人造革的双人沙发上坐下，这只沙发和她父母的床之间只间隔了床头柜的距离，高个子的她坐在那里，像要屈起身子，当然，那只是视觉上的感受。

"一星期就这个时候，我可以在这只沙发上坐一下。"她打量着房间，"这是我离婚后的生活，每天听我爸妈嘀嘀咕咕争个不休，他们退休后二十四小时在一起，互相看不惯；我住回家他们心情更不好，我结婚时他们反对，离婚时也反对，因为对我有过很多期待也为我付出很多，牢骚简直没完没了；我养了个不争气的儿子，老师经常告状，更加引起他们对孩子爸爸的怨恨……总之，家里每天吵吵闹闹没有安静的时候，硬着头皮撑了六年，常常想，我可能会死在两老之前，他们吵归吵，生气归生气，饭吃得下觉睡得着，每天去公园早锻炼……"

她微微一笑，拿出香烟盒，给自己点烟，"白天在学校教课没有安静的时候，晚上回到家还是各种声音，借口要画画，躲到天井里，当然什么也画不了，只是抽烟……"

当她吸烟时，又回到我心仪的状态，夹烟姿态从容优雅，专注地吞吐烟雾，沉浸在此时此刻的时间段里，仿佛烟雾让她与现世隔绝片刻。

她只吸了半支烟便掐灭了，"这位新老公希望我戒烟，那里吸烟要走到大楼外，说美国人对烟民没有好感，还特别强调美国香烟贵，我看，是他不舍得在香烟上花钱。"

她一笑，我心里却一沉。我发现，每每说到不快的事她都会用轻笑敷衍过去。

"你现在终于有时间画画了呀，假如留在上海！"

这是劝说吗？无力也无用。

"画画让我觉得没有白来这世界一趟。不过生活里还有其他需要，我才四十岁，我需要男人，需要夜晚有人睡在身边。"

在我的年龄，第一次听到女人直率地表达欲望。

她看着发愣的我问道："你这么年轻，为什么不找男朋友？"

"不知去哪里找，没有人追我！"

"大学里的男同学呢？"

我摇摇头，心里说，看得上的有女朋友了，我也很想结婚呢，不想挤在父母家。

"这么说吧，"她沉吟着，似乎在想如何开启我的心智，"找准结婚对象的确不容易，但是，恋爱不一定是为了结婚啊！别浪费自己好时光喔。"

她安慰般地在我的脸上轻抚了一下，她粗硬的手掌触动了我。她说过，画家是半个体力劳动者。她的这双手被颜料松节油乳胶侵蚀，除了握笔，还要拿刮刀榔头锯子，要绷画布做画框诸如此类……

她从床头柜的抽屉里拿出照相本，在最后一页抽出一张照片，"你看，他虽然开餐馆，没有你想象的那么油滋滋吧？""油滋滋"的形容让我失笑，她也笑，手指点着照片上的男人，"美国文理大学本科生，工作难找，餐馆是家里的，人总要先解决生存不是吗？"

照片上的男人倒是清瘦型，长相老实古板，没什么气质。我想到她将与这个平庸的男人睡一张床，心里的下沉感更重了。

照相本里有她和前夫的合影，七十年代的朴素装束，更凸显俊男靓女本色美。他们是美校同学，校园公认的美好一对，孩子刚上小学他有外遇了。

"好日子过去了，这是我的现实。"

她收起照相本又去拿香烟了。

在余下的三个月不到的上海日子里，她在上午画画，天气好的下午带着相机出门拍些街景。假如经过我上班的地方，她会来约我一起散步。她说："住在这里会恨这个城市，离开时才会有些留恋，到底住了四十年。"

秋天了，风有凉意了，皮肤干燥了，天高云淡，人行道上的树叶开始掉落，城市的空间陡然开阔。

我说我最爱秋天。她直笑，"你看，我们之间多么合拍，连对秋天的喜欢都一致，为什么心里还是空虚？"

她在问我吗？

"为什么找个喜欢你也让你喜欢的男人这么难？找个女伴容易得

多，我有时候很遗憾自己不是同性恋。"

我被她的"遗憾"逗笑了，她却是认真的。

"即使很开明的某些人，比如我的前夫，说到同性恋，会表示同情，我告诉他，我对他们不是同情而是羡慕，因为，假如我是同性恋，我就不会对他，对这个不忠的男人还有欲望。你不会想到离婚后我成了他现在婚姻的第三者，只要有机会，我们还会……睡在一起，甚至，比做夫妻时更有感觉，这也是我……想赶快离开上海的原因。"

虽说是一个"爱史"空白的女生，我并没有被这番坦承惊到，或者说，我开始习惯她用温和的语气讲述她那些具有颠覆性的行为和想法，也许我内心深处已无数次叛逆于在我们周身搭建起来的道德樊篱。

我和她在西区的小马路漫步，那也是她画布上的小街。真实的街上，不时遇上嘈杂腌臜的路段，狭窄的人行道被阴沟或窨井盖里满溢出的污水覆盖；经过小菜场，两边上街沿搭着遮棚，遮棚下一溜长的破木台子是不同摊位，家禽的屎臭味、正在变质的鱼虾腥味，地上是被踩烂的蔬菜叶子瓜皮果核和浓痰。这段马路不通机动车，熙熙攘攘的买菜居民，拿着竹篮互相磕磕碰碰的有了口角，不时还得给自行车和助动车让道。

她把我拉到被菜场遮棚占据大半的人行道，让我注意菜场马路里隐藏的弄堂，这些弄堂难免被从菜场带入的垃圾拖累得邋遢，虽然房子其实是体面的。弄堂和弄堂之间藏了一条台硌路的窄巷，巷子很深，她把我带进窄巷，走到底转个弯，仍然是巷子，但是更窄了，只能一人通行。这一段两边是高墙，高墙的一边是棚户，另一边是洋房。

她告诉我，她曾经穿过这条台硌路去高墙那边的洋房，跟住在洋房的老师学画，一位经常生病躺在床上的女画家。女画家的丈夫也是画家，他们住在一间大房子里，整日关门关窗并拉上窗帘。在街上门窗都被砸破的那一年，洋房女主人得了幻听症，整天听到敲锣打鼓。

"不通风的房间好像缺氧，进去待久了会头晕。他们从不和邻居往来，担心公共厨房不安全，怕被人下毒，在套进房间的浴室接了煤气管，空间小，所以是一只灶头的单煤气灶……她和丈夫相依为命，却又互相提防。生病时一日三餐由丈夫送到她床上，她总是怀疑丈夫在她碗里放小石子，想要噎死她。所以吃饭要花两小时，是数着米粒进食。"

洋房的故事让我脊背起了凉意，那时我们站在窄巷拐弯处，暮色里窄巷空无一人，隔墙的洋房静得阴森。我不由拉着她快步从原路返回，此时庆幸菜场的喧闹。

我走上街才开始发问:"在那间洋房里你不害怕吗？"

"回想起来有点害怕，毕竟那间屋子有一种疯狂的能量，就像一部偏航的飞机，你不知道它什么时候会下坠。但当时觉得刺激，眼前的世界很奇特，好像生活出现幻境。"

她的讲述也够刺激，是我的庸常人生没有机会窥见的角落。

"她睡在床上怎么教你画画？"

"为我的习作做些评点而已，更多时候给我看她的画，对了，她喜欢白天睡觉，晚上起来画画。"

"丈夫陪她熬夜？"

"他睡阁楼，她不让丈夫和她睡一张床，男人给自己搭阁楼睡。"

"为什么还要在一起？我是说，她丈夫为什么不离开她。"

"不知道，可能他们是自己人。"

自己人？奇怪的说法！夫妻本来就是自己人啊！

我便说:"他们不像正常夫妻。"

"可能比正常夫妻有更深的联系呢。"

她的话让我发愣，也许是启迪。

"她是中国的弗里达·卡罗，可我那时太年轻，不懂她，只有她丈夫懂她，所以守着她。"

"她现在在哪里？"

"在精神病院，可能已经死了。"

"她丈夫到底还是把她送去精神病院？"

"不是她丈夫，她丈夫突发心脏病死了，亲戚出面把她送去医院。"

"她的画还在吗？"

"被她丈夫藏起来一部分，藏得太好找不到了，还有一些被她亲戚扔了，听说他们看到她的画，更确定她是神经病。"

风冷。天色在黑暗前格外明亮，闪着如刀刃般锐利的光，太阳圆圆的像彩色月亮，从金红到深红，不再刺眼，红色像颜料一样流开来，将白云染成红云，而当你注视霞光时天色开始褪光。

我记住了弗里达·卡罗的名字，要等很多年，我才有机会看到她的画：她的自画像全身上下钉满钢钉……对着她的那些既明亮浓烈又绝望的画中形象，我重新回想那条窄巷隔壁洋房发生的一切，在人们不知的角落，有着神秘的、凛然于世的存在。

而此时，我很容易把洋房夫妇和身边的女画家与她的前夫混淆，他们在不见天日的大房间，自成星球，荒凉缺氧，他们相濡以沫又互生恨意。

我很快将见到她的前夫 —— 一个每天早晨沿着上街沿跑步、面孔晒得黝黑、没有一丝阴郁气息的歌舞团的舞台美术设计师——有个奇怪的名字：陈恭陈。他剃平头，胡子刮得干净，爱穿运动装，是个重视时尚潮流不甘落伍的自恋型男人。

我为她的小小的、没有任何影响的画展写了一篇文章，题目很文艺——"树在树中老去"，来自一首诗的第一句：树在树中老去这就是夏天。我后来怎么也想不起来整首诗，以及诗作者的名字。

文章发表后，她的前夫作为画展策划人执意请我吃饭，由她带着我，在一家老西餐馆见面。

和这对前夫妇在一起，我竟有做"电灯泡"的不安。

他唤她小莓（她名字里有个莓，她告诉我她喜欢被这么称呼，让我也这么称呼她，虽然她年长我十五岁），她则连名带姓唤他。他们之间仍然关系亲密，讨论家务事时有怨言，因此敷上情感色彩。菜还没有上，我就提出告别。

她前夫说："怎么可以呢？诚心诚意请你吃饭，这西餐每人一套，已经点好了。"

她说："他是真心要谢你，因为请你，我也吃到西餐了，他可是从来没有请我吃过西餐。"

她嗔怪地瞅他一眼，笑着告诉我："在别的女人面前，尤其是年轻女人，他很要面子喔。"

她前夫的脸都红了，一百个不自在。而我坐立不宁，看到端上的葡国鸡，竟失去食欲。

席间，前夫告诉她，他那位在大学教法语的现任妻子拿到一年的访问学者邀请，下个学年启程去法国。

她非常意外，"没有听你说起过，怎么就说走就走了，你怎么办呢？"

"我管儿子啊，给他补课啊……"

"等我在美国安定后，我要把儿子带出去的。"

"能走当然好，走不了，我也会一直管他到进大学。"

"我的意思是要是儿子也走了，她还没回来……"

"那我就轻松了！"

他打断她，笑着瞥我一眼。

"别硬撑了！"

她嗔他。这时候，你实在想象不出他们当年为何走到离婚。

走出饭店，她对我说"他这个老婆当初拆散我们，现在，我要离开中国，没想到她也走，早知今天……"

"早知今天就不和他离婚了？"我问道。

"他和我在一起不幸福，所以还是会走到离婚……"

"那就不用遗憾，这种花心男人，张三走了，也会找李四。"

我评判他的口吻有些严厉，我不希望她走都要走了，却三心二意起来。

起风了，寒潮来临前的大风，梧桐落叶在风中纷飞。我告诉她，我在一本关于树的资料中读到，梧桐这种树是可以移植各地，在四季中凋零与蓬勃不断交替，最易生长，所以被世界很多城市用于人行道树。

她说："移民就像移植，可惜，人不是树，会有很多牵挂！"

我说："你最不应该牵挂的是你的前夫，他已经有自己的家，你竟然操心他老婆走了他怎么过？"

她说："他不是你想象的那么花心，走到离婚双方都有责任，说句公道话，不管怎么样，他还是尽力帮我，应该说，我们更像知音，我是说在艺术上。"

我敷衍地点点头，没有经历过婚姻，我拿不出有价值的意见。

她又说"你说得对，没有张三也会有李四，男人的动物性决定……"

我便笑了，为她的直言不讳。她也笑，继续道："刚才他对你也放电，你太单纯，完全没反应。"

当然，他笑瞥我的眼风还记着，我并不迟钝，却也不会有所反应。我比她年轻却比她世故，在一顿饭的时间里，我看到了她的过去和未来。这是否有点夸大其词？我那种年龄很容易自视甚高。二十五岁的理智女青年从未陷入盲目的爱中，希望一辈子远离花心男人，人生将因为谨慎而黯淡，这个联想令我郁闷。

她临走前为我做了一幅在当年堪称前卫的拼贴画：用树皮、木片、沙砾、咖啡渣等真实生活里的自然材料，在画板上拼贴成一条两边是平房的小街，斜面房顶的瓦片用树皮制作，房子墙面是咖啡渣铺就，窗框门框用木条，沙砾地上似有若无的脚印，是踽踽独行的脚印。

我希望把这幅画挂在四墙无一物的房间，为此，我是否应该尽早搬离父母的家？

就像所有离开的朋友，在她远赴美国后，我和她的联系渐渐疏淡，然后就不再通音讯。

有一天，那已经是六七年以后，我在一间坐落于市中心的区级医院遇见陈恭陈。这里离我单位近，我每隔一段时间来医院配安眠药。这安眠药，每本病历卡只能配十四粒药片。我讨厌跑医院，便把父母的病历卡也带来一起挂号，于是，一次性可拿到三人的药量 —— 四十二粒舒乐安定。

不知为何，每每一次性拿到这么多安眠药，心里会有忐忑，好像害怕自己哪天突然失控，把这些药都吞下。我因此禁不住想象，要是吃了药没有死而是成了痴呆不是更惨？我马上又对自己有这方面的想象害怕，我不再是个理智女青年吗？

自从过了三十岁生日，我患上失眠症，其实跟年龄无关，跟我遭遇的婚姻挫折有关。在开完结婚证书，准备办婚宴的过程中，双方家庭为利益产生矛盾，婚宴搁浅。在僵持了半年后，我俩去开了离婚证书。

他形象俊朗性情单纯，没主见却容易相处。我们一起看电影走画廊听音乐，如果没有婚姻这个目标，在一起享受时光原本很轻松。或者说，看起来很轻松。

离婚很容易，分手还是伤到了，我们抱头痛哭了一晚上。无论如何这场痛哭安慰了彼此，证明我们用过情。听说他很快结婚了，我想，失眠便是从那时开始。

我和陈恭陈是在配药窗口相遇，他说体检血糖超标，来配药。我没有向他出示我配的药，不是所有的药都可以示人，药物透露了某些不可告人的疾病，比如性病药。安眠药携带负面信息，我很烦人们一听到这药名，便要来指导你如何健康生活。

陈恭陈也没有对他的身体状况做太多说明，只有老年人才会喋喋不休向他人唠叨自己的病体。看起来，他仍然每天早晨跑步，保持了体形，仍然剃平头穿运动装。猛一见，似乎与那次初见只隔了很短的时间。这让我涌起思念：小莓还好吗？

他告诉我，小莓离婚了！他们的儿子在小莓去美国一年后也拿到移民签证，目前已从美国公立高中毕业进了大学，学费由他负责。他已离职，有自己的工作室，好像画卖得不错。

我不要听他的事，急着知道小莓为何又离婚。

"男方对我们的儿子不怎么欢迎，小莓不得不送他去寄宿学校，心里早有疙瘩，导火线却是小莓酒驾上法庭，她喝酒上瘾。"

"因为那个男人不让她吸烟？"

"喔，你也知道？"陈恭陈诧异。

"那么我猜对了。"我的眼睛湿了，"她告诉过我，他要她戒烟，你也知道，吸烟本可以帮助她减压！"

我的话难掩对陈恭陈的不满，如果没有第一次的离婚，她怎么会远嫁美国？怎么会上瘾烟酒？

他告诉我，小莓原本一直在丈夫餐厅做收银员，离婚后转去美国餐厅做收银，反而有了休息日，可以去华人办的艺术班兼职教绘画。堪萨斯的小镇房子不贵，她贷款买了独立房，把父母都办出去了。

"又是拖家带口的，所以打两份工，没有时间画她的画了。"

我失望地嘀咕了两句，想起她曾经的哀叹，最刺激我的是那句，"可能死在两老之前。"

陈恭陈欲言又止，我看出他对前妻有牵挂。他邀我去附近咖啡馆坐坐，我却急着回单位，留下我的住处电话号码让陈恭陈转交她，我已从父母家搬出来租房住。

"小莓情绪不稳定，有父母陪着比较放心。"当天夜晚陈恭陈给我电话，接着在医院大厅的话题。

"情绪不稳定"的说法令我吃惊，她给我感觉温和安静，除了烟瘾大，几乎见不到她有情绪，虽然偶尔会用温和的态度言说她的另类观点，而这正是我欣赏她的地方。

"给你打这个电话是因为今天看见你拿了这么多舒乐安定……"

"你也担心我情绪不稳定吗？"我打断他，发出笑声，"我有时睡不好，又很烦一直跑医院，用父母的病历卡可以多配些药。"

没错，他是在药房窗口看到我的安定药片的药盒，我不知该气恼还是该感谢他的这番关心。

"对不起，我想多了……有一阵小莓每天靠吃这药让自己情绪稳定，用药剂量大，一天服用三次，当然是遵照医嘱，到美国才知道她患'忧郁症'，心理医生给出的诊断。"

"喔……"我咽下唾沫，也咽下惊叹，"认识她时，她看起来那么平和。"

"内心时不时有崩溃的感觉，在外面控制得很好，这更危险，好在美国心理咨询很发达。"

内心崩溃的感觉是什么感觉？我思绪纷乱，几乎忘记手里还捏着电话筒。

"一直没有机会告诉你，她有一批画在我这儿，当年为她做展览，是为了展出那批画，跟你看的那些城市街景的画完全不同！当然，城市街景我也一样喜欢，跟任何潮流都没有关系，只表达她个人的心情。但是，她不肯把那批最好的画拿出来！那批画能量惊人，风格鲜明，她却不敢公开，说是在精神错乱的时候画的，平静下来后，对自己的作品害怕；她并不认同自己作品的价值，完全没有信心让世人接受，害怕被人嘲笑，更害怕被人攻击。不过，那时候拿出来，我也担心时机未到。"

某些联想令我一阵心跳。

"她的画是否受弗里达·卡罗的影响？"

"其实，她早年画那些画时还没有接触过弗里达的画，却有接近的气质，比如支离破碎的自我肖像，描述晕眩时自己身体器官的变化。我是早在八十年代就跟着歌舞团去欧洲演出，在卢浮宫看到弗里达的画非常惊奇。她们两人都把自己身体作为主要题材表达。当然弗里达风格更耀眼，她出生墨西哥，那里是热带，阳光热辣辣，天然地生活在色彩里，拉美人热血激情。小莓不同，上海这个地方艺术很难滋长，气候也不好，阴雨天多，天空是灰的，她是靠身体里的虚火在燃烧，所以她的画是神经质的，色彩比较灰暗。我带了弗里达的画册回来，相信是她喜欢的……"陈恭陈突然发问："奇怪的是，你怎么也会提到弗里达？"

"她跟我提起过，不过，讲的是另外一个故事……"

我放下电话，心还在别别跳，回想我们俩走在台硌路上，她向我描述的洋房情景，那位有幻听症数着饭粒进餐的女人，丈夫死后她被送去精神病院，亲戚们看到她的画更加确信她是个精神病人。

我没有向陈恭陈求证她的讲述哪些是真的哪些是虚构的，那已经是个完整的故事留在我心里，随着年岁增长自动补充着越来越多我年轻时看不见也听不见的细节。

在我住的出租屋的墙上，挂着她临走时送我的拼贴画。

这幅画被她装裱在米色帆布内框里，外框是用褐色金属条收边，内外框的完美构图令拼贴画上的街区犹如被间隔的微型舞台，在四无一物的白墙上，留在沙砾地淡淡的脚印变得清晰，这双脚印一前一后，朝前延伸到斜顶平房深处。有些瞬间我会产生幻觉 —— 伸向平房深处的脚印穿越了墙壁……

唐颖（美国）上海出生，毕业于华东师范大学中文系，中国作家协会会员。电影《横竖横》制片人，上海独立戏剧节"越界"策划人。2000年受亚洲文化协会ACC邀请访问纽约，2004年受邀参加爱荷华大学国际笔会，2005年任爱荷华驻校作家。在《收获》等重要文学刊物发表小说几百万字，有中篇小说集《丽人公寓》《无性伴侣》《多情一代男》《纯色的沙拉》《瞬间之旅——我的东南亚》《红颜——我的上海》《冬天我们跳舞》，长篇单行本《美国来的妻子》《阿飞街女生》《初夜》《另一座城》《上东城晚宴》。小说《红颜》被改编为电影《做头》。

黑 鸟

张惠雯

1

他们第一次去岛上那天下着雨。岛上的马路像城里公寓或私人社区里的小柏油马路那么窄。路两边，雨水"哗哗"流进敞开的排水沟。水那么清澈，沟底有碎石和断枝，看起来不像排水沟，倒像两条小溪。水沟后面是广袤的针叶林，氤氲的雨雾里，高大、笔直的松杉仿佛列队默然伫立，苍翠延绵无尽，林中不时闪过一条褐色的小径。在马萨诸塞州，人们喜欢散步，森林里总有专为散步者辟出的蜿蜒小径，其宽度容不下两个并肩的人，因此不能称之为路，只能说是trail，小径，上面往往覆盖着厚厚的、松软的落叶或松针。他们在雨中走去那房子。格利克不打伞，这样的雨他说是shower，不屑于打伞。其实雨并不小，她撑着伞跟在后面，听到装在格利克夹克口袋里的手机发出指令——谷歌地图还在通报路线。

在他们身后，大西洋和天空已连成了一片浩渺烟雾。雾里有一团朦胧的灰色影子，像浮在海面的巨兽，那是他们来时乘坐的船。船应该很老了，噪音大，船身颠簸，但它的底舱里仍然能载小汽车。他们了解到，这艘老船是岛上居民出岛的唯一工具。居民坐它到对面的镇上去购买食物等日常用品（岛上除了一个小礼品店再也没有别的商店）、取信、看电影、把车从镇里开上通往各地的高速公路……在那里，他们才算是登陆了正常世界。

这岛上的许多房子是波士顿人为度假买下来的，夏天里的三个月或加上暮春和早秋的一点儿时间，他们不时来这里住一段时间。冬天里，房子多半空着。常住岛上的人则过着一种几乎与世隔绝的生活，有的人开辟了一个菜园，自己从事一点儿简单的耕种，有的人则只是退休养老，和岛上的风景为伴。

他们要看的那房子是格利克在 Redfin 上查到的，它是一座深褐色的两层木屋，外加一个半层阁楼，叫价三十二万。她觉得在这么荒凉、连邮局都不会送信来的岛上，这个价钱一点儿也不便宜。格利克说，他查了近几年岛上房子的交易记录，这个价格不算高也不算低。他们从船靠岸的地方走过去，大概走了十七八分钟。当她看到那房子的时候，她有些沮丧。它比照片上显得旧多了，外墙漆大块大块剥落，老式的木窗框因为脱漆也变得颜色驳杂。她看到这种窗户就想到冬天的寒风从窗户里钻进去，让房子变得冰冷。她当年刚到波士顿时，临时租住在一栋老房子的一个套间里。房子的窗户冬天透风，暖气又老旧，升温很慢，害得她在房间里也要穿着羽绒马甲。住满两个月后，她就赶紧搬走了。

木屋本身虽然看起来老旧失修，但也还有个亮点，就是院子很大。前院还开辟出一个小花园，收拾得很整齐，花园一角挖了个小小的鱼池，周围摆了一圈大圆石，竟然有点儿东方园林的意思了。他们走过去看，池子里没有鱼，只有一些睡莲叶子浮在水面。

他们在玄关那儿套上房主提供的鞋套，进屋参观。房子内部倒维护得不错，一点儿也没有外观那种破旧感。它的摆设，从钉在墙上的原木色画框，到铺在木地板上的红色团花波斯地毯，以及阳台上摆放的那些参差有序的盆栽，都让人感到主人是个整洁、有些品味的人。她对房子的印象好了不少。

回去的路上，当她提到房子脱落的外墙漆和老旧的窗框时，格利克提醒她说，不可能有完全理想的房子，如果在波士顿，他们花一百万也买不到这个面积的带花园的房子。她同意他说的。

后来，格利克试图挑些毛病把价钱压低一点儿，但他也没抱什么希望，只是试试。出乎意料地，房主接受了他的报价，在原来的价格上减掉了三千美金。中介告诉他们，房主住在波士顿，但平常一直请岛上的居民来定期打理房子和院子，所以内部才维护得这么好，如果不是房主要去外州工作急于卖掉这房子，他们绝不可能以这样的价钱买到这栋房子。

几个星期后，他们一起去签合同。格利克付了房款，户主写他的名字。按照他们俩以前的协议，格利克出房子的钱，她负责翻新和装修费用。

2

她和格利克之间有很多协议，主要关于钱。在很多中国人看来，他们未免把一切分得太清楚了，但她对于这种美式做法很认同，觉得反而可以避免不必要的纠纷。从二十多岁来美国那一刻起，她就决定按照美国人的方式来生活。她在美国结交的第一个男朋友也是美国人，此后她就习惯了只结交美国男友。格利克是她的第六个男友，这是指长期交往过的男友。不知怎么回事，她和交往过的男友都没能结婚。她和格利克在一起也已经七年了，如今两个人都已经五十多岁，到了想有个伴儿一起老去的年龄。但格利克认为婚姻协议是毫无必要的，她表示赞同。

她知道那些同胞们说起她，都会讥讽地说她是个只找美国男人的中国女人，这其中甚至包括她最好的朋友于淼。她能想象她对别人说起这些事情时那副嘲弄、惋惜的样子。她们俩在一起时，她也不掩饰这种嘲弄。但她太了解于淼是怎么样的人了，她虽然爱嘲弄、议论别人，但对人从无坏心眼儿。于淼看不上她这些男朋友，说她不能接受和天天一起睡的男人到餐馆吃顿饭还要AA。

她说："那有什么？我觉得没什么。凭什么男人就得请女人？"

"你是故意曲解我的意思。我当然可以请男人，男人也可以请我，但不能刚睡了觉接下来就开始算账单。我说的根本不是钱的问题，而是那种斤斤计较。"于淼说。

"你还是没有接受他们的文化，你这种不愿男人和你算账的想法还是很中国。"

"我承认。所以你能和他们处得来啊，我不行。不过，我没必要全盘接受他们的做法。他们也没有接受我的啊。"

有一次，她无意间对于淼说起格利克喜欢吃中餐，她经常去华人超市买食材，这个钱她一般就不和他算了。而如果换了格利克，他会把所有超市的账单在月底归总，然后算出来每人需要分摊的。

于淼立即说："我就知道，他和你算得那么清，你却不会和他算那么清。你忘了本杰明的事？"

"我可不想提那个人。"她开始后悔对于淼讲那些闲话了。

"我只是有时候懒得去算这些小钱。每个人习惯不一样。有时候我把收据都弄丢了。"她又说。

"那你还是不够美国啊。"于淼讽刺她说。

她知道朋友其实是替她不平。于淼尤其不接受格利克始终不愿结婚这一点，说他只是要找个免费保姆。她当然不同意于淼的说法，但她俩谁也说服不了谁。

买下岛上的房子后，他们就一直忙着翻新和装修。她以为重新刷外墙漆就行了，结果来检查的专业人士说屋顶也不行了，建议换个全新的屋顶。屋内虽然保持得不错，但门窗都相当陈旧，尤其窗子，冬天肯定会钻冷风，需要换成密封效果好的双层合金窗。原本厨房是个单独的小间，和起居室、餐厅各自隔开。而这导致屋里的墙太多，把空间分成了一个个间隔的小块儿。格利克想让室内的布局现代感一些，成为一个开放的整体空间。于是，他们又得找工程队拆掉这些墙，把起居室、厨房、客厅完全打通。洗澡间肯定要重新装修，因为浴缸、马桶都小而旧了，瓷砖颜色他俩都不喜欢。他们也得重新装中央空调，靠房子里老旧的取暖器，冬天人会在屋子里瑟瑟发抖。以前的房主一家只是夏天来度假的，而他们是要常年住在这里，需要它非常舒适，尤其能抗御新英格兰地区长冬的严寒。

忙碌了两三个月以后，他们的房子从外面看已经焕然一新，里面则现代感十足，舒适宜居。那些日子里，他俩经常在屋里屋外逛游，谈论着自己的想法、对每一片小空间的规划，兴奋而满足。格利克称它是他俩的nest，说这个就是最坚固、持久的窝了，是他们的养老窝，他哪儿也不会再去了。她说她也一样。她打算在后院开辟一块地做菜园，这样他们经常能吃到新鲜的蔬菜，她还想养两三只母鸡，可以给他俩提供新鲜的鸡蛋。格利克非常支持她种菜的想法，他一向喜欢她烧中国菜，承认那是他被她深深吸引的原因之一。但对于养鸡的想法，他有所保留，担心会招来浣熊、臭鼬等野生动物。

当然，打造这个窝的花费也不小。按照以往的协议，里外装修的这些费用，包括添置新家具的钱，应由她出。她为此花了差不多十五万美金。不过，她觉得这些钱花得值得，因为这会是她终老的家。

房子整修好了，大件的家具、电器也都买齐了，他们开始添置一些装饰品和小件日用品，譬如格利克需要的酒架、各式酒杯，她喜爱的餐具，还有屋子里的摆件、室内室外需要的新植物。他们之前没有谈及这些东西应该由谁来买，所以格利克说谁买了就保留收据，最后再分摊。但他主张为了避免乱买东西，需要双方都同意购买才能分担费用，因此在购买任何家里共用的物件之前，要征得对方同意。她当时正处在装扮新窝的狂热中，觉得他定下的这个规则有些繁琐，也让人扫兴，毕竟买这些小物件并不需要大笔费用。但她还是同意了。

格利克是个较真得有点儿古板的男人，但也有他有趣的地方。

他喜爱观察鸟，会画些素描和水彩画。当然，他称不上画家，只是个人的小兴趣。他画的素描通常是鸟和昆虫，水彩画则是风景，譬如树林、湖泊和港口。有时候，他一大早就带着望远镜出门去看鸟了，偶尔也带着他的画架、折叠椅去野外写生。他教会她认识很多鸟：红翅黑鸟、冠蓝鸦、新世界莺、黑冠小山雀、美国金翅雀……她很难记住这些鸟的名字，但他从来不失耐心地教她。他告诉她无论是对鸟还是其他野生动物，最好的方式就是尊重它们的习性，不要去打扰它们。他非常讨厌别人拿面包或随便什么自己吃的东西喂食野鸟，他看到总会生气，说这些人只是为了自我满足，既无知又不负责任，根本不去想这些东西是否适合鸟来吃，它们吃了会不会生病。他也会开房车带她去林中野营。作为在港口小镇长大的麻省人，他会玩帆船、汽艇，精通各种水上运动，车子出了简单问题，他也能自己修理。他几乎就是她理想中的那种美国男人，除了在金钱上过分认真、和她泾渭分明。但她安慰自己说，她的不舒服只是中国式思维作怪，而这正是她应该摆脱的东西。

3

他们在岛上的生活虽简单，也算得上快乐充实。只要天气晴朗，他们就出去散步。有时一起，有时分头行动。他喜欢钻到林中探索，她喜欢沿着岛上的小马路去看看别的居民区、别人家的院子和房子。很快，她和岛上的常住居民都熟悉了。他们喜欢她、重视她，因为她是小岛上唯一的中国人，也是唯一的亚洲人。她花很多时间管理她后院的菜圃，在那里种了丝瓜、长豆角、香菜、葱、生菜、辣椒、番茄……格利克则负责照顾花木、草坪，清理那个小小的池塘。

她最终说服格利克允许她养三只小母鸡，又从网上订做了一个坚固的鸡寮。有天早晨，格利克从窗户那儿看到一只狐狸从后院跑走。他们赶紧去查看鸡寮，发现三只鸡并没有"遇难"。她每天弄弄菜地，打扫一下屋里卫生，负责做三餐，空闲时间里再翻阅她订的那些烹饪、园艺杂志，一天也就差不多过去了。格利克则会在户外消耗更多的时间。他也阅读他的杂志：《国家地理》《鸟与花》《国家野生动物》。因为生活极其规律，岛上又太寂静，他们通常夜里十点多就上床了。那个屏幕巨大的电视机难得打开一次，格利克说生活安静得让他对体育频道都失去了兴趣。每隔两三周，他们会开车回波士顿一趟，去看场电影或音乐会，或者仅仅是去市区走走，以便和城市生活不完全隔绝。

转眼就是秋天了，院子里堆满厚厚的落叶。好几天里，格利克都在耙树叶，把树叶装进他购买的巨大塑料袋里，足足装了十六袋。进入冬天，她的花园和菜圃荒芜了，她把鸡寮挪进了车库。因为门窗的密封性很好，格利克又早早在屋子里生起壁炉，室内干燥、温暖。感恩节过后，他们去纽约住了四天，算是度假，然后就到了圣诞节。第一场雪还未降下，但天气已经冷得无法在外面长久逗留了。格利克比她耐寒，他会穿着厚厚的户外装、戴上毛线帽去看鸟。她则整日待在屋里，望着外面荒寂的院子。北方的冬天很漫长，岛上的冬天更长。她有点儿想念朋友、想念过去的生活了。闲得无聊的时候，她也会回想过去的几段恋爱，回想她和那些男友如何相遇，如何同居，又如何争吵、分手的那些细节。她想得有些恍惚、感伤，不清楚自己算不算是蹉跎了岁月。

在所有这些男友里，她想得最多的是本杰明。他是她最喜欢的那个，当然也对她伤害最深。她一直不知道在他的密友圈子里，他是人尽皆知的花花公子，而她是遭人耻笑的"那个亚洲傻女人"。在他们同居的时候，他从没间断过和别的女人纠缠。很多事她都是和他分手后才知道的。他们同居时，她经常帮他还信用卡账单，因为他自己还不了，他欠了太多钱。他们分手后，她没有问他要这些钱。她并不在乎这些钱，但当她想到这些钱可能被他拿去和别的女人鬼混，她也会愤怒、伤心。这个性情极端的男人，热情起来就像一团火，冷酷的时候又像一把冰刀。他那时喜欢唱大卫·鲍伊的My Little China Girl和她调情，她现在还记得那首歌的调子。他也喜欢陪她逛服装店、帮她挑选衣服，他眼光极好，再也没有其他男人陪她做这些有趣的事。和本杰明在一起时，她只有三十五六岁，她自己觉得那就是一个女人最好的时候。而现在她五十多岁了，已经没有那令人烦恼的生理期了，住在一个孤岛上，过着如此平静的养老生活，种菜、养鸡。如果不出差错，这样的生活会周而复始二十年，或者三十年……

格利克是她交往过的男友中最稳定持久的一个。你可以说他有点儿木讷，也可以说他清高，反正他不会去费劲讨好女人，因此也不是个受女人欢迎的男人。他也曾交往过两三个女友，但几乎从不提及她们。他唯一提及的一个叫米歇尔，他说初见她会觉得她很普通，但每一次再见到她，都会觉得她更漂亮了，他认为这一点相当奇特。她想，那有什么奇特呢，不就是中国人说的"耐看"吗？但她没有说出来，不愿扫他的兴。她觉得既然他还记着这些，说明那个米歇尔曾是他的真爱。遗憾的是，和本杰明一样，米歇尔非常可爱、有趣，但不忠。

格利克偶尔谈到他的爱情观，说他一旦遇到合适的人，就心无旁骛，想一走到底，因为他不喜欢改变，对他来说，去适应新的人、新的关系，是巨大的头疼。他这种感情的"专一"也体现在饮食口味上。譬如，他只喜欢原味芝士蛋糕，每次点餐后甜品，他都会点这种蛋糕。她劝他尝试别的，他会说，我知道这个好吃，为什么要冒险去吃别的？他喜欢中餐，但最爱吃的菜也总是那几道。他给她讲过一件童年小事。他小时候不吃任何蔬菜，他母亲很头疼，使用了各种方法想让他吃一点儿蔬菜，但都不奏效。最后，她恼火了，让他坐在餐桌那儿，在他面前放了一小碟沙拉，对他说，或者吃两口，或者就一直坐在椅子上不许下来。他那时候只有四五岁吧，他就在那把高椅子上一直坐着，坚决不碰碗里的一根菜。一个小时后，他母亲定的闹钟响了，他被允许从椅子上下来。反复几天，他母亲终于放弃了。

一月里的某个上午，大风呼啸，院子的地上落了很多刮断的树枝。早餐后，格利克仍然出门了。她洗好餐具，把中午准备做的一条排骨泡在温水里化冻。忙完这些，她在沙发上坐下来，注意到一只鸟一直在外面叫。她穿上羽绒服走出去查看，发现声音是从后院传来的。她绕到后院，看到后院那棵落光了叶子的白橡树上，一只黑鸟站在最高处那根树枝上，缩着脖子，仓皇地顾盼，叫声凄厉。风很大，黑鸟又站在顶端，在那一片透着寒意的青灰色天空衬托下，它显得孤独而渺小。她很少看到鸟儿在冬天站在树巅狂叫，她想大概是发生了什么不好的事儿，譬如它的同伴被浣熊吃了、幼鸟丢了……她在树下仔细找了两圈，并没有看到其他鸟的残尸或羽毛。她仰头看看它，它仍然在寒风中呼号。她又去院子里的其他地方找，后来，在靠近房角的一个地方，她看到了一个乱蓬蓬的、被风吹散的鸟窝。她明白了，它住在那棵白橡树上，但夜里风太大，把它的窝吹掉了。她看着地上摔碎的鸟窝——别在一起的一堆小树枝，还有些杂草，决定把它捧起来、放回树下，心想那黑鸟也许能用什么方法把这窝重新粘结起来、再弄回到树上。随后，她又去厨房里抓了一小把藜麦，撒在白橡树下面，希望它至少能从高冷的枝头飞下来吃点儿东西。

她回到屋里，从卧室后窗那儿注视着黑鸟的举动。它没有降落到它的旧窝那儿，也不去啄地上的藜麦。它一直站在那根旗杆般高高擎起的孤枝上，张望、鸣叫。它显得执倔、古怪、孤绝。她观望了一会儿，想到早上烘干的衣服还没有从烘干机里取出来，就去洗衣房了。接着，她又忙了些零碎家务活儿。当她再去后窗那儿查看那只鸟什么情况时，发现它已经不在了。她跑到外面，来到那棵树下，想看看它是不是躲到某个避风的地方了。但她没有找到它。

格利克散步回来以后，她马上告诉他这件事。

"鸟儿不会再要吹掉的窝。"他说。

"我们能帮帮它吗？"她问。

"它没有受伤，也不是冻僵了，只是窝被风刮掉，我们什么也做不了。尽量别去介入大自然的事。你看，我那么喜欢鸟儿，但我从不乱喂鸟。它们应该按照自然的方式生活。"

"我知道……但它会被冻死吗？它现在不知道去哪儿了。"

"它只是飞去别的树上了。别担心，它很快就会再盖一个窝。它总能再找到一个家。"他对她说。

4

春天，于森来看望他们，她说她主要是想来看看他们的"世外桃源"。她和格利克坐船到对面的港口接她。因为岛上没有餐馆，她选择在镇上一家海鲜餐馆吃午餐。她自己叫了龙虾浓汤和熏三文鱼沙拉，于森叫了蟹肉饼配水煮蔬菜，格利克叫的是炸鱼薯条。付账时，侍者要往格利克那边走，她赶紧叫住他，把信用卡递给他。她似乎看见于森微微一笑。

饭后，两个女人想在镇上逛逛。走在街上，她们俩在前，格利克百无聊赖地跟在后面。每次有于森在场时，气氛都有些尴尬，因为她这位闺蜜和格利克相互看不惯，而且他们彼此也知道。这时，于森用中文问她，格利克会不会把他那份餐费还给她。她觉得又好气又好笑，拧了她一下。

"可是他也吃了，你应该问他要。"于森揶揄地说。

"他是陪我们吃的。如果他朋友来了，我们请吃饭，他也会出我那份儿的。很公平啊，对不对？"她低声说。

"你喜欢就行。"于森说。

经过一家古董店时，她注意到橱窗里的一盏复古台灯，黄铜灯座，灯罩是用教堂手绘彩色玻璃做成的。一盏古朴、美丽的灯！她立即想到可以把小台灯放在他们的床头柜上。她告诉格利克说想进去看看这盏灯，他们卧室里也刚好需要一盏台灯。他点点头，跟着她俩走进店里。那盏小台灯标价五十九美金，她问店主能否便宜一点儿卖给她，她知道古董店里一般都可以打个小折。好脾气的老头儿笑了，说因为你的眼光好，我只收你五十就行。她转过头问格利克是否喜欢这盏灯，格利克耸耸肩说如果她喜欢，他也没有意见。"我们卧室确实需要这个。"她强调说。"我不反对。"他说。老板用纸仔细地把小台灯一层层包起来，然后放进一个牛皮纸手提纸袋里。她接过店主递过来的纸袋。店主看着他们，等有人付钱。她两手抱住纸袋，站着没动。格利克走过来付了钱。"需要收据吗？"店主问。"需要。"他说。

夜里，她和于淼在客房里聊到很晚。于淼说特别喜欢这个房子，里里外外都好，欣慰她总算有了自己的房子。她告诉好友房子以前的状况，这些日子里他们如何忙于翻新、装修，还有她和格利克的经济"分工"。于淼说因为她花了这一大笔钱升级了房子的外观和内部装修，这房子的市值和他们当初买的时候已经完全不一样了，将来如果要卖的话，它会值五十万，而不是三十万。

"我们肯定不卖，之所以这么装，就是想一直住下去，住到老。"她说。

"我知道，我只是提醒你这房子有你的投入，所以户主不应该只放格利克的名字，你也应该是户主之一，这才公平。"于淼说。

"这一点儿……我倒是没仔细想过。当初格利克说他负责买房费用，我负责装修费用，我就同意了。"

"所以我才提醒你。既然你们两个习惯算得很清楚，那你也要考虑事情是否对你公平。你想一想，万一，我是说万一，你和格利克分开了，房子完全在他名下，你装修花的那么一笔费用就说不清了。你明白我的意思吗？你们毕竟没有结婚。"

"我……大概明白。"她觉得朋友说的的确有道理。

"你应该和格利克谈一谈，他是个讲道理的人。"于淼说。

她回到卧室的时候，格利克还没有睡着。她躺下不久，他突然翻过身来抱住她。她明白他的意思，但觉得太疲倦，告诉他今天不行。他不强迫她，随即松开了她。她不太喜欢这种感觉 —— 不做爱就松开拥抱。难道不做爱就不可以抱一会儿、不可以亲吻吗？其实到了她这样的年龄，做爱带给她的快乐没那么强烈了，她更喜欢那种不以做爱为目的的亲密，更单纯、温柔的亲密。

从古董店买回来的那盏古董小台灯已经用上了。它身形玲珑，发出很淡的橘色暖光，适合当一盏床头小夜灯。格利克还在翻身，她知道他还没睡着。

"格利克。"她喊了他一声。

"嗯？什么？"他问。

"还没睡着？"

"差不多快睡着了。"他含糊地说。

她觉得她想问的话很难问出口，问了也很可能被误解。

她沉默了一会儿，问他："你喜欢这盏灯吗？"

"还不错，"他说，"虽然有点儿女里女气。"

"所以这个灯……我们可以分摊吧？"她开玩笑似的问。

"可以。"他说。

"你就不能送给我吗？"她依然用那种开玩笑的口气。

"你想要的话我当然可以送给你。但是，那又有什么意思呢？你让我把你喜欢的每样东西都送给你，然后我要你把我喜欢的每样东西都送给我，那样的话，最后和现在又有什么区别呢？"格利克说。

"格利克，你说得没错，但太理性了，你不能偶尔放松一下？"

"亲爱的，我一直很放松。"他说。

她想，算了吧，还是不要说。

但过了一会儿，他问她："怎么了，瑞秋？你想说什么？"

她想，既然他问，就索性说出来吧。

于是，她问他："你觉得这样真的舒服吗？我是说……每个小东西，连一盏台灯的钱都要分摊。"

格利克没有立即回答。

她觉得就像她一开始担心的那样，他已经误解了，他不会认为她想开诚布公地谈谈这个困惑，他肯定把这理解成了她的抱怨。

格利克终于说话了，他说："我想我们俩在这方面没有分歧，我们一直以来也是这么做的，我不觉得有什么不舒服。不过，你今天怎么了？是因为那位中国女士说了什么吗？"

她知道他生气了，他甚至不愿提于淼的名字，称她为"那位中国女士"。

"和她没有关系，是我随便想到这个。"

"可能你太累了。睡吧。"他说。

5

又到了夏天，每个星期都会下雨。丰沛的雨水让树和草都长得茂盛。从窗户里看出去，到处葱葱郁郁。格利克在前院里种下的鸢尾花、绣球花、玫瑰花一波接一波地怒放。岛上的人多起来，往常空无人迹的沙滩和码头都有人来来往往，岛上唯一的纪念品商店外面增加了一个卖冷饮和冰激淋的帐篷。邻居之间开始相互邀请赴茶会和聚餐，每次她带上她做的中国菜去赴约，都会收获许多赞叹。生活重又充满活力，也十分惬意。她越来越喜欢这个岛和他们岛上的家，可她一直没找到合适的时机和格利克谈那件事。在她心里，她已经无数次"预演"了这样的交谈。一方面，她觉得自己的要求十分合理，几乎没有可能被拒绝。但另一方面，她知道自己在极力找借口往后推迟这件事。

那天，她从港口小镇取回一个包裹，里面是她从一家专门卖欧洲货的网店上订购的桌布。那块橘色杂糅着金黄、充满抽象图案的桌布产自葡萄牙，给人的感觉就像夏天的阳光一般绚丽。当她兴奋地把桌布拿给格利克看的时候，他说他觉得他们平时用不着桌布。她说或许他们请朋友过来喝茶时可以用一用，它实在太好看了，充满了异国情调。格利克淡然地说，那样的时候恐怕一年也没有几回，同时提醒她买之前没有和他商量，没有征得他的同意。她这才想起他订的那个"规则"。"哦，没什么，"她说，"我是自己喜欢才买的，这个钱我自己出。"格利克说那很好。

她喜欢事先做足准备。一个周末，趁格利克离开岛上去探望他母亲，她请了一位专业的房产经纪人到家里来给房子作估价。那男人没打领带，但穿了衬衫和深蓝色西装。他在院子里和房子里到处转着，仔细观察，在随身带的小本上做些记录。几天以后，他发了一份详尽的评估报告给她。她发现的确如于森所说，因为重新翻修，房子增值了很多。有了这份评估报告，她觉得可以和格利克谈那个问题了。

她找了个她认为合适的时机。那天晚餐，她做了格利克最喜欢吃的糖醋排骨和麻婆豆腐。餐后，她煮上咖啡，让格利克先不要离开餐桌，说她有件事想和他谈谈，他们可以边喝咖啡边谈。

"看起来像是很严肃的事？"格利克笑着说。

"你先看看这个报告。"她说着，拿出来那份准备好的房子估值报告。

她之前对格利克提起过她给房子作估值的事，所以他不怎么惊讶，只是说："我实在不明白你为什么找人来给房子估价，但你说你想要知道它现在的市值，现在好奇心已经满足了？其实，我不需要看这个文件。"

"你最好看看……现在的估价比我们当初买下来的时候涨了十七万五千。"她说。

"那真不错，你告诉我不就行了？"格利克说，随便地翻着那几页纸。

"这也是我今天想和你谈的，之所以增值这么多，是因为我们的房子全面翻新过。"

"所以？"格利克这时抬起眼睛看着她，似乎有点儿明白她要说的事情比较严肃了。

"所以，这个房子目前的价值也包括了我投进去的装修费用，大约十四五万。那么。如果我认为我也应该是户主之一，你不会觉得不合理吧？"她尽量让自己说得自信、一鼓作气。

格利克再次翻开那份文件，他比较认真地看了一会儿。

"瑞秋，你改变主意了？我以为我们当初说得好好的。"他说，果断地合上文件，把它推到一边。

"你认为是我改变主意？但你觉得现在这样合理吗？在我投入了十几万之后，我的名字和房子还完全无关，我没有一点儿拥有权，你觉得这合理、公平吗？"

"那我们当初的协议——至少是口头协议——又有什么意义呢？为什么当时你同意而现在试图改变？那么我们来这么想：我花了三十一万买下这栋房子，你花了十几万来装修，然后你要求和我一样成为房主，你觉得这样才公平。但我觉得除非我们付出了差不多同样的钱，也就是说，平摊房钱和装修费，否则我认为这对我并不公平。"

"是的，我没有和你完全平摊，因为你当时决定自己买下这房子，你是这么说的。如果你需要……"

"我现在不是在说重新分摊房钱的问题，在我看来，这不是一个选项。我只是说，我不想改变原来的协议。"格利克打断她说。

"但为了这栋房子，我也出了十五万，我的贡献体现在哪儿？我连户主都不是。"

"你可以住在这儿，永远住下去。"

"所以，"她忍不住冷笑一声，"我的钱相当于我住在你的房子里所付的'租金'？"

"我不会这么说。瑞秋，这不像你，讲点儿道理。"

"我一直非常讲道理。"她提高了声调。她想，她从来没有这样和他争执过，也许就是因为她太讲道理了。

"那很好。我觉得先让我们都冷静一下。"

"不，格利克，这一次我坚持。"

他皱起眉头看她，仿佛在判断她是不是动真格的。

她有点儿激动地接着说："在我们中国人看来，夫妻之间不需要完完全全的'公平'。你对我讲了太多的公平不公平，连一盏灯、一个盘子，我们都要算得清清楚楚以便公平。我不反对。可现在我也为这房子做了贡献，你却不愿把我的名字加上去。在我们中国人来看，夫妻之间还有感情，还有牺牲和付出，不光是要分账。"

好一会儿，他沉默不语。然后他说："我相信你们中国人有你们的方式，但那未必是我们应该采用的方式。我们一直都是这样的，我以为你对此没有异议。"

说完他站起身，再次声明他们俩都需要先冷静下来。他把他的咖啡杯拿去厨房用水管冲洗了一下，倒扣在控水架上，就上楼了，留她一个人坐在餐桌边。

她独自坐在那儿，把杯子里剩下的咖啡一饮而尽：冰冷、苦涩。她刚才说得太激动，以至于有点儿想哭。但她慢慢地调匀呼吸，让自己平静下来。她感到很不舒服，这个结果是她始料未及的。她以为他可能会不高兴，可能会提出一些条件，但没想到他会断然拒绝。她并不缺钱，她可以现在就跑到楼上去，告诉他她随时可以扔给他另一半房款。但她不想这么做，因为她觉得他就是应该把她加到户主名上，即便她不付那笔钱。她知道很多女人一分钱都没有出，她们的丈夫还是会把她们的名字放在那儿，愿意和她们共有那些东西，可为什么在她付出这么多以后，却得不到这样的权利？她想不通。他们有多年的感情，是他不愿结婚，现在她只有这么一个不算过分的要求，他却不予考虑。她真的想不通。

他们随后又谈过这个问题，每次都不欢而散。格利克坚决不让步，他咬定问题不在他这里，是她变卦了。而她坚持目前的状况对她不公平，他却选择无视。他们卡在了这个坎儿上。最后，她提出了分手。格利克很震惊，说他没想到她竟然会拿分手来威胁他。她对他说这不是威胁，而是她考虑很久之后的决定，因为她无法接受在这么多年的感情以后，他仍然这么自我中心、完全不替她着想。格利克说这不是自私，只是他有他的原则，他认为两个人要结伴生活，就要尊重共同的原则。她说她无法接受，因为这只是他的原则。格利克说他会很难过，但他尊重她的决定……

就这样，他们分手了。结束七八年的感情当然让人痛惜，但她实在想不通为什么他无法对她哪怕慷慨一次，想不通为什么他可以坚守他的原则，而她总得让步。她觉得自己已经尽力了，但这根刺扎得太深，即使她留下来，它也会一直刺痛她，那种无法吞咽的挫败感使他们的关系再也不可能恢复如常。

她要求格利克至少偿还一部分装修费用，他一开始觉得这不公平，说他们之所以在装修上花那么多钱，是因为这个房子本来就是为他俩准备的，他自己住的话，完全不需要做这些昂贵的装修。但她坚持说她等于把一切装修的价值都留给了他，他理应付一半（虽然她只要求他付三分之一），如果他不接受的话，她只能找律师看该怎么解决。他最后同意了，但说他一时拿不出那么多钱，他会分期还给她。她知道他说的是实情。其实，和她在一起，他会过得更好些，但他宁可选择孤独。从某种程度上，他还是那个宁可坐在椅子上一个小时也不肯吃一片菜叶的固执小孩儿。

那天早上，她一个人悄悄地离开岛上，没有向邻居们告别，也坚持不让格利克送她，说这样可以避免不必要的伤心。在此之前，她的东西都已经分批打包寄走了。当她站在岛上的码头等船的时候，她想到他们第一次来岛上看房子的那天，雨和海雾连成一片，那时她以为这里就是终点……只有她一个人在等船。大西洋上的晨雾渐渐在阳光中变得稀薄，像牛奶被水稀释，最终于阳光中消散。她想到过去的那些恋情，那些模糊了的男人的身影、褪色的场景、破碎的片段，它们也像晨雾一样慢慢稀薄、消散，不留影迹。又一次，她失去了爱人，失去了家。后来，她登上那庞大的破船，独自一人坐在船舱最后排，在船身震荡的颠簸和发动机的轰鸣中离开了码头，眼见那熟悉的岛越来越远。她想起去年冬天站在白橡树孤枝上的那只黑鸟，格利克说过，"它总会再找到一个家的"。

张惠雯（美国）1978年生，祖籍河南。1995年赴新加坡留学，毕业于新加坡国立大学商学院。1995至2010年居新加坡，2010年后移居美国，现居波士顿。曾先后获得"新加坡国家金笔奖""首届人民文学新人奖""上海文学中篇小说奖"等奖项，小说多次上榜"中国小说学会年度十大短篇小说排行榜"，被广泛收入历年中国小说年选选本。

风继续吹

赵彦

伊丽莎白女王夫妇来访的1972年，她遇到了在同一所中学读书后来成为丈夫的人；邓丽君在香港出首张粤语唱片，她正好二十岁并幸运地在一间小公司找到了第一份工作；翁美玲开煤气自杀的同一天唯一的儿子出生了；陈百强去世那一年，丈夫成立了现在这家让他们坐拥万金的玩具贸易公司。姐姐为自己每一件人生大事都能与明星们的大事记对应起来而深感自豪，这就让她更加确信自己比弟弟活得准确，生得恰逢其时，又做对了每一件事。

的确，站在新界这幢66层楼高的窗户边看下面小如蚁蝼的人群会生出一种赞同她每个说法的感觉。这个五室两厅的大房子能俯瞰到整个香港，旧城和新岛，现实和虚构，过去和未来都被囊括在它的视野之下，还有什么理由不附和姐姐的说法呢？

"还要冰块吗？"晨曦转化为浓烈的阳光，姐姐往杯子里又加了几个冰块，菲佣将门合上外出后，整个上午就都属于这对姐弟了。姐姐不期望自己的丈夫九点钟前能够回家；而儿子香港岛上班，住在自己新装修的大房子里。

他还没有完全从旅途的疲累中恢复过来，尽管不困，但昨天下飞机到姐姐家已经十二点了。他给妻子去过一个电话，孩子们离开后妻子社交活动多了起来，但他运气很好，电话一打就通了。

"我爱你……"妻子的声音听上去不像是例行公事，六个小时的时差很容易让他们错过分开后的第一个问候。

他对这两周的假期做了一个精打细算的安排，尽管这样仍觉得时间不够用，因为姐姐计划要带他去深圳乡下看她新买的别墅，还要腾出一天时间去澳门看望九十高龄的老姨妈，小时候母亲带姐弟俩一起在澳门生活过一段时间，正是姨妈照看的他们姐弟俩。被父亲抛弃后母亲有几年过得很不好。每个人都想当然地推算年迈的姨妈挺不过这一年了，不想她仍活得劲头十足，一年又一年地在轮椅上等着他们过去看望她。现在她住在一家政府出资的养老院里，从新界开车过去得三个小时。但与推测并不矛盾的是，她什么都记不住了，她甚至不知道他与他姐姐谁大，他又是哪年去的西班牙，以及好好的为什么要离开香港这样一个繁华的大都市到那个小国家去。尽管那里也算是欧洲的一部分。

这也是姐姐一直诟病他的地方：为什么会被一个八竿子打不着的西班牙女生勾引，放弃在香港的美国公司的工作远渡重洋，之后甘愿在当地一个小电话公司做一名检修员，薪水拿得远比美国公司的工程师职位低。没有存款单上一连串令人艳羡的数字，没有三五套余房，姐姐认为他为经济上的"欧洲病"贡献了一个亚洲细胞。

姐姐将酒杯端起放在照进室内的第一缕阳光下，这样通过光线就能准确判断出杯子里红酒的成色以及它在杯中下降的速度是否和往常一样。自从一个人待在家里后，每天上午她都从一杯红酒开始。起初只是抿上两口，后来是半杯，现在要满杯才能让她满意，要是还没到感觉她就又会偷偷去倒上一杯。落地窗边上的红木酒柜里有的是各色各样的红酒，大多是洋酒，每一种都代表与众不同的口味，并且联系着心情；要是今天兴致不对，她会试着混着喝，总有一款能击准心情不佳的穴位。有时候午睡醒来她也会先喝上一杯再决定下午做什么。

在厨房里，他把呷了两口的红酒全部倒进了水池里，从边上的碗柜里取出一只马克杯冲上今天的第一杯咖啡。小时候在加拿大生活过的姐夫还保持着加拿大人的大部分习惯，要是没有早上的那杯咖啡简直没法将车开到自己公司楼下。他也一样。他现在也算是半个西班牙人了，家里储存的咖啡远比茶多。事实上他与妻子认识就是因为一杯咖啡。那一年他被那家薪水不错的美国公司派去直布罗陀海峡测试一条深海鱼加工生产线，在一次外出中认识了在隔壁城市前台接电话的妻子。在他那些冒失的美国同事的怂恿下他壮起胆子去请她喝了一杯咖啡。没想到这杯咖啡让他之后的进展出乎意料地顺利。

她穿着一条白色热裤，一件柠檬黄的低胸V领T恤，在咖啡馆里任性地用叉子使劲戳着碟子里的小炸鱼。小炸鱼是店里最受欢迎的一款"Tapas"，但只有喝啤酒才能点，为此他又叫了两杯啤酒，尽管最后谁也没碰那两杯小麦啤酒，因为他们都刚吃过中午饭。她的头发是安达卢西亚地区不多见的金色，身材瘦到单薄，腿很长，英语说得不流利，所有的"p"（皮）都被她按他们的习惯发成了"b"（贝）。但他听懂了。她反复说"你是我认识的第一个中国人"，就是这个单词不多的短句，几个"p"就把她折磨得够呛了。后来，他们生下的孩子头发都像他一样是黑色的，其中一个中文说得好，能磕磕碰碰看得懂家电说明书；另一个只具备简单的听说能力。至于英文，两人说得与他们的母亲一样糟。

姐姐总是觉得如果不出国他应该和她闺蜜的妹妹成为很登对的两个。闺蜜去世后她还这样说。闺蜜妹妹看上去人很老实，对所有让她做的都言听计从，像跟屁虫一样跟着他们，后来她嫁给了一个远洋海员，海员出事后成了一名寡妇。姐姐很多年没她消息了，但并不妨碍对这起未遂亲事的反复回顾，因为回顾不会带来新东西，比其他事情安全，此外她还可顺带再想起几个人：A，他们的发小之一，以前住在尖沙咀天星码头一带，从小没了母亲，最大的梦想是娶个美女，后来被一家小赌场老板的女儿看上了，为此得到了一笔丰厚的嫁妆，几年后继承赌场的妻子出轨自己的远房表哥，离婚时又补贴给了他一大笔钱，现在他的第二任比他还小二十岁。B，最想成为李小龙第二的人，学过拳术，练过武功，后来在一家不出名的电影公司混过几天，一心想挤入艺界，但最好的时候不过演了几个跑龙套的角色，有一次群演看到张国荣就在他旁边站着，B于是走过去装成一个熟人拍了拍他的肩膀："嗨，哥们，一切都还不错吧？"B还从裤兜里掏出一包揉得皱巴巴的香烟抽出一支递了过去。

没有下文。没有人知道当时被众星捧月的张国荣是否回应了B冒失的搭讪。B把这几分钟看成是一出戏，但观众们并不买账。B要演好的部分是从裤兜里掏出那包被公交车挤瘪了的香烟，最后挑出一根烟丝最完整的递出去。这段插曲没有下文，因为几年后所有人都找不着他了，各类朋友通过各种途径联系他但就是没有任何音讯。

"汤生，现在是七月是吧？很快又要八月了。"姐姐小口抿着酒，以免它下降速度太快，要不计算好她一口就可将杯子喝到见底，"那年八月B去了悉尼，也有人说在曼谷。有个与他搭过戏的人说他在印度，与一帮穷光蛋在一起，全身赤裸，还涂了白粉——"

"修行者。"

"你说什么？"

"一种生活方式。修行者是一种生活方式。"

"好吧，那他再也不会回香港了。"

咖啡让他肾上腺缓慢上升，但并没有让脑子里在思考的东西变得复杂起来。在西班牙，早上的咖啡总要配上一个火腿面包，今天他还什么都没吃。

"不管修行者还是穷光蛋，总之人就这样不见了。"姐姐继续说道，"但你为什么不在这里找一个呢？欧洲离婚很流行吧？你们欧洲人现在都不提倡结婚。如果你在这里也有一个小你二十岁的，你就可以年年回来了。我倒是希望能经常看到你……"

"过去你可总是说'别老跟着我'。"

"我经常这样说？我记不得了，我猜是因为当时迫不及待地想变成父母一样的人，变成大人。成长多么缓慢，又是多么会让你失去耐心——"

"你现在后悔了吗？"

"后悔什么？"

"你变成了一个老太太。"

"别这样说我，汤生，我还没老。

"你要服老。"

"你总这么说我。"

姐姐的确没老，甚至可以说还风韵犹存，尽管脖子上皮肤发红，还显得有点粗糙。仗着姣好的容貌，她从小就怀有一个明星梦，但从来没有得到过一个合适机会，尽管人人都夸她长得像电影明星。姐夫当年就是被她外貌吸引的。她在澳门那所初级中学只读了两年，却给了她一生最多的虚荣，因为很多男生给她写信，姐夫就是其中之一。在那儿认识自己的丈夫被她认为是一生中最成功的事，澳门也顺势成了她的一个福地。不过她又觉得自己也许能像B一样在一些不知名的电影里演一些小角色，如果不是那么快就遇上喜欢的人，去混一段时间码头，她就可能可以由一些小角色上升到演个什么主角。也许可以成为张曼玉。当然，现在没有这些她大体上也是意足的。

她喝得渐入佳境了，菲佣为他们准备什么早餐她已不再关心。她很高兴能在这样的清晨与弟弟坐在一起聊天还说起那些她喜欢的明星。弟弟要是不回国她就只能给他打电话，而每一个电话都叫她意犹未尽。

"我都好。孩子们也问你好 —— "妻子在一个NGO的志愿者聚会上传来的声音干巴巴的。因为她不想让这个电话影响这里的气氛。现在她经常与一帮朋友去当地的一家慈善机构照看从非洲来治病的孩子，有一次还把一个黑乎乎的半大孩子带到家里来过周末。在志愿者聚会上事实上她整个晚上都无法将目光从手机上移开，因为她认为他会给她留言，她算好他的起床时间，然后她觉得他会走到那座有李小龙雕像的广场，坐在那儿给她发信息或打回国后的第一个电话。

他提醒她多次从姐姐家去那个广场得开上二十几分钟的车。

姐姐从未去过西班牙，对这个只认李小龙的弟媳只见过有限的几次，每次他提出让她去那儿度假她都说她克服不了语言障碍，她无法忍受西班牙人说英语那副怪里怪气的腔调，还有他们疯疯癫癫像是吃错了药的快乐劲儿；而无论南北，那儿都下午三四点钟才吃中饭，晚上十一二点吃晚饭。她的中国胃可受不了。

想起那个以李小龙作为中国文化代码的弟媳，她一遍遍地叮嘱他："你可以推荐她看看张国荣，他可比李小龙帅多了。为什么老外们都只认长得一身青筋的中国人？不是李小龙就是成龙……很奇怪我从来就不喜欢武打明星。我就喜欢细皮嫩肉的男人。"

"西班牙人 —— "姐姐还想再补充些别的什么。

"不要总这么说他们。"他笑着为上述这些话替四千七百万西班牙人道歉。

"我是说真的。我就是不喜欢国外，不喜欢多毛的外国男人。我在这里很满足，这里是我的地盘。这里我说了算。在其他地方我没这么自在。"

姐姐同样没有去过加拿大，尽管姐夫大部分家人都在香港了，但还有两个表弟在加拿大。他们总是打电话让他们过去玩。姐姐也没去过北京和上海。她只去过两次日本。姐姐就喜欢香港。每次出了家门就心生喜欢，街上这么多人，她想不出世界上还有几个地方像香港那样能看到这么多的人，电影明星这么密集，这里每天都在拍电影，这里拍的电影全世界每一个地方都能看到，甚至非洲部落都有人在看香港的警匪片。在这里你永远也不会孤独，因为你就站在一个舞台中心，电视机一打开，全世界都能看到这里这么多的高楼和被塞在高楼里的你，有时候电影里追赶匪徒的警察就从你现在待的那幢楼顶跳过去。现实和想象的根都在这里，而生活在其他地方让人羞愧。很多年前姐姐一家就离开那个乱糟糟的九龙老区了，在新界这个地方她一个人也不认识，但她要的就是这种感觉，丈夫去上班而菲佣也不在家时，她经常会一个人去阳台上站着，就像一根立在高处的蜡烛，但眼睛里满是光彩。那些光彩也会把她能看到的一切照亮。

当然，前提是少不了早餐前的那一杯红酒。

被她回忆出来的那些人名依次从她嘴里经过，很快，她再也想不起更多的了。酒杯这时也空了，一种晕乎乎的感觉占据了她，她放松了对自己的管束，决定中午再吃东西。她从烟盒里抽出一根烟，却怎么也点不着。因为她还有点激动。她奇妙地感到这个早晨让她焕然一新，眼前形影稍稍模糊，但都恰到好处。

"你很多年没在国内生活了。你有点脱节，像一个没心没肺的欧洲人，而我这辈子从没做错过一件事……嗯，要不要再来点冰块？"她自顾自地说话，并没有留意到自己的弟弟已经把杯子换了。

"我早上习惯喝咖啡——"他将喝空了的马克杯底亮给她看。但她并没有在看它。

姐姐的面容仍像三十多岁时那样不乏精致，染成栗色的头发油光水亮的，丝绸晨袍上一枚镶钻胸针在阳光下闪闪发光。欺骗不了的是刚才他注意上的她的那段皮肤粗糙且发红的脖子。

　　家里静悄悄的，阳光很浓烈但在早晨水汽的过滤下显得有点有气无力，几个淡色的圆形光影执拗地往大卧室那边一寸寸地移过去。十二点一过，移动的光斑就会换个方向。公寓空间很大，早晨让人感觉不到热，要到中午温度才会慢慢升上来。楼层这么高也没什么虫子能飞进来，更没有灰能够从两三百米的低处拔地而起之后在光滑的家具表面找到栖身之处。到了黄昏，天空会变得很高，落日让整幢公寓楼金光四射，就像一出戏到了谢幕时分，所有的灯都打开了，所有演过戏的角色都出场了，白昼结束，掌声响起，稍纵即逝的繁华和白驹过隙的生机绞缠在一起，让人一时间精神为之振奋——尽管随后一个破碎凄凉的夜晚就会来临。现在还是早上，一切都无须担心，天色这出悲喜剧自有它无可撼动的秩序。厨房里菲佣做的早餐已经冷掉了，皮蛋粥在牛奶锅表面凝成了一张淡灰色的薄片，光滑的煮鸡蛋盛在碟子里，他最爱吃的油条搁在一只浅口盘上。有一大把。但他现在一点胃口也没有。

　　深圳的乡间别墅只是用来度假的，尽管这样姐姐仍旧决定要打制上一套上好的中式家具，最好是花梨木，靠垫用明黄色的丝绸加颜色素净的苏绣，然后再种上一园子绣球花和晚香玉，再做上两座假山。这里唯一的缺点就是没法种花，楼层太高，菲佣也不会伺弄，在这里连绿萝都惧高。她建议他在香港买个小房子，因为人一老就会真相大白，发现一切都靠不住，他那对混血儿女有所有贪图享乐的欧洲青年又自私又懒惰的习性（不知姐姐怎么得出这个结论的），对一半时间在失业的现实满不在乎，父亲是中国人却连中文都说不好；他妻子呢？只会一遍遍对他说"我爱你"，却从来没想过要为丈夫认真学做中餐，以至于让他馋到满大街找又贵又不卫生的中餐馆。

　　"你肯定喝醉了……你不应该喝这么多。我扶你去休息一会儿。"

　　"只是有点心慌意乱，过几分钟就好了。红酒对心脏有好处……"姐姐掂起两个骨瘦如柴的手指用力揉了揉太阳穴，嘴巴呵出来的酒气有股酸甜味，"不过我们这是在干吗呢，都是我一直说啊说的。你不饿吗？我们去吃点东西吧。"

但她自己却瘫在椅子上一动不动，手里还不舍得松开那只早就喝得一滴不剩的酒杯。

他吃了一碗粥，嘴巴里却没有什么味道，盐放得太少，皮蛋太嫩，肉末碎得像芝麻粒，煮鸡蛋也老了点。他给自己又倒上了第二杯咖啡。菲佣给姐夫煮的那壶咖啡可以喝上整整一天。姐夫直接从哥伦比亚购买咖啡，托客户从咖啡种植场捎来最好的咖啡豆，然后在当地一次性加工成咖啡粉密封在冰柜里的一只大玻璃罐，每次吃时取一点。姐夫长得有点像加大拿人，鼻子挺得高高的，皮肤又光滑又洁白。也许他祖上真的有加拿大血统。公司里有很多女职员都很喜欢他，但姐姐一个也没见过她们。姐姐去世的闺蜜有次告诉她她在新同乐的米其林餐厅里看到他与他的女秘书一起吃饭，桌上铺着一块雪白的大餐布，一只大花瓶里插着新鲜的玫瑰，高脚酒杯和折叠成菱形的餐巾看上去不像是随随便便的一餐。她还打赌说肯定不是上次在他公司见过的那名年轻的秘书。

"你还没介绍我们认识呢 —— "闺蜜走过去大大方方地和他们打了一个招呼。

"你也在这里？你还好吗？"姐夫紧张地站了起来。

"我还不认识你呢。"闺蜜转向那名被他介绍为秘书的姑娘，"你好，我是你们总经理的好朋友。"她把一只苍白的手递了过去。

这个故事让姐姐感觉到一丝合法的不自在。讲述方式和讲述内容也都让她有一种不合理的恐慌。她想象才装修好的新同乐米其林餐厅里那些态度殷勤的服务生本来可能没有空闲停下来，但被她闺蜜的嗓音吓住了，那种半机械的声音好像是用电脑程序做出来的刺耳的配音，他们也不知道她的嗓音和庞大得过分的身子是因为做化疗肿起来的缘故。那天她吃了六个生蚝，是故意吃给他们看的，她拼命往生蚝的贝壳里挤柠檬汁，淋了一层又一层橄榄油，一直吃到舌头发麻。半年后她去世了。姐姐站在自家阳台上，越过一层层灰白的屋顶和灰黑色的水面，数不清的街道，轮船，汽车，公园，树顶，想到在那边更远一点她认得一些房子。她去参加了葬礼，但没去看她最后一眼。她怕她哭出来。她觉察到有些事情已经有了一些变化，但还不至于让人揪心，而一旦过了一个点一切忧虑和担心又于事无补了。他们以前很幸福，真的很幸福，他爱她爱到发疯，但婚姻就是一组连拍照片，有些会很棒，有些丑态百出，但并不是说拍照姿势就不对，不值得拍照，或者照相机不对。他们有过一些值得回忆的令人眩晕的夜晚，刚结婚头几年，因为业务繁忙他经常喝得很多，回家一打开卫生间里的灯就栽倒在一堆瓶子和毛巾组成的丛林中。于是他们俩就顺势在潮湿的地板上抱在了一起。《风继续吹》，她记得有一天晚上客厅的电视里正在播着那首歌："我劝你早点归去／你说你不想归去／只叫我抱着你／悠悠海风轻轻吹／冷却了野火堆／我看见伤心的你／你叫我怎舍得去／哭态也绝美／如何止哭……"

一个细皮嫩肉的张国荣。一个弟媳不认识的张国荣。

从胃部升上来的暖意这时慢慢消退了。难受劲开始袭来。往常在胃部一阵灼伤般的刺激之后整个人会变得晕乎乎，然后一种幸福感像浓雾那样腾起，之后把她牢牢罩住，思路可以来回自由跳腾，同时感觉自己在发光。

但现在一股厌倦外加疲惫感让她全身发软。她什么都不想干。她嘴唇发干。嗓子像被割了。

眼泪开始在眼睛里打着转，她感觉自己马上要哭出来了。但她极力控制住自己。她低下头嗫嚅，"我很不好意思……"

"没什么——"

"但我很好，你不用替我担心。"

"我相信你。我不担心。"

有一会儿没人说话。隔了一会儿她才又说："汤生，去看姨妈的时候最好不要提妈妈——"

"你总是提醒我。"

"我怕你忘了。"

"我没忘。我不会忘记的。"

"他们两个人……我们谁也不要提。幸运的是她已经记不得你是谁了。她现在只有那些事还记得一清二楚。"

她两只手从后脑绕过两侧紧紧抱住头，她头疼欲裂。她顺势坐到被一堆靠垫塞得很拥挤的沙发上。

"我不会像你父亲一样离开你的……"他记得第一次把父母和姨妈三个人的故事告诉妻子时，穿着白色热裤的妻子一遍遍地用这句话安慰他。他们还年轻，当然谁也不想离开谁。他永远无法想象自己的父亲会去勾引妻子的妹妹，而母亲居然还让威胁到自己婚姻的妹妹带孩子。他离开香港去西班牙第一年母亲就过世了，他没能赶上她的葬礼。但她活着也就这样，大部分时间在床上唉声叹气，睡着就不想醒过来。他在西班牙头几年移民生活很不顺利，换过好几份工作，因为语言不够好又找不到专业对口的职位，后来从报上看到一家重视英语交流的小公司在招人，应聘的人很多，但他一张嘴就被录用了。那些年有很多英国人、德国人和北欧人开始在西班牙买房子，他们带着厚厚的一迭又一迭钞票和工资卡上的退休金来这里度假或定居，尤其是在最热和最冷的两个季节。他们狂买在经济危机中剩下的房子和银行回收的空置房，有时候临海整整一个村庄都被他们购买了，村子里住满了来自寒冷又潮湿的欧洲版图上的英国人和德国人和零星的冰岛人、丹麦人和芬兰人，白天他们都在海滩上晒太阳，晚上去村子里的酒吧聊天，当他们给他们打电话的时候，总是说"Hello"而不是"Hola"。小时候受过的教育让他英文发音比当地人地道，他成了公司不可或缺的员工。因为工作勤勉对人也和气，妻子一家也对他都很好，周末常一起吃饭。妻子兄弟姐妹多，但只有她一个嫁了一个中国人，也只有他们这对夫妇生了两个孩子。妻子有两个兄弟甚至只有同居女友。他们很看重这个中国女婿。

"吃中饭前我想睡一会儿，"姐姐懒洋洋地将整个身子靠向沙发壁，"我有点不舒服。我想是因为你来我太高兴了的缘故。你可以自己在客厅里看电视或去外面转转。也可以给菲佣打电话告诉她你想吃什么，让她回来的时候捎过来。或让她现成做。我想我是喝了不少。"

"但可以给我再来点冰块吗？"姐姐又提出一个在他看来是极不理智的要求。

在厨房里，他看到整个香港是陌生的，因为从来没有在这个角度和高度去看过它，灰蓝的水拍打着海岸，岩柱般的高楼此起彼伏，云朵银子般光亮，海从远处看来是似乎已经死去，这一切就像一张无名油画，从现实脱落，但又真实逼人。B，当年有一场电影就是在港口的一个码头上拍的，他演一个渔民，头上戴着一顶浅棕色的箬笠，穿着一件触目惊心的藏青色的破烂短衫，电影拍的是几个巡警在抓捕一个黑帮老大，而他扮演一个与巡警搭过一句话的路人。他有一张拍戏时被A在那个片场拍下来的照片。那是他保存下来的B的唯一的一张照片。他无法想象他现在涂着一身白粉脸上画着彩妆站在恒河边，一脚踩在被在万寿菊和尸体的灰深度浸泡的河水中，死亡在身边绵延，但他看到的是超生和永恒。守寡的姐姐闺蜜的妹妹他已经记不起具体长相了，参加工作后就再也没见过她，他也不知道她是否有一儿半女，海员留下的抚恤金是否够她花到死。对于父母们，他与姐姐都选择原谅了，因为没有人说得清楚过去。幸运的是父亲后来再也没有露过面，也许已经死了。老姨妈一辈子都没结婚，曾动过念头去修道院工作，但最终在护士岗位上干到了退休。遥远的澳门一衣带水，每次回来他都会去看她，姐姐开车，过轮渡时有时会碰上大雾，两边城市一时间都看不见了，在雾中他们也无法看清对方的眼睛，这让他们感觉自己处于一生中最脆弱的时候，在甲板上于是说起此时能回忆得起来的任何旧事。美艳凋零之后，只剩下了衰老；繁花之后，只留得一掬枯枝。姐姐与姨妈长得很像，当年都是极出众的美人。姨妈甚至比姐姐还漂亮。他已不大想得起来母亲的模样，她走得太早了，在凄风苦雨中当了一个孤单而决绝的逃兵。

姐姐在另一个房间睡下后，他把门带上，然后坐电梯下了楼。

尽管十几个小时的飞行，现在他却一点也没有倒时差的困顿，他也不瞌睡，倒是新界小区的路经常让他头晕。他已经不习惯在一个高楼林立的大城市生活了，西班牙城市都很小，人口不多，只有几个大城市才有几幢高楼，甚至都没有。南部城镇的人们喜欢将房子刷成白色，因为要与湛蓝的海水形成耀目的色差，家家户户门口都喜欢种各种多肉植物，几乎每家都有一个庭院。这些植物和房子以及海水的颜色将世界缩小到足够紧凑，以便给闲散挪腾空间。而在这里你只能看到金光闪闪的玻璃房子，一幢比一幢高，一幢紧贴着另一幢，阳光一晃你又连眼睛也睁不开了。复杂的城市结构最大限度地响应着人们一眼看不到头的生活。规划好的马路一条条伤痕般探进这个曾经寂静的小渔村的最深处，拘谨的植物们被有序安置在街心花园和公园的每一个角落，在风平浪静的日子里它们从不敢越矩出规。沿着树荫没有目地地一个街口又一个街口走过去，穿过一条又一条马路，马路一条比一条宽，也一条比一条荒芜，因为人们都在车子里。在这里他永远弄不明白东西南北了，也不知道哪条街道通向三座大岛中的哪个。在一个被太阳晒得发烫的街心花园他停下了脚步，犹豫着要不要索性叫一辆的士去九龙，也可以去有李小龙雕塑的广场为一直念念不忘的妻子去喝上一杯。上午新界的人很少，因为夏季，又是上班的日子，能够碰上的人都是行色匆匆的，因为每一幢写字楼里都有一个位子在等着他们。这里所有的高楼都像一座冷漠的纪念碑。

"多少年没你消息了？"在电话里，A的声音听上去夸张，但很高兴，他不相信多年没见的他这会儿正在给他打电话。他一下子想起A的形象，个子不高，瘦瘦的，笑起来两边脸颊会吸进去，好像是让他笑的内容太有力量了。

他最后一次见A是七八年前，和他妻子一起，A与妻子当时也还没离婚，四个人在一家餐厅吃饭，A请的客。他点了一直馋着的萝卜糕，他妻子则对"炸两"情有独钟，西班牙人对油炸食品的嗜好终于在这道菜上有了一个东方归宿，炸肠粉和油条这两道小食吃得妻子一时间眉飞色舞，A于是全程都在问他们："你们还要点点什么不？"第一次见到一个货真价实的西班牙女性，还离得这么近，A显得格外亢奋，不停地缠着他们俩要他们说说相遇的爱情故事，尽管这个故事他已经听过不下三遍了，他是还想当妻子和好友的西班牙妻子的面验证一下，那些细节，在他听来都是不可思议的。一杯咖啡，几句话，就让两个文化和语言迥异的人定下了终生。仅仅谈了一个月他就回香港辞职去了她的国家生活。他去得一去不回头。去得就像是赶赴一场托生。

A的妻子，他们兴奋地说着，说妻子当年穿的那条可以看得见内裤的白色热裤，她戳着那条苍白而潮湿的炸鱼，对它显得很有恨意的样子，直至将它捣成了泥，他说完一句就翻译一句给妻子听，A笑得前仰后合，好像从也没有听过比这更荒唐的爱情故事。也许他有意这样笑，就是为了给边上一直不笑的他妻子看的。她坐在他对面，紧抿着嘴，好像觉得这一切很蠢。蠢到家了。两个中国男人，一个西班牙女人。还笑成这样。

而他妻子记得的情形并不是这样的。她记得那天Ａ的妻子说了很多话，不停地向她问这问那，还问西班牙女人是否都喜欢穿运动衫，是否都像俄国人一样嗜酒如命。那时候他们肯定还未曾想到离婚，那时候他们关系还很好，她的远房表哥还在另一桩婚姻中。

姐姐睡着了让他很放心。他于是做出了一个决定，叫一辆出租车去香港岛与Ａ见上一面，然后喝上一杯。也许还能见到他小他二十岁的小妻子。姐姐睡着就不会再惦着那些酒了。无论如何，那些酒给了她日子一些希望，尽管毁灭也随之而来。事情总是两面的。但不管怎样，当她站在阳台上时，眼睛里有光。

赵彦（西班牙）1974年生。浙江兰溪人。西班牙马德里康普顿斯大学拉丁美洲文学博士生。自1995年始在《人民文学》《大家》《花城》等发表短、中、长篇小说和随笔等，著有《我们都是二手动物》《伪人》《身体的隐喻》等。

后记

解芳

中文小说和中文作家是我近年来学术研究的重点。我曾与人合作出版《早安，写作》这本专门研究作家和作家小说的书，书中撰写了莫言、余华、孙甘露、铁凝、张洁、林白等。2018年暑假，我带学生到北京大学进修中文，期间我和我的北大老师夏晓虹教授聚餐聊天时，我有聊到研究海外女作家作品的想法，但回美国后工作一忙，这一想法就暂时搁下了。

去年我在《红豆》杂志第4期，与《黄河》杂志第4期上，为顾艳组稿的两辑海外作家作品写了评论文章。这时我的专门研究海外女作家的想法又冒了出来，并且得到了我的同行汉学家们的支持、关注和期待。

我选了在我眼里有研究价值的12位女作家的作品。她们的作品，从各个角度反映和揭示了海外华人的生活和生存状态。顾艳、唐颖、虹影、黑孩是从上世纪八十年代走过来的作家，稍晚些的作家有陈永和、黎紫书、孙未、陈谦；年轻的作家有张惠雯、李凤群、赵彦、倪湛舸，这12个女作家正好概括了新时期文学以来，各个方面在海外女作家作品中的投影。

这本《越过群山与海——海外华语女作家小说选》中的12个中短篇小说，主要表达了海外华人的女性经验、思想、立场。女作家们通过小说中的人物细节，阐释自己的见解观点，向读者呈现和启迪海外华人的生命体验，以及她们对人生、社会、历史，种族等方面的关注和思考。她们的中国情节与诗意表达，在故事中熠熠闪光。这就是我想出版这本小说选的目的，同时也方便汉学家们对海外女作家的了解和研究。我相信把这12位当下最具代表性和影响力的优秀女作家的作品放在一起，以团队形象出场，她们就像群星一样闪耀。

在此，我要感谢出版社，感谢为此书付出辛勤劳动的编辑朋友们！

2024年7月10日于美国莱克星顿

www.ingramcontent.com/pod-product-compliance
Lightning Source LLC
Chambersburg PA
CBHW021029310726

48969CB00006B/1600